資源インフレ

日本を襲う経済リスクの正体

Shibata Akio
柴田明夫

日本経済新聞社

はじめに

原油、銅、アルミニウム、鉄鉱石、原料炭などの資源価格はここ数年で騰勢を強め、二〇〇五年~〇六年に史上最高値を付けた後も衰えていない。これらの資源は開発から生産まで数年から十数年かかり、開発費用も膨大なことから、価格が急騰したといっても弾力的に供給が増やせるわけではない。また、需要面から見た場合、資源の需要先は製油所や製鉄所といった装置産業であることから、一定の稼働率を維持することが優先されるため、価格上昇が直ちに需要の減退につながるわけではない。通常の景気循環に基づく資源需給の変動であれば、供給側は生産余力、需要側は保有在庫という、いわば「のりしろ」部分を調整して対応する。この結果、資源価格も循環的な上げ下げを繰り返すことになる。

しかし、現在、国際資源市場で起こっている価格の上昇は、従来の循環的なものではなく、これまでの価格の二倍、三倍あるいはそれ以上という非連続的な変化である。突如として出現した「高い資源価格の時代」は、さながら物体が熱せられると分子活動が活発になるように、資源をめぐり国家、企業、投機マネー、技術開発など様々な動きを活発化させずにはいられない。これが、従来の延長線上ではとらえられない均衡点を変えるような非連続的変化を、国際資源市場にもたらしているのだ。

この非連続的変化をいち早く察知し、果敢に先手を打っている国が米国と中国である。そして、この二つのパワーが水面上あるいは水面下でぶつかり合っている主舞台が、原油・天然ガスなどの資源埋蔵量が偏在する中東諸国と言えよう。最近の資源価格の長期上昇トレンドは、市場経済面では需給構造のタイト化によるものである。しかしその背後には、資源が持続的経済成長の最大の制約要因となりかねないとの判断から、国策として国際資源の獲得に向かっている中国と、資源価格の長期上昇を見越して「安い段階での資源手当て」に走っている米国の姿が見え隠れする。特に、米国は、一九九〇年代に世界経済をリードした金融資本主義やＩＴ（情報技術）産業に代わる二十一世紀型成長モデルが、中国などＢＲＩＣｓにおける新たな「モノ作り」に変わったと認識。そして、それが膨大な資源需要を喚起するとみている節がある。いずれにせよ米中両大国による資源争奪戦は、それら価格の一段の高騰を招き、「分子活動の活発化」という形で中東諸国をはじめ資源保有国の資源ナショナリズムに火をつけることは疑いない。

実際、二〇〇六年に入って相次いで顕在化した地政学的リスクは、資源争奪をめぐる不均衡が表面化したものとも言える。それが最も先鋭化して現れているのが原油市場である。すなわち、原油価格は主に以下の四つの地政学的リスクの噴出により、上振れリスクが高まっている。

第一にイラク情勢の泥沼化だ。二〇〇三年五月の終戦宣言から三年近くが過ぎ、米軍の早期撤退論も見られるが、泥沼状態には変わりがない。武装勢力によるパイプラインなど石油施設への攻撃はやまず、石油資源の支配権をめぐるシーア派とスンニ派との宗派間対立も激化している。

次に、ナイジェリア問題の深刻化である。貧困地帯ニジェールデルタでの石油開発は、貧富の格差を拡大し、民族紛争・武装テロを活発化させる構図にある。

三番目の要因に、イランの核開発問題がある。実験用ウラン濃縮装置や濃縮に必要な遠心分離機の封印を解いたイランは、核武装に向け「最後の一線を越えた」。国連安全保障理事会による経済制裁となれば全面紛争に発展しかねない。

最後にサウジアラビアも危ない。石油施設を狙った自爆テロは未遂に終わったものの、危惧されていたリスクが現実となった。サウド王家もアルカイダ組織のテロの対象になっていることが再認識されたのである。

ところで、資源貧国である日本にとって「高い資源時代」の到来は、悲観すべき事態であろうか。筆者はそうは思わない。これまで四半世紀にわたり省エネ・省資源の優等生であった日本経済にとって、高い資源時代が到来したということは、新たな出番がやってきたと言えよう。資源の高止まりが暗示するのは、これを活用して新たな資源の開発、代替エネルギーの開発、高い資源に対応した環境配慮的な社会システムの構築を行いなさいというシグナルでもある。この意味では、本書のサブタイトル「日本を襲う経済リスクの正体」とは、資源インフレそのものではない。資源高騰を「投機マネーによる一過性の現象」と認識し、高い資源時代の到来に対して何もしようとしない「無作為」こそが、日本にとっての真のリスクであるととらえるべきである。

本書をまとめるに当たっては、ここ数年の資源インフレの背後にある本質的な流れは何か、それが何を暗示しているのかを探ろうと努めてきた。全体で六章構成とし、それぞれの章は「小見出し」部分からなるが、それらの内容は、必ずしも連続してはいない。筆者が心がけたのは、以下の二点である。①「小見出し」自体を独立させること（したがって、どこから読んでいただいても完結する）、②鳥瞰的（鳥の目）、虫瞰的（虫の目）そして歴史的（潮流を読む魚の目）という三つの視点で分析すること、である。

本書が世に出ることができたのは、筆者が所属する丸紅経済研究所の仲間はもとより、丸紅の経営幹部および関連各部の方々より、直接的または間接的に世界各地の情報や意見をいただいたことによるところが大きい。また、外部での研究会、特に資源経済委員会での岩間剛一委員長（和光大学）、藤田和男東大名誉教授、武石礼司富士通総研主席研究員、内藤孝範国際石油開発（株）探鉱第一部課長をはじめとするメンバーの方々の情報や意見は、ともすると机上の分析に終始しがちの筆者に、新鮮な分析の切り口を与えてくれた。（財）国際開発センターの畑中美樹主任研究員は、毎月のように中東諸国に足を運び、現地の生々しい貴重な情報を連日のように配信してくださった。大東文化大学経済学部博士課程の蒋安氏には、筆者のマーケット・レポートに対して読者の立場から忌憚《きたん》のない意見をいただいた。これらの方々のほかにも、本書を書き上げるためには、多くの方々の協力をいただいた。この場を借りてお礼を申し上げたい。もちろん、内容に対する責任はすべて筆者に帰するものであることは言うまでもない。

最後に、筆者に執筆の機会を与えてくださった日本経済新聞社に深く感謝したい。特に、出版局編集部の細谷和彦氏には、企画の段階から的確なアドバイスをいただいたのみならず、あまりにも遅筆な筆者に辛抱強くお付き合いいただいた。改めてお礼を申し上げたい。そして、二〇〇五年末より土日の大半を執筆に費やし、家庭を顧みることのなかった筆者に愚痴の一つもこぼさずに、かえって健康を心配してくれた妻の力がなければ、本書は完成しなかった。ここに改めて感謝したい。

二〇〇六年四月

柴田　明夫

資源インフレ・目次

第1章 どこまで続く価格上昇 1

第2章　中国の幾何級数的需要のインパクト……51

第5章 「歪み」を突く投機マネー 211

装幀　間村俊一

第1章

どこまで続く価格上昇

❶ 天井が見えない最高値

二〇〇五年は、エネルギー・資源市場において、新しい時代への移行がより鮮明になる年となった。コモディティ全般の代表的な価格指数であるロイター・ジェフリーズCRB指数（以下、RJ・CRB指数、一九六七年＝一〇〇）は、年初の二八〇ポイント台から上昇基調を強め、九月には三三六ポイントを記録し、八〇年に並んで、二十五年ぶりの高値を付けた。その後、細かい調整を経て、年末にかけて再び騰勢を強め、〇六年一月には三四〇ポイントを突破し史上最高値を更新した（図表1‐1）。いまやRJ・CRB指数にとっては、目指すべき過去の高値はなくなったのである。

ところでコモディティの世界には「天までとどく木はない」という言葉がある。株価であれば企業の成長に応じて、天井知らずに株価が上昇するということはありうる。一方、コモディティは実物商品であって「自ら成長する」わけではなく、上昇した価格はいずれ天井を打つ。しかし、現在RJ・CRB指数に関して起こっていることが、コモディティ価格全般の上方シフトを表したものだとすると、同指数は新たなレベルを模索する形で史上最高値圏を推移することになる。この意味では、現在のRJ・CRB指数は、上昇の天井が見えない状況にあると言えよう。

何かが変わりつつあるという予兆は、既に〇四年以降の資源価格の高騰に表れていた。ち

図表1-1　ロイター・ジェフリーズCRB指数の推移
（1967年＝100、19商品）

資料：丸紅経済研究所

なみに、〇四年は、原油価格が一バレル＝五十五ドルの史上最高値を付けたのをはじめ、原料炭価格も急騰。銅、アルミ地金もそれぞれ一トン＝三千二百七十七ドルおよび千九百七十ドルと九年ぶりの高値を付け、ここ数年のレンジを大きく回ってきた。金も十六年ぶりに四百五十ドル台を突破した。大豆は〇四年前半にかけて十六年ぶりに一ブッシェル＝十ドルを超えた。コーヒーも一ブッシェル＝百セントを突破し、「コーヒー危機」と騒がれた数年前の安値から二倍になった。国内では、鉄スクラップの価格が、およそ四半世紀ぶりに一トン＝三万円を超えた。〇一年には六千円近くまで値を下げていたことを思うと不安になるほどの急騰ぶりだ。

〇五年に入ると、これらの資源価格は、穀物を除いて、いずれも前年の騰勢をさらに引き継ぐ形となった。まず、鉄鋼生産の原料（コークス）を作る〇五年度の原料炭価格が、日本の鉄鋼メーカーと豪州資源メーカーとの交渉でトン当たり百二十五ドルで決着した。〇四年度の二・二倍である。過去三十年ほど原料炭価格はトン当たり四十ドル前後で推移してきただけに、誰もが驚いた。鉄鉱石の価格も七〇％強の大幅値上がりとなった。原油は八月に入って六十ドル台に乗せ、八月末には七十ドルの史上最高値を更新した。年間を通じて上昇基調をたどった銅は、十二月に入って四千六百ドル台の史上最高値を付けた（〇六年二月には五千ドルを突破）。金も、十二月に五百ドルを大きく突破し、二十四年ぶりの高値を付けた（〇六年一月には五百五十ドルを突破し、一九八〇年以来、二十五年ぶりの高値にある）。史上最高値、十数年ぶり、二十数年ぶりという資源価格の上昇は何を示唆するのだろうか。

長期的にながめた場合、資源価格を取り巻く環境はこの一、二年で百八十度変化した。過去、資源価格が急騰したのは七〇年代であるが、八〇年以降は、その反動で世界的に省エネ・省資源化が進み、資源価格は長期低落傾向をたどった。当時原油価格は、誰かが管理していないと暴落するとも言われた。このため、供給面では生産能力の拡大が極力押さえ込まれてきたのである。しかし、需要は着実に拡大。特に、最近は中国に代表されるＢＲＩＣｓ（ブラジル、ロシア、インド、中国）が、自動車、家電など「モノ作り」による成長軌道に乗ってきた。この結果、気がつけば世界的に資源需給が逼迫し、資源価格の下げトレンドが終焉して、上昇トレンドに転換した。

この点、現在は七〇年代の再来と言え、当時の環境をさらにスケールアップした状況にあると言える。換言すれば、現在起こっている資源価格の高騰は、供給余力が低下するなかで需要が大きく拡大することによる「価格体系の上方シフト」の動きであり、「安すぎた価格」の歴史的修正の始まりである。それが先鋭的に表れたのが原油市場であって、原油の五十ドル、あるいは七十ドルという価格は、今後数年間に次々と生じるであろう様々な資源価格上昇の先駆けと言える。その意味では、今後も資源価格はどのような高値が出てもおかしくはない。

❷「鉄が鉄を呼ぶ」需要増のトレンド

一九八〇年代から二〇〇〇年代の初めまで、トン当たり三十ドル前後で推移してきた鉄鉱石の国際価格が、〇四年に突如三十七・九ドルへと上昇した。値上がりはこの年だけにとどまらず、〇五年には五十ドルに急騰した。過去四半世紀の間、ほとんど変化のなかった鉄鉱石の価格が、ここにきて上方に大きくシフトし始めたのはなぜなのか。この背後には、鉄鉱石の国際市場における供給サイドと需要サイドとの価格交渉をめぐる攻めぎ合いがある。世界の鉄鉱石市場のプレーヤーは特定の国・企業に限られる。世界の鉄鉱石生産は、これまで長期にわたり年産十億トン台で推移してきた。しかし、二〇〇〇年に入ると中国などの粗鋼生産の急増に伴って、鉄鉱石の生産は〇二年十一・二八億トン、〇三年十一・六三億トンと拡大している。主な生産国は、ブラジル、中国、オーストラリアの三カ国で、世界全体の約六割を占める。なお、世

図表 1-2　鉄鉱石埋蔵量・生産量・シェア（2003 年）

		埋蔵量（100 万トン）	シェア（%）	生産量 鉱石量（100 万トン）	シェア（%）
中南米		16,800	21	241	21
	ブラジル	14,000	(83)	212	(88)
	メキシコ	400	(2)	11	(5)
	ベネズエラ	2,400	(14)	18	(7)
アフリカ	南ア・モーリタニア	1,050	1	48	4
中東	イラン	1,000	1	16	1
アジア	中国・インド	11,200	14	367	31
大洋州	オーストラリア	11,000	14	187	16
北米	米国・カナダ	3,200	4	77	7
旧ソ連	ロシア、ウクライナ他	28,500	36	193	17
他		6,200	8	34	3
合　計		78,950	100	1,163	100

資料：“US Geological Survey, JETRO”、中国海関税署

界の鉄鉱石埋蔵量は、約七百八十九億トンであるから、現在の生産量の六十八年分となる計算だ。このうち旧ソ連が三六％を占めている。また、世界の鉄鉱石輸出では、ブラジル、オーストラリアで全体の七割弱を占めるなど供給は寡占状態である。三大鉄鉱石メジャーのＣＶＲＤ（ブラジル）、ＢＨＰビリトン（英／豪）、リオ・ティント（英）が、海上貿易量の八割弱を握っている。一方、鉄鉱石の輸入は、中国、日本、韓国の三カ国で過半を占め、北米、欧州を加えると八割以上を占めるなど、需要も特定国に偏っているのが特徴だ。

需給両サイドともプレーヤーが限られるという構造から、鉄鉱石の国際価格は、年に一度、供給側であるＣＶＲＤ、ＢＨＰビリトン、リオ・ティントの三社と需要側の主要鉄鋼メーカーであるアルセロール（ルクセンブルク）、日本企業グループ、コーラス（英・蘭）、ティッセン（独）の交渉によって決定される。価格交渉は輸送コストの関係で、オーストラリア二社と日本

図表1-3　鉄鉱石（ブラジル）価格の推移

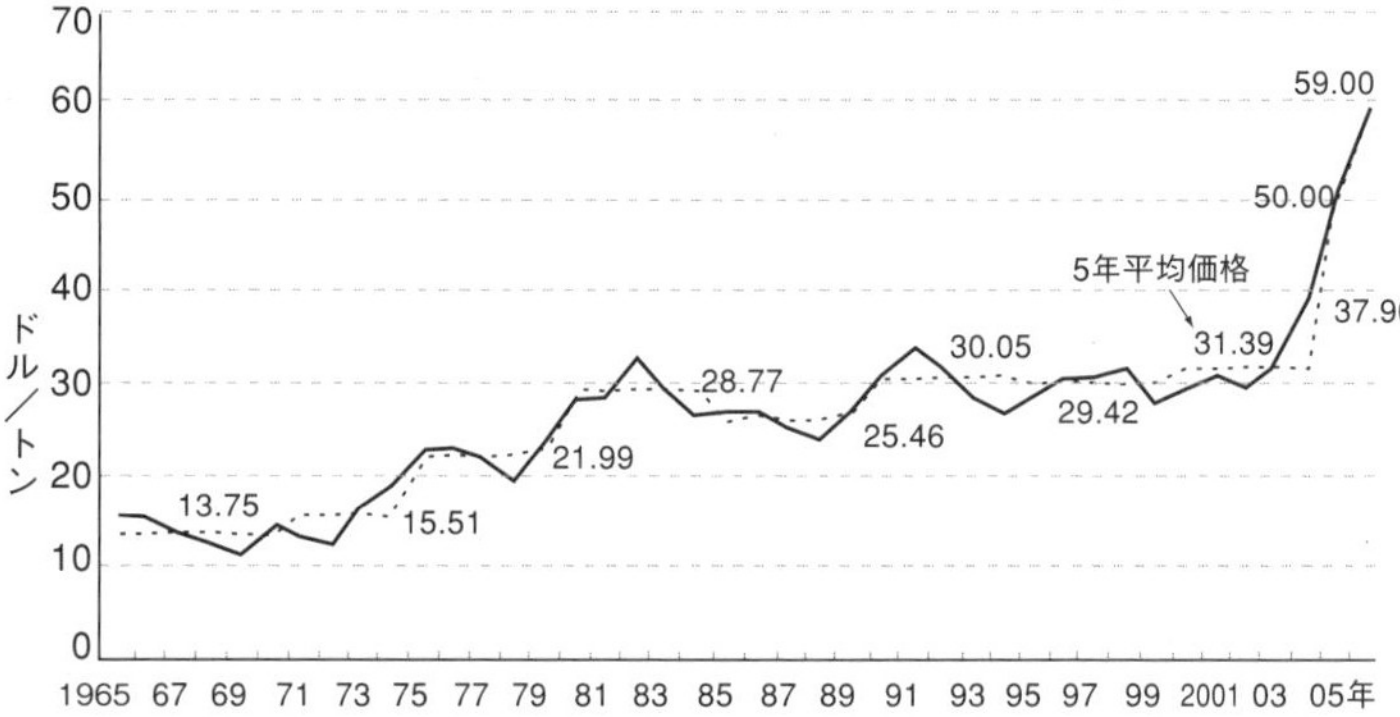

資料：IMF "International Financial Statistics" 2005年、日本経済新聞より作成

企業グループを中心とする太平洋圏グループと、ＥＵ各社とＣＶＲＤ社の大西洋圏グループで行われる。先行した交渉によって決定された価格がベンチマーク（基準）となり、他の供給者・需要者間の価格決定は、その基準に追随したものとなる。ちなみに、一九八〇年代以降、トン当たり三十ドル前後で推移してきた鉄鉱石価格は、二〇〇五年は五十ドルに急騰した。

この要因は、二〇〇〇年に入って、中国が日本や米国を大きくしのぐ世界最大の鉄鋼生産国として台頭し、国際鉄鉱石市場に大きなインパクトを与えるようになったことが大きい。ちなみに、中国の鉄鉱石埋蔵量は約五百億トンと推定されており、粗鋼生産の急速な拡大に伴って、国内の鉄鉱石生産も原鉱ベースで二〇〇〇年の二億二千二百四十万トンから〇四年には三億一千万トンに拡大した。しかし、中国では国産鉄鉱石の大半が貧鉱（鉄分含有率は平均三〇％程度）であり、日本の輸入する鉄鉱石の同比率約六〇％と比べ大きく見劣りし、大型

図表 1-4　各地域別鉄鉱石輸入量・シェア（2003 年）

地　域	日　本		中　国		米　国	
	万トン	シェア%	万トン	シェア%	万トン	シェア%
中南米	2,693	20	4,320	29	540	43
アフリカ	513	4	956	6	-	-
中東	-	-	39	0	-	-
アジア	1,850	14	3,366	23	-	-
大洋州	8,078	61	5,835	39	13	1
北米	75	1	142	1	697	55
旧ソ連	-	-	154	1	10	1
合計	13,208	100	14,812	100	1,260	100

資料："US Geological Survey, JETRO"、中国海関税署

高炉の原料には適さない。しかも、海外鉱山のような露天掘りではなく、坑内掘りが多いためコスト高となるなど、国内の増産は限界に達している。

その一方で、九六年に日本を追い抜いて、世界最大の鉄鋼生産国となった中国の粗鋼生産は、二〇〇〇年以降、毎年三千万トンを上回るペースで拡大し、〇三年に二億トンを突破、〇四年二億七千万トン、〇五年は三億四千万トンに達したとみられる（この結果、過去三十年にわたり、年間七億トンを挟んで推移してきた世界の粗鋼生産は、二〇〇〇年に八億トンを上回って拡大基調に転じ、〇四年は史上初めて十億トンを突破している）。経済発展により自動車や住宅、家電向けの鋼材需要が拡大すると同時に、〇八年の北京五輪、一〇年の上海万博など、国家発展の重要な節目に向けたインフラ整備のための建材需要が急増しているためだ。まさに中国は、「鉄が鉄を呼ぶ」形で鉄鋼多消費型の高度成長ステージに入っていると言えよう。その結果、拡大する粗鋼生産に対して中国は海外鉄鉱石の輸入に依存せざるを得なくなっている。八九年に千二百四十一万

図表1-5　原料炭（オーストラリア）価格の推移

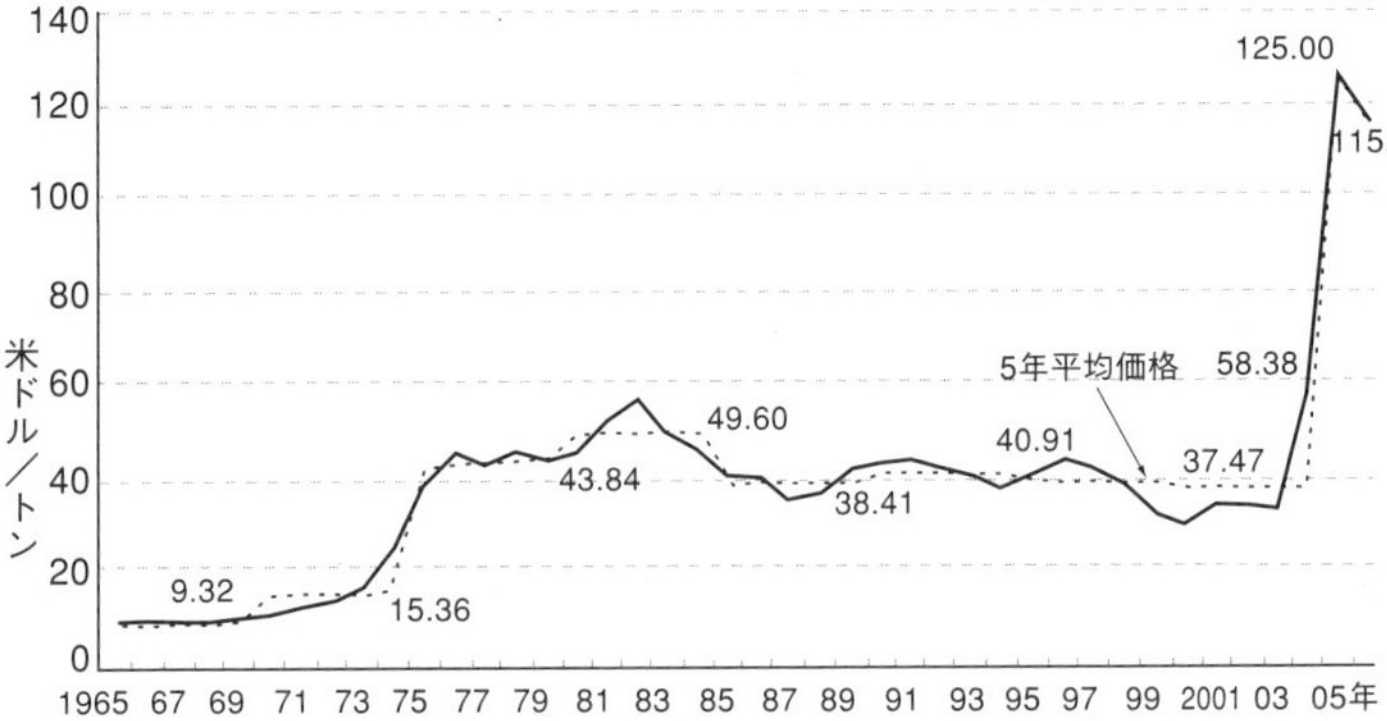

資料：IMF "International Financial Statistics" 2005年、日本経済新聞より作成

トンであった鉄鉱石輸入は、〇二年に一億トンを突破し、〇三年は一・四八億トンと日本を抜いて世界最大の鉄鉱石輸入国となった。さらに〇四年の輸入は二億トン、〇五年は二億六千万トンに達したもようである。これに伴い、これまで四億トン台で推移していた世界の鉄鉱石貿易は、既に五億トンを大きく突破し、〇五年は六億トンに達する勢いとなった。このような中国の鉄鉱石輸入の急拡大によるバーゲニングパワーを背景に、前述したように〇四年から鉄鉱石の国際価格交渉に中国が需要側のメンバーとして加わるようになったことが、価格の大幅な上昇につながっているのだ。こうした構図は、鉄鋼生産の副原料（コークス）となる原料炭の国際市場でも同様であり、長期にわたり一トン＝四十ドル前後で推移してきた原料炭の国際価格は、〇五年には百二十五ドルという史上空前の高値で決着した。日本経済新聞の〇六年一月二十七日の記事によると、〇六年の価格交渉は難航し、前年に比べ約八％低い価格で決着したものの、

過去と比べると依然として高いレベルには変わりがないという。今後、予想される中国やインドの鉄鉱石輸入急増により、世界市場での鉄鉱石争奪戦が熾烈を極めそうだ。

❸「下がれば必ず上がる」時代に

かつてのように資源の需給が緩和していた時代には、コモディティ価格は景気循環に対応し、一定のレンジ（範囲）内での値動きに終始していた。例えば、WTI原油価格は、一九八〇年代後半から九〇年代末まで十五年以上にわたり一バレル＝十八ドル前後で推移してきた。戦争やテロ、震災など何らかの供給中断懸念から一時的に価格が上昇しても、危機が去れば、価格は再び元のレベルに戻った。過去の経験によれば、そうした供給中断懸念の期間は約三カ月間、逆に三カ月あればどのような供給中断にも対応が可能であった。このためヘッジファンドに代表される投機マネーも、価格が上昇したならば早い段階で利食い売りを行わなければタイミングを逸してしまう。これがコモディティ価格の上限を形成した。この意味で需給緩和の時代は、「上がった価格は必ず下がる」時代であった。

ところで、コモディティ価格を分析するための手法に、需給分析とテクニカル分析がある。需給分析は、現在および将来のコモディティの需給を予測することによって価格の上げ下げを判断する。いわば「価格の動きの原因」を分析するものと言えよう。これに対して、テクニカル分析は「価格の動きの効果」を分析するものである。テクニカル分析には、大きく三種類ある。一つは、価格のトレンドを判断するもので、その代表的な分析手法が移動平均線やポイント＆フィギュアなどだ。二つ目は、価格の転換点を判断する手法だ。これにはＲＳＩ（相対性強気指数）やオシレーターなどがある。ちなみに、オシレーターは「振幅を測るもの」という意味である。価格が「買われ過ぎ」か「売られ過ぎ」かを判断するために考えられたものだ。そして、三つ目が市場の人気を測る手法で、出来高や取組高の推移がある。需給緩和の時代には、「買われたものは、いずれ売られる」のであるから、ＲＳＩやオシレーターなど価格の転換点を探る分析手法が重要であった。

しかし、最近のように価格が従来のレンジを突破して二倍、三倍のレベルへと上昇していくときには、こうしたテクニカル分析はあまり役に立たない。むしろ需給分析が重要であろう。中長期的な需給の逼迫が背景にあるため、ヘッジファンドも、値が上がった時点でいったんは利食い売りを行っても、下値余地が限られるとなると、すかさず新たな買いを入れざるを得ない。また、ここ二、三年の特徴として、原油や非鉄など需給が長期的に逼迫するとの見方が強い市場には、年金ファンドなどの長期資金の流入が増えていると言われる。その特徴は、原油価格が三十ドル台で「買い」一辺倒、四十ドル台で「さらに買い」、五十ドル台でも「買い」と、長期的な値上がりを期待して「買うだけ」ということにある。

こうしたファンドにとって、仮に価格が下がった場合は「押し目買いの絶好のチャンス」ということになる。需給逼迫の時代は、コモディティ価格にとっては「下がれば必ず上がる」時代なのである。

❹ IMFの原油高止まり説

原油価格が二〇〇五年に入って五十ドルを突破し、連日のように史上最高値を更新するようになると、さすがに市場でも原油は長期的に高止まるとの見方が増えてきた。これには、世の中が高い原油価格に馴れてきたという面もある。ちなみに、「ウォール・ストリート・ジャーナル」誌は、〇四年八月と〇五年二月、エコノミストを対象に「原油価格が何ドルであれば、世界経済に打撃を与えると思うか」とのアンケート調査を行っている。それによると、〇四年時点では「五十〜五十九ドル」で悪影響が出るとの見方が三七%、「六十ドル以上」が六三%であったのに対し、〇五年二月の調査では、「六十〜六十九ドル」が五%、「七十〜七十九ドル」が一六%、「八十〜八十九ドル」が三一%、「九十ドル以上」が四八%との結果となった。エコノミストは高い原油価格に慣れてきたのだ。また、〇四年十月、当時の米グリーンスパンFRB（米連邦準備理事会）議長は、「米国経済は今後、高い原油とうまく折り合いをつけていかなければならない」とコメントしている。〇五年三月には、ゴールドマン・サックスが、それまでの予想レンジ五十〜八十ドルを五十〜百五ドルに引き上げた。英エコノミスト誌も、原油の五十ドル台での高止まり予想を発表。こうしたなかで、〇五年四月七日に発表されたのがＩＭＦ（国際通貨基金）の高止まり説だ。

ＩＭＦは、二〇〇五年の世界経済見通しを発表するなかで「原油市場のタイト化は続くか？」とのレポートを公表した。そこでは、原油は需給逼迫が今後数年続くだけでなく、中国などの需要急増と生産余力の低下という原油高の構図は中期的にも解消せず、二〇三〇年までは価格が一バレル＝三十九～五十六ドルの高値圏で推移するとの予測が示されている。ちなみに、世界の石油消費量は、〇四年の日量八千三百四十万バレルから二〇一〇年は同九千二百万バレル、二〇三〇年には一億三千八百五十万バレルと、〇四年比六八％増加するとの見通しだ。この背後にあるのが、中国のモータリゼーションだ。ＩＭＦは、中国の自動車保有台数は、〇二年の二千百万台から二〇三〇年には三億八千七百万台に急増すると予測。中国だけで世界の石油需要増加分の二二％を占めると指摘している。

なお、こうしたＩＭＦの需要予測は、最近の石油需要の増加傾向が二〇三〇年まで続くという前提に立っており、新エネルギー開発や省エネ技術の革新を考慮していない。この一方で、「原油高は消費者や経営者の心理を急速に悪化させ、経済活動にマイナスの影響を与える」と強調。世界経済見通しでは、原油価格の高騰に米国の金融引き締めなどが重なった場合、〇五年、〇六年の世界経済成長率は〇・七～〇・八ポイント低下すると見ている。しかし、ＩＭＦをはじめ、いずれの予測機関の見通しも、共通点は、相当な高値が出ない限り石油需要が抑制されることはないということだ。

一方、供給面では、二〇三〇年の非OPEC産油国の生産量は、油田の老朽化などから〇四年比二七~五三%の増加にとどまる見通しである。このため、OPEC(石油輸出国機構)の生産量を二倍以上に増やさないと需要を賄えなくなると分析。しかし、増産には巨額の費用がかかるうえ、OPEC自体が生産を抑制し、価格維持に動く公算も大きく、需要に見合う供給を確保するのは難しいとの見方だ。確かに、ここ一、二年のOPEC加盟国の言動を見ていると、OPECが能力拡大に動いたとしても、それは増産しても原油は五十ドル台で高止まるとの確信を得ているからであって、市場を鎮静化するというのはあくまでも表向きの態度のようだ。

また、IEA(国際エネルギー機関)も原油高止まり説を供給サイドの問題として認識している。IEAは〇五年十二月に発表したレポートで、次のような原油市場の中期見通しを行っている。そのポイントは四つである。①原油の記録的高値にもかかわらず、世界の石油需要の伸びは、〇六年から二〇一〇年までの五年間で、年率一・八~二・〇%の強いペースを維持する。②中国やインドなどOECD(経済開発協力機構)非加盟の主要国が、エネルギー大量消費型の急速な工業化局面を迎えている。③原油市場は、〇七~〇八年に分水嶺を迎える。これは、この両年に原油生産能力の伸びが頭打ちとなり、国際石油供給ネットワークが試練のときを迎える可能性があるということだ。④OPECは〇六年に余剰生産能力を日量三百十万バレル(〇五年現在は同約二百万バレル)に拡大する方針を打ち出した。これは、短期的には好材料だが、需要の伸びは強く、供給ネットワークの支障は世界のどこかで継続的に続いており、突発要因に対処する余地はほとんど残っていない。これらの指摘を総合すると、今後数年を見た場合、世界の旺盛な石油需要に対し供給不安が依然として解消されないということであろう。

❺「ゴーンショック」は過去のもの

世界的な資源需給の逼迫は、原材料市場を「買い手市場」から「売り手市場」に百八十度変えた。これにより製造業の戦略も大きな転換を迫られることになった。例えば、日産自動車は二〇〇四年十一月二十九日から十二月八日までの五日間、国内四カ所の工場のうち、栃木工場を除く九州、追浜、系列の日産車体湘南の三拠点での操業をストップした。鋼材不足で調達が困難との理由からだ。事実、自動車用や家電の母材となる冷延薄板は、採算がよい中国などアジア向けの輸出需要が旺盛なことから、国内市場への供給が低下した。新日鐵やＪＦＥスチールなど鉄鋼メーカーの生産もフル稼働で、もはや増産余力がなかった。また、ポスコ（韓国）や中国鋼鉄（台湾）など海外鉄鋼メーカーも日本向けに販売を増やす余力がない、といった状況に陥っていた。国内鋼材需給の逼迫を受けて、〇二年までトン当たり四万円台で推移していた冷延薄板（一・六ミリ）の価格（問屋仲間内）は、〇三年に六万円を突破し、〇四年十一月には八万円台に乗せた。冷延薄板価格が八万円を超えたのは一九九二年以来のことだった（その後、薄板価格は〇五年五月に九万五千円をピークに軟化している）。

かつて経営不振に陥っていた日産自動車は、一九九九年の「日産リバイバルプラン」で、鋼材の調達先を思い切って新日鐵とＪＦＥスチールの二社に絞り込んだ。これが鋼材価格の下落に拍車をかけることになり、関係商社や鉄鋼業界の間では「ゴーンショック」と呼ばれた。ちなみに、トヨタ自動車やホンダは、調達先として前述の二社に住友金属を加えていることから、原料調達に融通が利き、鋼材需給の逼迫時においても操業停止といった事態を避けることができた。この意味では、資源需給が「買い手市場」から「売り手市場」に転換した時代にあっては、もはやこの「ゴーンショック」は過去のものとなったと言えよう。

❻ オールドエコノミーの再生

いま私の手元に「フォーチュン」誌「世界のグローバル五〇〇社」の二〇〇五年七月二十五日号と九八年八月三日号がある。前者の売上高トップ二〇（〇四年売上高）には、英ＢＰ（二千八百五十億ドル）、米エクソンモービル（二千七十七億ドル）、英蘭ロイヤル・ダッチ・シェル（二千六百八十七億ドル）、仏トタール（千五百二十七億ドル）、米シェブロン（千四百九十七億ドル）、米コノコフィリップス（千二百十七億ドル）と、欧米の石油メジャーズが名を連ねる。ちなみに、ナンバーワンはウォルマートの二千八百七十九億ドルで、他にＧＭ、ダイムラークライスラー、トヨタ自動車、フォード、ＧＥなどが入っている。これに対し、九八年誌（九七年売上高）では、オイルメジャーズは、英蘭ロイヤル・ダッチ・シェル（千二百八十一億ドル）、エクソン（千二百二十三億ドル）の二社にとどまる（なお、九八年当時は三井物産、三菱商事、伊藤忠商事、丸紅、住友商事、日商岩井〈現、双日〉の日本の総合商社六社がトップ二〇に名を連ねたが、〇五年は米国会計基準を採用した結果、各商社とも三菱商事の一四八位から伊藤忠商事の三二七位の間にランクされている）。

さらに興味深いのは、産業別に見た売上高の伸び率を比較したものだ。例えば、一九九八年誌では、全産業三十業種の売上高伸び率の平均が前年比〇・七％であるのに対し、素材産業のなかで平均を上回っているのはエネルギー（前年比四一・三七％増でトップ）だけだ。化学（同▲〇・七％）、石油精製（同▲二・四％）、金属（同▲七・四％）など、素材産業の不振が目立つ。ちなみに、最も売上げの伸びが低いのは、エンジニアリング・建設の前年比▲九・六％であった。これに対して、二〇〇五年誌では、全産業平均の売上高の伸びが前年比一三・〇％に上昇するなか、ベスト一〇には、第一位の鉱山・原油生産（同三五・七％）の他、金属（同二九・七％）、石油精製（同二三・四％）、化学（同一五・五％）、エネルギー（同一四・三％）が平均の伸びを上回って入っている。ちなみに、エンジニアリング・建設も前年比一四・九％増で、平均を上回っている。〇五年には原油をはじめ金属などコモディティ価格が一段と上昇していることから、素材産業の〇六年誌での売上高はさらに伸びていることが予想される。

それにしても九〇年代には、これら素材産業はコモディティ価格が低迷するなかで、「オールドエコノミー」あるいは「オールドインダストリー」と評価され、リストラの代表的な産業とされた。この間多くのエンジニアが解雇されたのに加え、新規卒業者の採用なども極力抑えられてきた。しかし、最近の盛況ぶりは、まさしく素材産業の復活と言えよう。

レイモンド・バーノンの「プロダクト・サイクル論」によると、ある商品（製品と商品の違いは、製品が市場で評価されて初めて商品になる点にある）は、生成期（差別化された新製品としてマーケットに登場）→発展期→成熟期（標準化商品）→衰退期といったライフサイクルをたどる。これを一国の産業構造について見た場合、それぞれの産業や製品は、この生成→成長→成熟→衰退の過程でより付加価値の高い分野へとシフトしていく（産業構造の高度化）。しかし、世界全体で見ると「プロダクト・サイクル論」では、企業の多国籍化（海外直接投資）によって、商品のライフスタイルと生産の立地が結び付けられて、より発展段階の遅れた国に移転され、移転先国の産業発展に寄与することになる。こうした動きが、それぞれの国の産業構造を規定すると同時に、それらを積み上げることで世界経済全体の産業構造を規定することになる。

特に、一九九〇年代以降、中国や旧ソ連など旧共産圏諸国や発展段階の低かったインドなどの南アジア諸国が、重化学工業化による本格的な経済発展過程に入った。二〇〇〇年に入るとその累積的効果から、エネルギー・資源の大量消費という形で世界の素材需給を逼迫させ、オールドエコノミーの再生をもたらしたと言えよう。

❼米国ITバブルの崩壊と素材産業の復権

産業構造の転換がドラスチックに進んだのが戦後の米国経済であった。第二次世界大戦後、圧倒的な優位性を持って登場した米国経済は、一九七〇年代前後から急速にその地位を低下させていった。ちなみに、世界のGDPに占める米国経済のシェアは、一九五〇年の四〇％から八〇年には二一％へと半減した。個別分野では、世界の約四分の三を占めていた自動車生産シェアは二割に低下し、世界の半分近くを占めていた鉄鋼生産シェアも一四％まで落ち込んだ。このように米国経済が衰退した要因としては、①戦後、覇権を維持するためのコスト負担が大きかったこと（特に、一九五〇～六〇年代の東西緊張の高まりによる安全保障コストの上昇やベトナム戦費負担）、②欧州や日本経済の復興に加え、韓国、台湾などアジアＮＩＥｓ（新興工業経済群）が台頭したこと、③米国製造業の国際競争力の低下、などが指摘されている。なかでも、米国経済を内部から弱体化させていった要因は、製造業の国際競争力の低下であると言えよう。特に、米国製造業においては、七〇年代に米国企業行動（コングロマリット化）、産業空洞化（モノ作りの軽視による製造業の海外移転）、労働組合・労働者の質や産業政策の欠如などから、その競争力の低下が問題となっていた。

強い米国を標榜したレーガン大統領は、八三年にヒューレット・パッカードのヤング会長をトップとする産業競争力委員会を設け、米国の再生策を検討させた。その成果が八五年に提出された「ヤング・レポート」だ。また、マサチューセッツ工科大学（ＭＩＴ）も、八九年に報告書「メイドイン・米国」を発表し、米国産業の問題点とチャンスを指摘した。これらの相次ぐ米国産業の再生レポートで指摘されたのは、次の二つの考え方であった。第一は、米国産業を地域的にシカゴやデトロイトなど五大湖周辺のラストベルト（鉄錆地帯：rust belt）とカリフォルニアなど西部のサンベルト（陽光地帯：sun belt）とに区別し、サンライズ・インダストリー（情報通信、バイオ、新素材、航空宇宙など）の育成と伝統的産業（鉄鋼、自動車、工作機械、農業など）の救済を行うことであった。第二は、従来の政策には競争力の視点が欠落していたとして、社会インフラ、Ｒ＆Ｄ（研究開発）投資、税制、補助金、教育、通商政策など、政策のすべてを産業競争力強化に向けて一貫性のあるものに統一する、というものであった。その際、米国が目標としたのは、最大の敵である日本産業を徹底研究することであった。特に、米国にとって脅威であったのは、①トヨタ自動車のかんばん方式、②コンビニのＰＯＳ（Point of Sales）、③重電産業のＴＱＣ（トータルクオリティコントロール）などの品質管理であった。米国はこうした日本の強さの背後には「日本的経営」、すなわち終身雇用制、年功序列賃金、企業別組合、大部屋主義あるいは系列などの慣行を通じた「人のネットワーク」（以心伝心、暗黙知）などがあるとした。しかし、多民族移民社会である米国は、「日本的経営」をそのまま導入することはできない。こうした折、米国にとって幸福であったのは、インターネットに代表されるＩＴ（情報技術）の急速な進展が重なったことだ。米国はＩＴ投資によ

図表 1-6　米国の IT・ネットワーク革命

①トヨタのかんばん方式 ⇒ リーンプロダクション・システム

②コンビニの POS（Point of Sales）⇒ SCM(Supply Chain Management)

③重電産業の TQC ⇒ シックス・シグマ

⇩

IT・ネットワーク革命

り、「政府、産業界、労働者のネットワーク」を構築した。そして、図表1-6のように、①トヨタ自動車のかんばん方式に対してはリーンプロダクション・システムを、②コンビニのＰＯＳに対してはＳＣＭ（サプライチェーンマネジメント）を、③重電産業のＴＱＣに対しては、ミスの発生率を百万分の三〜四に抑えるシックス・シグマを導入することになる。いまや時代遅れの言葉となった感もあるが、当時、ＩＴ・ネットワーク革命と言われたこれら一連の革新は、九〇年代に入って米国製造業を復活させることになった。産業再生を果たした米国が、新たに発見したことは「我々の敵は、我々だった」という認識であった。しかし、当時の米国において製造業の再生は必ずしも産業全体（ＧＤＰや雇用）における製造業のウェイト拡大を意味するわけではなく、ましてや素材産業の復権を意味するわけではなかった。ＩＴ革命は、米国の製造業のなかでも、ＩＴ関連産業の拡大を促したものの、九〇年代後半にはニューエコノミーという形のＩＴバブルをもたらしたのである。

　米国経済は、九一年三月以降、ＩＴバブルが崩壊する二〇〇〇年後半まで約十年にわたって景気拡大局面にあった。ただ、九〇年代前半は、製造業を中心に人員削減が進められたことから「雇用なき回復」と言われた。

ちなみに、製造業の雇用者数は、九〇年の二千四百九十万人から九二年には二千三百二十三万人へと約百七十万人減少した。これを吸収したのがサービス業である。しかし、九〇年代後半は、IT関連投資の盛り上がりを背景に雇用増大を伴って景気が拡大した。製造業の雇用も九八年二千五百三十四万人に増加した。この間、米国産業で顕著になったのは、製造業の比率低下とサービス産業の拡大である。GDPに占める製造業の比率は一九六〇年の二七％から九七年の一七％まで一貫して低下傾向をたどった。この一方、金融業およびサービス業の比率が上昇した。特に、医療サービスやビジネスサービスなど、狭義のサービス業のシェアは、一〇％前後から二〇％台に拡大した。こうした金融・サービス産業の拡大は、九〇年代のIT関連投資の急拡大とは切り離して考えられない。特に、そのIT関連投資の特徴は、臨界点を超えた普及とネットワークの経済性にあった。すなわち、コンピュータでは、ダウンサイジング（メインフレームからPCへ）、操作性の良さが特徴であり、ネットワークでは、通信との融合（スタンド・アローンからネットワーク・コンピュータへ）、オープン化（インターネットのビジネス利用の開始）が特徴であった。九七年の民間による耐久設備投資額六千五百七十四億ドルの四六％が情報処理関連投資であり、その比率は、九〇年代に入って急速に高まっていった。この結果、九八年の実質GDP成長率三・九％のうち、コンピュータ関連投資の寄与度が一・九％と半分近くを占め、米国経済の牽引役を果たすことになったのである。

これだけ情報関連投資が続いて、供給サイドに何も変化が生じていないはずはないという認識は、国民の間に、米国経済がニューエコノミーの段階に入ったとする「ニューエコノミー論」を台頭させることになった。一般に、ＩＴ産業が米国経済に及ぼした影響としては、①経済成長の牽引役、②生産性の向上（例えば、一九九〇～九七年の米国産業の労働生産性上昇率は年平均一・四％に対し、ＩＴ産業[1]は一〇・四％であった）、③インフレの抑制、④雇用創出（九六年以来、ＩＴ産業の就業者数は年平均七・七％増加し、全産業の雇用者数の増加率〈約三％〉を上回った。ちなみに、九七年のＩＴ産業就業者数は四百八十万人である。これに対し建設、金融は各約六百万人）などが挙げられよう。さらにこうしたＩＴ革命は、経済のグローバル化や市場化（規制緩和）の流れと相まって、九〇年代後半にかけて日本をはじめ世界に広がっていった。その際、ＩＴ革命は、ＩＴ産業そのものを台頭させる（ＩＴの産業化）と同時に、経営面では、「産業のＩＴ化」を通して労働生産性の引き上げ（雇用削減）が模索された。これに伴い、二十一世紀初頭は、大量生産を中心とする工業化社会からポスト工業化社会、情報・ネットワーク社会（知の時代）への移行期間との見方が広がった。その結果、大量生産方式・右肩上がりの成長に有利な市場環境が終焉し、不断に変化する市場への柔軟な対応が問われるようになった。企業組織も、ピラミッド型組織から、より柔軟で機動性のあるフラットな組織への転換を迫られるようになった。経営スタイルも、日本的経営から米国型経営スタイル[2]へ急速にシフトする格好となった。しかし、最近の資源価格の高騰は、世界経済成長のリード役が、中国などＢＲＩＣｓの台頭により、再び大量生産・大量消費を特徴とする工業化社会にシフト

（前年比％）

1996	1997	1998	1999	2000	2001	2002	2003	2004	2005
2.6	1.0	(1.5)	(0.9)	1.0	(2.1)	(0.7)	1.0	0.5	1.5
3.3	0.2	(0.9)	0.6	2.5	(0.8)	1.1	2.3	1.7	2.8
(0.7)	0.7	(0.6)	(1.5)	(1.4)	(1.3)	(1.5)	(1.0)	(1.0)	0.0
12.1	2.4	(6.6)	(4.6)	4.0	1.0	(1.5)	(0.9)	4.2	11.0
(1.4)	1.0	(2.1)	(0.8)	(0.6)	(2.4)	(2.0)	(0.8)	1.3	1.6
0.4	2.0	0.2	(0.5)	(0.6)	(1.0)	(0.9)	(0.3)	0.0	0.0
3.4	1.1	(7.0)	3.3	5.7	(6.8)	(1.3)	3.3	5.5	1.2
4.0	(3.0)	(3.9)	(9.2)	(0.9)	(5.9)	(3.3)	10.0	5.5	5.4
3.3	3.5	4.3	4.7	4.7	5.2	5.4	5.1	4.6	4.3
1.4	(1.2)	(1.7)	(0.3)	1.3	(0.3)	(2.3)	(0.9)	(0.3)	0.6
(1.8)	11.0	15.3	(19.1)	18.6	(3.8)	(8.2)	(23.7)	(22.2)	(16.2)
(4.1)	(3.5)	(3.9)	(5.7)	(6.2)	(6.4)	(7.0)	(7.9)	(7.9)	(7.1)
21.4	(12.9)	(17.3)	21.4	(7.8)	(23.5)	(16.2)	3.8	13.9	8.6
3.3	3.1	4.0	3.6	2.2	3.1	2.9	1.6	1.9	1.7

（金額、兆円）

8,270	8,418	8,352	8,555	8,452	8,290	8,147	8,144	-	-
1,797	1,757	1,685	1,611	1,540	1,445	1,371	1,299	-	-
426	366	306	515	423	374	378	480	-	-

しつつあることを示唆している。

❽ 原油高騰は景気回復に水をさすか

バブル崩壊後、十年以上にわたるデフレが終焉に向かっている。一般にデフレとは、「物価が二年以上にわたって（持続的に）下落する」状況を指す。単にパソコンや携帯電話、アパレル、食品といった個別商品の値下がりではなく、物価全般が下落していくのがデフレである。物価をＧＤＰデフレーターで見るのか、消費者物価指数（ＣＰＩ）で見るのか議論はあるが、日本の場合はいずれも数年にわたって下落を続けているのが特徴だ。悲劇の哲学者セーレン・キルケゴールの

図表1-7　バブル崩壊後の経済指標

項目	1989	1990	1991	1992	1993	1994	1995
名目GDP（年度）	6.9	8.1	4.6	2.1	(1.0)	1.9	1.6
実質GDP（年度）	4.9	5.6	2.4	0.5	0.5	0.9	3.1
GDPデフレーター（年度）	2.5	2.4	2.7	1.4	0.4	(0.1)	(0.6)
輸入物価	10.8	5.2	(10.7)	(4.2)	(12.5)	(1.6)	0.1
卸売（企業）物価	2.7	1.2	0.5	(1.0)	(1.8)	(1.4)	(1.1)
消費者物価	2.9	3.1	2.8	1.6	1.3	0.4	(0.3)
鉱工業生産	4.5	5.0	(0.8)	(5.9)	(3.5)	3.0	2.1
設備投資（短観）	17.3	15.2	10.8	(10.6)	(16.7)	(6.6)	(1.3)
完全失業率	2.2	2.1	2.1	2.2	2.6	2.9	3.2
現金給与総額（実質）	1.4	1.3	1.5	0.0	(0.7)	1.3	1.3
企業倒産件数	(29.0)	(4.6)	65.8	31.2	3.5	(3.5)	7.4
全国市街地価格	14.1	10.4	(1.8)	(5.5)	(4.6)	(3.7)	(4.4)
日経平均株価	20.4	(15.2)	(15.4)	(26.2)	12.1	4.3	(12.9)
通貨供給（M2+CD）	9.9	11.7	3.6	0.6	1.1	2.1	3.0

国民資産計	6,871	7,939	8,019	7,838	7,945	8,098	8,191
うち、土地	2,136	2,365	2,173	2,063	1,973	1,914	1,831
株式	889	594	586	369	397	472	467

注）影部は前年比マイナスまたは悪化した年
資料：日銀「金融経済統計月報」「国民経済計算年報」平成17年度版より作成

主著に『不安の概念』『死に至る病』がある。将来にわたってモノの値段や賃金が下がっていくというデフレスパイラルの恐怖は、経済面では、しばしば私たち生活者に「絶望」をもたらすという意味で、まさに「死に至る病」と言える。図表1-7は、こうしたデフレの広がりを見たものである。いかに一九九〇年代の日本経済がデフレと言う「死に至る病」に犯されていたかが見て取れる。ちなみに図表1-7で、影部は前年と比べてデフレが悪化したと見られる年である。それは、単に一般物価の値下がりにとどまらず、鉱工業生産の落ち込み、設備投資の減退、失業の増加、給与の減少、企業倒産の増加、地価の継続的下落および株価低迷などを通じて景気後退をもたらす。特に、九〇年代のデフレが深刻化した背景には、バブル崩壊に伴う資産価格の値下がりがある。国民経済計算年報から国民の保有資産の評価額を見ると、土地は九〇年のピークである二千三百六十五兆円から減少を続け、〇三年には千二百九十九兆円へと実に千六十六兆円も減っている。また、株式の時価総額も、八九年の八百八十九兆円から〇一年には三百七十四兆円まで五百十五兆円も減少している。土地と株式を合わせると千六百兆円近いストック（資産）・デフレが生じたことになる。ストック・デフレは、銀行の不良債権問題とそれに伴う金融システム不安を引き起こし、マネーサプライという日本経済の血液循環システムをずたずたにした。これに対し、政府は一九九二年〜二〇〇〇年にかけて合計十回、事業総額百三十兆円にのぼる総合経済対策を打ったが、ストック面での千六百兆円の落ち込みを、フロー面での百三十兆円の対策によりカバーしようとしても効果は限られる格好となった。すなわち、デフレ脱却には十年以上にわたる年月が必要になったのである。

なお、デフレについては、その背後の要因の違いにより、需要の落ち込みによるデフレと、技術革新による生産性の上昇や海外生産シフトなどで供給コストが低下されるデフレとに分け、前者を「悪性デフレ」、後者を「良性デフレ」とする見方もある。確かにそういう面もあろう。しかし、デフレが経済にとって「死に至る病」であるという意味では、「良いデフレ」などないというのが筆者の意見である。そのうえで、あえて「良性デフレ」「悪性デフレ」という観点から表をながめると、日本の「十年デフレ」を大きく三つの局面に分けることができる。

第一局面は、一九九〇年代前半のデフレだ。これは、①円レートが九〇年四月の一ドル百五十八円の安値から九五年四月の七十九円まで急速に円高が進んだことで内外価格差が拡大したこと、②これを埋める形で中国や東南アジア諸国などから「価格破壊」と言われるような安価な商品の輸入が増えたことなどが要因だ。消費者にとってはメリットも大きく、「良性デフレ」の性格が強かったと言えよう。供給サイドにおいても、製品価格は下落するものの、需要が拡大したことから鉱工業生産は九四年以降プラスに転じた。いわゆる「数量景気」であり、経済は九六年から九七年前半にかけて明るさを取り戻していった。第二の局面は、九八年から九九年にかけてのデフレだ。土地と株価のストック・デフレが続くなかで、せっかく九六年から九七年にかけて広がっていた「数量景気」が中断される格好となった。これは、九六年一月に誕生した橋本内閣が同年六月、九七年四月一日からの消費税を三%から五%へ引き上げることを決定し、一気に個人消費が冷え込んだためである。この結果、九八年の実質GDPは二十三年ぶりのマイナス成長に陥った。ただ、九八年七月に誕生した小渕政権（その後、森政権へ）の景気テコ入れ、日銀のゼロ金利策に加えて、アジア諸国が通貨・経済危機から一斉に立ち直ったこともあり、二〇〇〇年には日本経済も徐々に明るさを取り戻しつつあった。

こうした状況下、二〇〇〇年に入ると日銀がすかさずゼロ金利の解除を行ったことに加え、二〇〇一年に誕生した小泉政権も「聖域なき構造改革」を打ち出したことから、日本経済には再びデフレ色が広がった。九〇年代後半は、一九九七年十一月の北海道拓殖銀行の破綻に始まり、山一證券、日本長期信用銀行などの経営破綻が相次いだこともあって、日本企業は、不良債権の処理や「選択と集中」を進める過程でバランスシートの調整を余儀なくされた。これが第三の局面である。特に、過剰設備、過剰雇用、過剰債務の「三つの過剰」をいかに解消するかが日本経済・企業再生にとっての最重要課題であった。こうした企業努力が奏功し、〇三年になると日本経済は徐々に回復軌道に乗ってきた。日本経済の病根と言われた「三つの過剰」問題も〇四年にはほぼ解消し、景気は自力回復軌道に乗る。〇五年には、原油高騰の影響もあって、消費者物価も月次ベースで前年比プラス基調に転じるなど、十年以上にわたるデフレもようやく終焉に近づいてきた。

そこで新たな問題は、最近の原油高騰が日本をはじめ世界経済の腰を折ることにならないかという点である。これについて、筆者は、やや逆説的ではあるが、現在の原油高騰は、これまでのあまりにも安すぎた価格（なかでも、日本経済はこうした安い原油価格のメリットを最大限享受してきた）の調整であって、影響は限定的であると見ている。実際、原油価格が過去最高レベルにとどまっているにもかかわらず、〇五年の世界経済の成長率は四％を超え、〇六年も四％台の好調が続く見通しだ。これは、原油価格の高騰が一過性ではなく、長期的に高止まると誰もが認識し出したことで、新たな石油資源や代替エネルギーの開発、省エネルギー関連投資などを活発化させ、それが景気を刺激しているためである。

⑨ 実質価格での原油はまだ安い

「ひょっとすると、原油価格の高騰が一時的ではないかもしれない」と誰もが思い始めたのは二〇〇四年の七月以降だ。年明けよりジリジリと値を上げていたニューヨーク市場のＷＴＩ原油価格が、七月に入ると一バレル＝四十ドルを突破し、連日のように史上最高値を更新するようになった。確かに従来とは違っていた。ちなみに、ＷＴＩ原油価格が一九八三年四月にニューヨーク市場で初めて取引されて以来（当時のオープニング価格は二十九・三〇ドルだった）、四十ドルを超えたのは九〇年九月から十月しかない。その年の八月二日、突如イラク軍が隣国のクウェートに侵攻し制圧したのに対し、国連安全保障理事会がイラクに対する限定的武力行使を決議。米国を中心とする国連軍とイラク軍との武力衝突が避けられなくなった。市場に緊張が高まるなかで原油価格は四十一・一五ドルの史上最高値を付けた。これに対し、二〇〇四年七月以降の四十ドル突破はあくまでも平時における上昇である。しかも八月以降も騰勢は衰えず、ついに十月には五十ドルを突破した。

一般に原油価格の上昇は、企業のエネルギーコストを押し上げることで世界経済に悪影響をもたらす。ＩＥＡは〇四年五月に、原油価格が十ドル上昇し一年間高止まった場合、世界の実質ＧＤＰ成長率を〇・五％押し下げるとの予測を発表した。個別には、米国が〇・三％、ＥＵが〇・五％、中国、アジアが〇・八％、日本が〇・四％、それぞれ実質ＧＤＰの押し下げ要因とな

図表1-8　原油価格と先進国CPIの推移

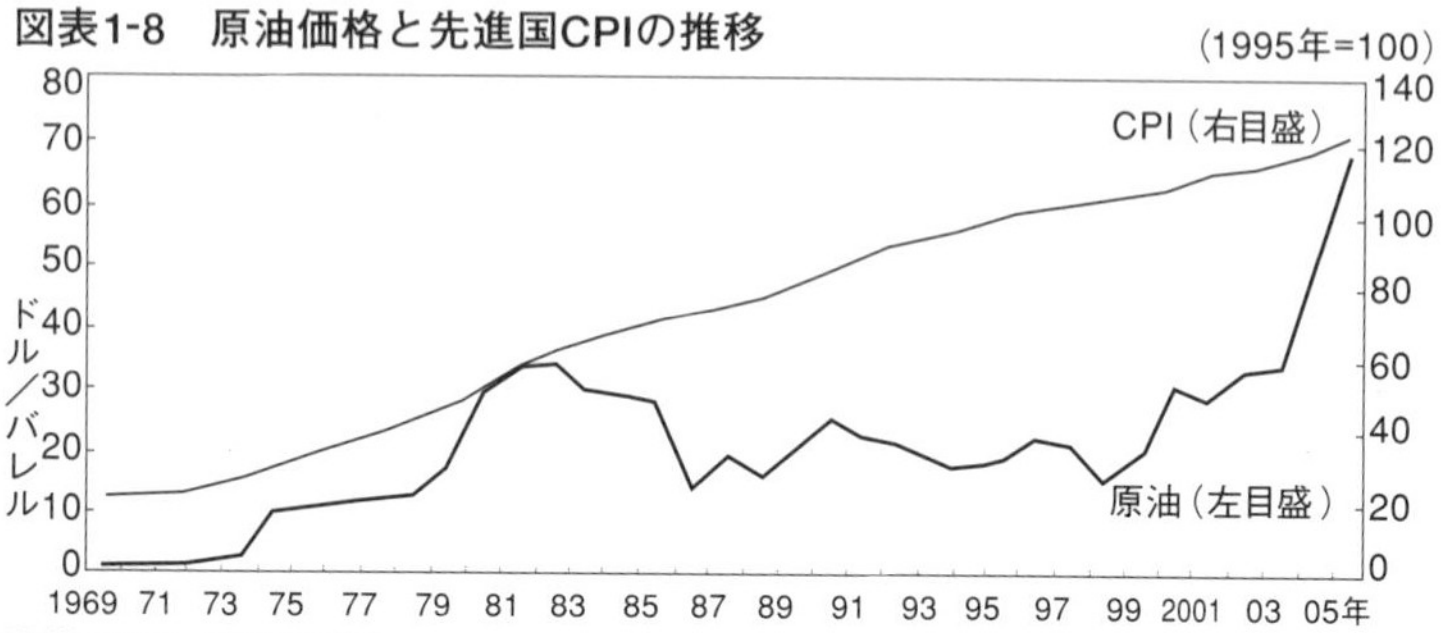

資料：IMF－IFSより作成

る。しかし、こうしたＩＥＡ予測に対し、〇四年の世界経済は四・六％成長とむしろ世界同時好況となった。さらに、ＷＴＩ原油価格は〇四年の平均四十一ドルから〇五年には一段と高騰し、八月以降は六十ドル台に乗せた。ハリケーン・カトリーナが米メキシコ湾岸に襲来した八月三十日には七十・八五ドルの史上最高値を付けた。その後、原油価格は五十ドル台半ばまで調整したが、〇五年を通して五十七ドルとなった。

　原油高騰にもかかわらず世界経済への影響が限定的であるのはなぜか。この理由の一つは、原油は名目価格では高いものの、実質価格で見れば一九七九年の石油ショック時と比べてまだ安いためだ。図表１‐８は、七〇年代以降の原油価格の名目価格での推移を見たものである。なお、ＷＴＩ原油がニューヨーク市場に上場されたのは八三年四月であるから、グラフでは便宜上、それ以前ではサウジアラビアのアラビアンライト原油の政府公示価格を用いている。これによると、原油価格は、八〇年の二十八ドル台から八二～八三年に三十ドル台前半まで上昇した後、長期下落トレンドをたどった後、二〇〇〇年以降上昇に

図表1-9　原油実質価格指数の推移

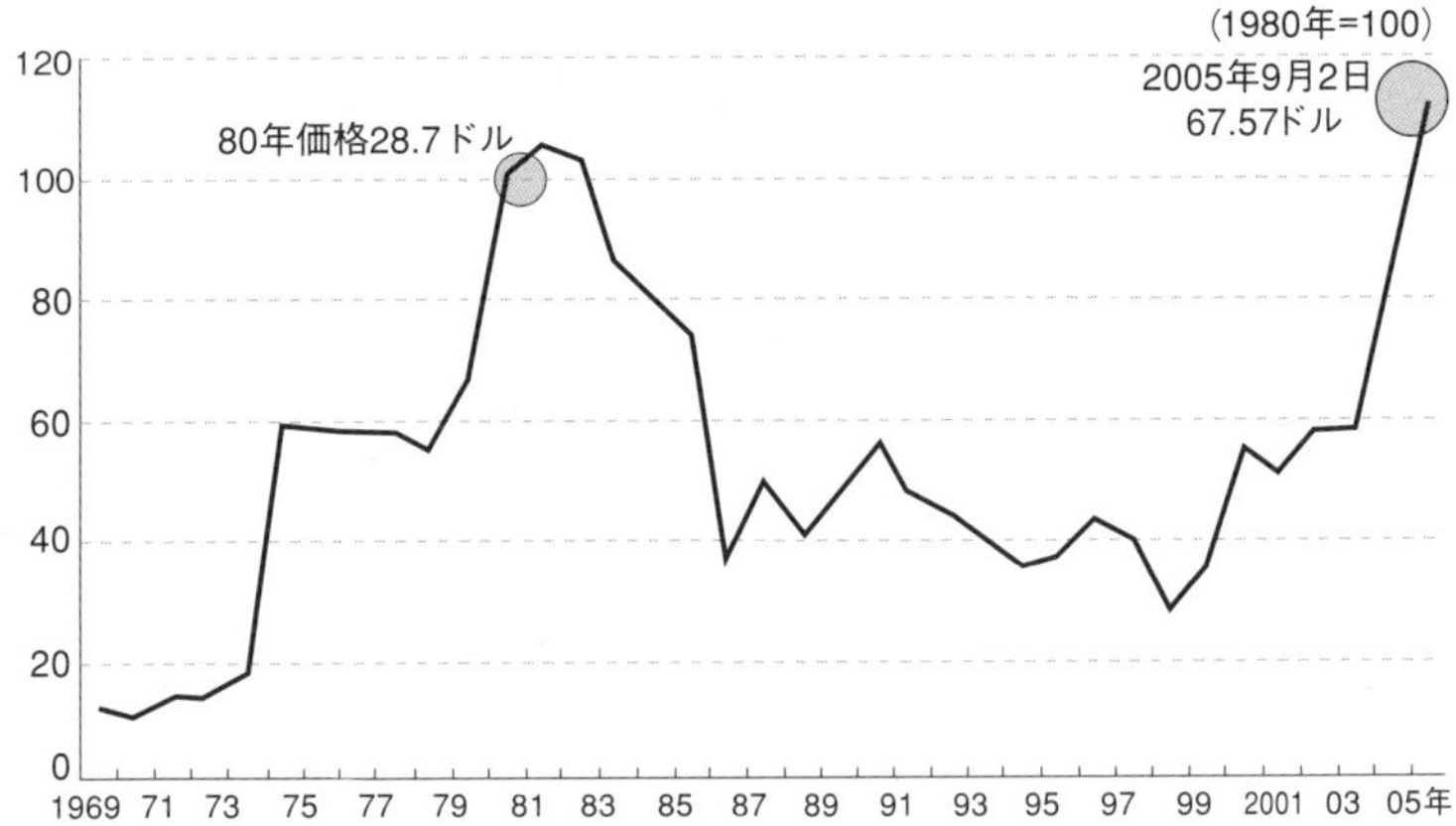

（注）1980年原油価格（28.7ドル）＝100として、先進国CPI指数で実質化
80年以前はアラビアンライト、81〜85年はドバイ原油、86年以降はWTI原油

資料：IMF－IFSより作成

転じ、〇五年に六十ドル台に乗せるなど、名目価格では倍になっている。しかし、この間、世界の消費者物価上昇率（ここでは先進国）が二・三倍になっている。このため、インフレを調整した実質価格で見た場合、図表１-９のように、〇五年に入ってからの五十〜六十ドル台という原油価格は、実質価格でようやく八〇年の二十八ドルの水準に並んだ形である。言い換えると、八〇年に原油スポット価格は約四十ドルまで上昇しており、これにインフレ分二・三倍を掛けて現在価値に置き換えると九十ドルを突破する。すなわち、現在の六十ドル前後の原油価格は、八〇年当時と比べると、実質価格ではまだ安いということになる。

この点、グリーンスパンＦＲＢ議長（当時）も〇四年十月十五日、全イタリア系米国人基金主催の講演会で、原油の実質価格について同様のコメントを行っている。同議長の言い回しは、難解で多くの含みがあることでエコノミスト泣かせであるが、おおむね「米国経済は高い原油価格とうまく付き合っていかなければならない」といった趣旨の発言であった。その具体的な発言を拾ってみると以下のようなものだ。

「現在の原油高騰は、今年（〇四年）に入ってから、これまでに輸入原油価格を上昇させ、米国経済の成長率を〇・七五％ポイント押し下げた」「ただ、原油の実質価格は、八一年二月ピーク時のわずか五分の三（六割）に過ぎず、インフレ調整後の八一年価格の八十ドルと比べれば、まだ二十五ドルほど低い」「原油高騰のインパクトは、七〇年代の石油ショックに比べれば小さい」。ちなみに、WTI原油価格は、〇四年の年初から十月までに六五％上昇したが、一九七三〜七四年の上昇率は二五〇％、一九七八〜八〇年は一八〇％であった。「原油高騰は、地政学的リスクと新油田開発投資の欠如が最大の要因である」「原油高が続けば、米国経済の脱石油化は必至であり、今世紀の中ごろまでに石油に代わる次世代エネルギーにシフトしているだろう」「ただ、次世代エネルギーに移行するまでの過渡期は、原油市場での先行き不透明感は拭えない」。市場では、これら一連のグリーンスパン発言が、原油高にお墨付きを与えたものと評価し、その直後にWTI原油価格は五十五ドルの史上最高値を付ける形になった。

ところで、実質価格で見た場合、八〇年当時と比べて安いのは原油に限ったことではない。図表1-10は、IMFのIFS（インターナショナル・フィナンシャル・スタティスティクス）統計の一次産品価格指数（一九九五年＝一〇〇）を、八〇年以降のインフレ率で割り、実質化

図表1-10　一次産品交易条件の推移
（一次産品価格指数／先進国消費者物価指数）

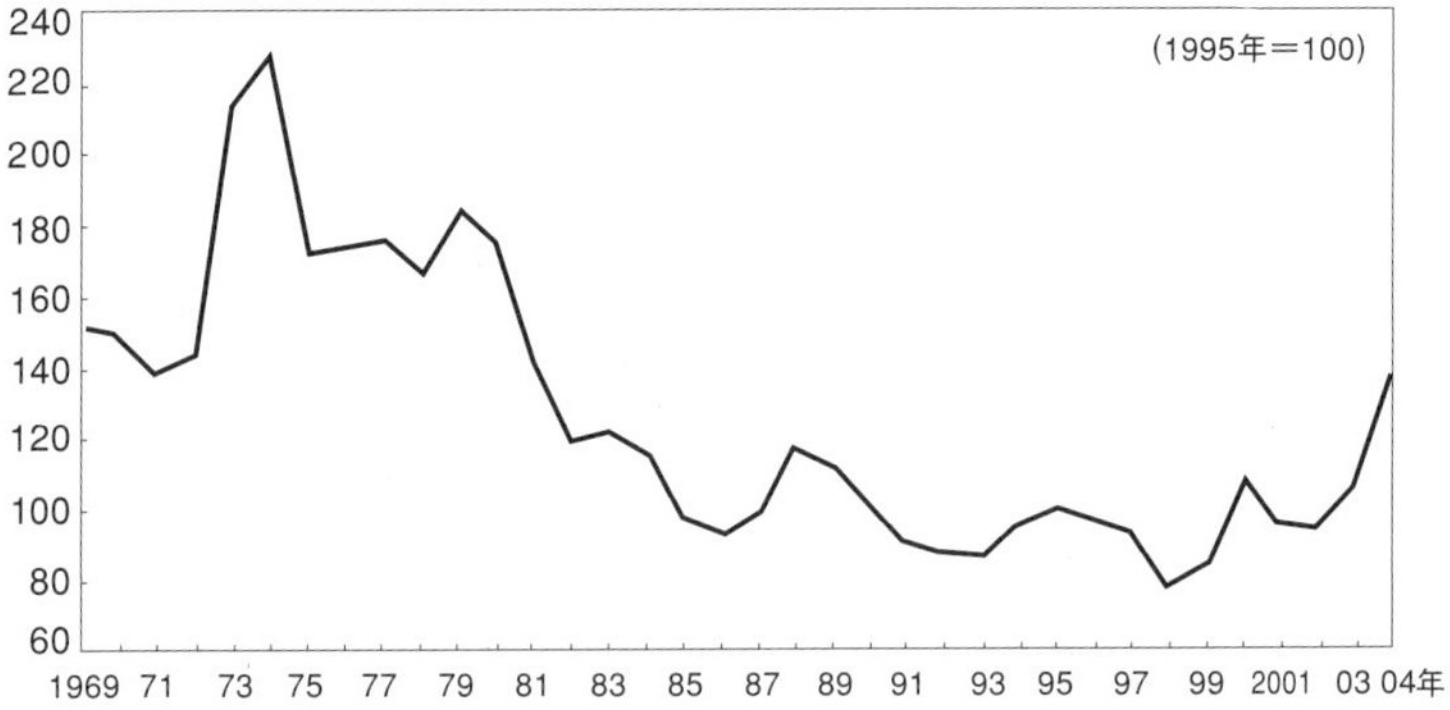

資料：IMF "International Financial Statistics"各年より作成

したグラフである。これによれば、エネルギー、金属、木材、農産物などあらゆる資源価格、すなわち一次産品価格が、過去二十五年にわたり実質価格で二分の一から三分の一に低下してきた。その結果、一次産品市場では、供給能力を増やそうという生産者の意欲が削がれる一方、安い資源価格が中国などの需要を喚起することになり、二〇〇〇年を境に実質価格での一次産品価格が原油価格を追いかけるように上昇に転じるようになった。これは何を示唆するのであろうか。

おそらく、一次産品などのコモディティ価格は、八〇年をピークに長期低落傾向をたどり、製品価格に対して大きく下落し過ぎたことから、ここにきて次々とその揺り戻しが起こっていると見られる。言い換えれば、八〇年代以降、西側先進国の製造業が、自らの製品価格に対して、これら一次産品価格を低く抑える（一次産品の交易条件を悪化させる）ことで収益を確保してきた成長モデルが成り立たなくなっていることを意味する。しかし、まだ八〇年当時と比べると一次産品全体の価格は安い。今後、数年の時間軸で見た場合、一次産品価格は実質価格ベースで八〇年のレベルに向かうものと見られる。それは、名目価格で見た場合には、多くのコモディティが史上最高値更新に向かう動きでもある。

⑩ 七〇年代との類似点

原油を含むコモディティ市況を取り囲む環境に、今回と同じような「構造変化」があったのは一九七〇年代前半である。その当時と現在との類似性を挙げてみよう。

図表1-11は、コモディティ価格が高騰した七〇年前後と現在を比較したものである。興味深いことに、最近の国際商品市況の上昇をめぐる環境には、七〇年代初めと類似している点が多い。例えば、ドル不安、米国の国際収支赤字問題、金やドルなどの国際的な資金シフト、米国の中東政策、モノ作りをベースにした新興工業国の台頭、一次産品輸入大国の登場、世界的な食糧需給逼迫、米株価の調整局面入り、環境問題の深刻化などである。ちなみに、七〇年代における一次産品価格急騰の要因として当時指摘されたのは、①可耕地の限界などを反映した農業生産の伸び悩み、②発展途上国の経済成長に伴う所得向上と人口増加率の上昇（所得爆発と人口爆発）、③異常気象による食糧需給の逼迫、④採鉱条件の悪化や公害問題による非鉄生産の頭打ち、⑤日本や旧西ドイツなどの急速な重化学工業化に伴うエネルギー・原材料需要の

図表1-11　商品市況環境をめぐる時代比較

	1965～1970年	1995～2005年
1	ドル・ポンド危機、ゴールドラッシュ（EC、中東は脱ドル→金購入）	ドル安懸念、ユーロ高・人民元切り上げ観測（ドルの対円・ユーロ戦後最安値）
2	米国の国際収支悪化（1971年に赤字転落）	米国の双子赤字拡大・対外純債務拡大（90年代に投資収益収支も赤字に）
3	金資産の世界的なシフト（中東オイルダラーが金吸収）	金・外貨資産の世界的シフト（中国の金・外貨準備急拡大）
4	資源ナショナリズムと米国の中東政策（OPECの結束、イラン封じ込め）	資源ナショナリズムと米国の中東政策（OPECの結束、イラク戦争、イラン封じ込め）
5	日本、西独の高度成長（重厚長大型経済発展）	中国などBRICs、東アジアの台頭（量産化・産業化の進展）
6	旧ソ連の国際商品市場への参入（大穀物泥棒）	中国の国際商品市場への参入（一次産品輸入大国へ）
7	世界的な食糧需給逼迫（73年の世界穀物在庫率15%台へ）	世界的な食糧需給逼迫（04年の世界穀物在庫率16%台へ）
8	ニューヨーク株価調整（ニフティ・フィフティ）	ニューヨーク株価調整（ITバブル崩壊）
9	資源不足、公害問題（ローマクラブの警告）	地球環境問題の深刻化（ワールドウォッチ研究所の警告）
10	東西冷戦構造	テロとの戦争

資料：筆者作成

増大、⑥旧ソ連による穀物の大量買い付け、⑦国際通貨の変動に伴う投機買い・ヘッジ買いの増加、などである。これらの要因は、そのままキーワードを置き換えるだけで、現在に当てはまる点が多い。

このうち、ドルに関しては、六〇年代後半の米国は金・ドル本位制下で、ベトナム戦争の戦費調達のためドルの過剰発行を余儀なくされた。これに伴い、海外のドル資産が米国の準備資産としての金準備額（当時米国は公定価格で約一万八千トンの金を保有していた）を上回ったことからドル不安が台頭し、六七年に「安全資産としての金」を求めたゴールドラッシュが生じた。米国は準備金の放出によってドルを買い支えたものの支えきれず、七一年八月十五日のニクソンショックによる金・ドル交換停止へと至った。鯖田豊之の『金（ゴールド）が語る20世紀』によると、米国は公定価格で百億ドル（純金換算で八千八百八十六トン）以上の金保有を絶対条件としていたが、七一年に入ると金を求める流れが加速し、この保有高を割り込む恐れが出てきたためだ。いずれにせよドルは金の楔《くさび》から解き放たれた。金の裏付けのなくなったドルは売られるしかない。これよりドルは何ら価値の裏付けのないペーパーマネーに転換する一方、金は自由市場で自由に価格決定されるようになった。折から、七三年に第一次石油ショックが発生した。オイルダラーで潤う中東産油国が、ドルの減価を嫌って「脱ドル・金指向」を強めた結果、金価格は八〇年に八百五十ドルという史上最高値まで駆け上った。そして二十五年経ったいま、金は長期にわたる低落傾向（金価格は、九九年と二〇〇一年には二百五十ドル近辺まで値下がりした）が終焉し、ドル安懸念や原油価格高騰のなかで再び輝きを取り戻しつつある。

穀物の環境も似ている。米農務省の二〇〇三、〇四年度需給報告によると、世界の穀物の期末在庫率は一六・五%となり、一九九九年の三〇%台から急速に低下する形となった。この間需要の伸びが供給の増加を上回ってきたためだ。七〇年代前半の食糧危機・価格高騰の際にも、同在庫率は六八年の二四%台から七二年に一五%台に落ち込んだ。世界的な所得増加と人口爆発により穀物生産が消費に追いつけない状況となったためである。ちなみに、当時は食糧安全保障に必要な適正在庫率としては年消費量（国内消費量プラス貿易量）の二カ月分、すなわち二カ月を十二カ月で割った値、一七〜一八％と言われていた。特に、七二年にはソ連が小麦二千万トンを中心とする穀物を隠密裏に米国から買い付けたことから、マーケットでの投機買いを誘った。それまで一ブッシェル（二十七・二キロ）一ドル台にあった小麦相場は七四年には四ドル前後にはね上がり、大豆も二ドル台後半から一時十三ドルに急騰した。当時のソ連を中国に置き換えるならば、現在の構図と瓜二つである。

⓫ 鋏状価格差を利用した成長モデルの終焉

「貧者の贈り物」という言葉がある。これは、エネルギーや金属、農産物など資源の多くが貧しい南の発展途上国に偏在する一方、それらを安い価格で輸入することで工業製品を作り経済発展を遂げているのが北の先進工業国であるという南北問題の構図に注目した言葉である。北の先進工業国は、南からの「貧者の贈り物」により発展を遂げてきたということだ。こうした発展の構図は、現在の中国でも都市と農村、沿海部と内陸部という形で鮮明になっている。

筆者は、二〇〇五年八月に中国の広州、北京、天津の各市を現地調査のため訪問した。広州は、〇四年十二月に香港を経て訪問していたが、一年も経たぬ間に一段と活気づいた印象を受けた。ホンダ、日産自動車に続いてトヨタ自動車も進出を決定。近い将来にはこの地が、アジア向けの自動車の一大輸出基地となる可能性が高まっている。北京を訪れたのは五年ぶりであったが、〇八年の五輪を意識してか、市街が清潔になり緑も増えているのに驚いた。自転車の数が激減した一方、交通ラッシュはかなりひどくなっている。また、以前はあちこちで見かけた掛け軸や扇子などの伝統的な土産物店はすっかり姿を消し、ファッション品や化粧品などの海外ブランド品を飾った専門店に置き換わっていた。何よりも商品の種類がたくさんあるのが印象的だ。「多選択肢社会の到来」という言葉で、最近の中国の経済発展を表すことができそうだ。天津市を訪れるのは初めてであった。まだ、昔ながらの街並みが残っているが、現在「浜海特区」の開発を核に猛烈な発展軌道に乗ろうとしているのが感じられる。かつて鄧小平が、深圳の開発で中国の成長の足掛かりをつけ、一九九〇年代には江沢民が上海・浦東の開発で中国を成長軌道に乗せた。そしていま、胡錦濤が二十一世紀における新たな成長軸として選んだのが天津の「浜海特区」である。ここを起点に将来は、北京、大連、青島の主要都市を結ぶ「環渤海湾経済圏」が形成されようとしている。こうして見ると中国は、地方都市ごとに独自の心臓を持って経済発展の鼓動を打っていると言えよう。そして都市部は想像以上のスピードで豊かになっている。

中国が変わったと痛感したのは、北京で国務院農村経済研究センターの劉志仁先生を訪れたときだ。先生は一九九〇年代後半より深刻化している「都市と農村の格差拡大」について、「貧困思想はもう終わった」と断言された。その意味は、農業を犠牲にして経済発展するパターン

図表1-12　鋏状価格差による工業化（1）

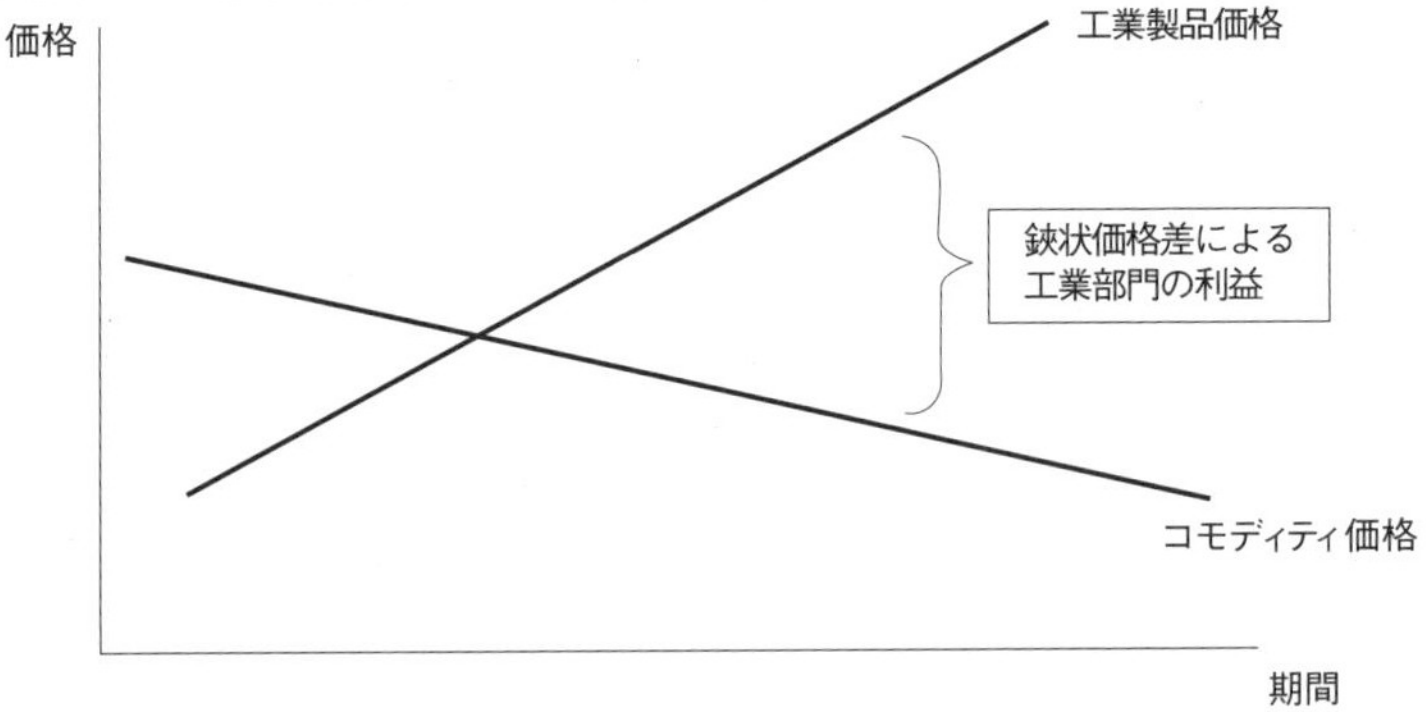

が限界に達したということである。通常、発展途上国が農業国から工業国へと経済発展を遂げていく際に、農業部門は都市あるいは工業部門に対して、安い食糧の供給や労働力の供給を行うことで工業化に貢献する。その際、工業部門は、食糧などの農産物価格を政策的に低価格に抑え、相対的に工業製品価格を高くすることによって、工業部門に利益が発生するようにする。これは農産物に限らない。原油や金属、非鉄など、いわゆるコモディティ価格全般について言えることである。この結果、工業製品価格とコモディティ価格の関係は、鋏《はさみ》の上下の刃のようなパターンとなる。発展途上国の工業化は、この鋏状価格差を利用して達成されるのである（図表1-12）。日本も戦後の高度経済成長時に、この安い資源価格、すなわちコモディティ価格のメリットを最大限享受した。

しかし、こうした鋏状価格差を利用した経済発展がいつまでも続くことはない。安いコモディティ時代が続くことによって、需要が拡大する一方、供給が抑制されるためだ。

図表1-13　鋏状価格差による工業化(2)

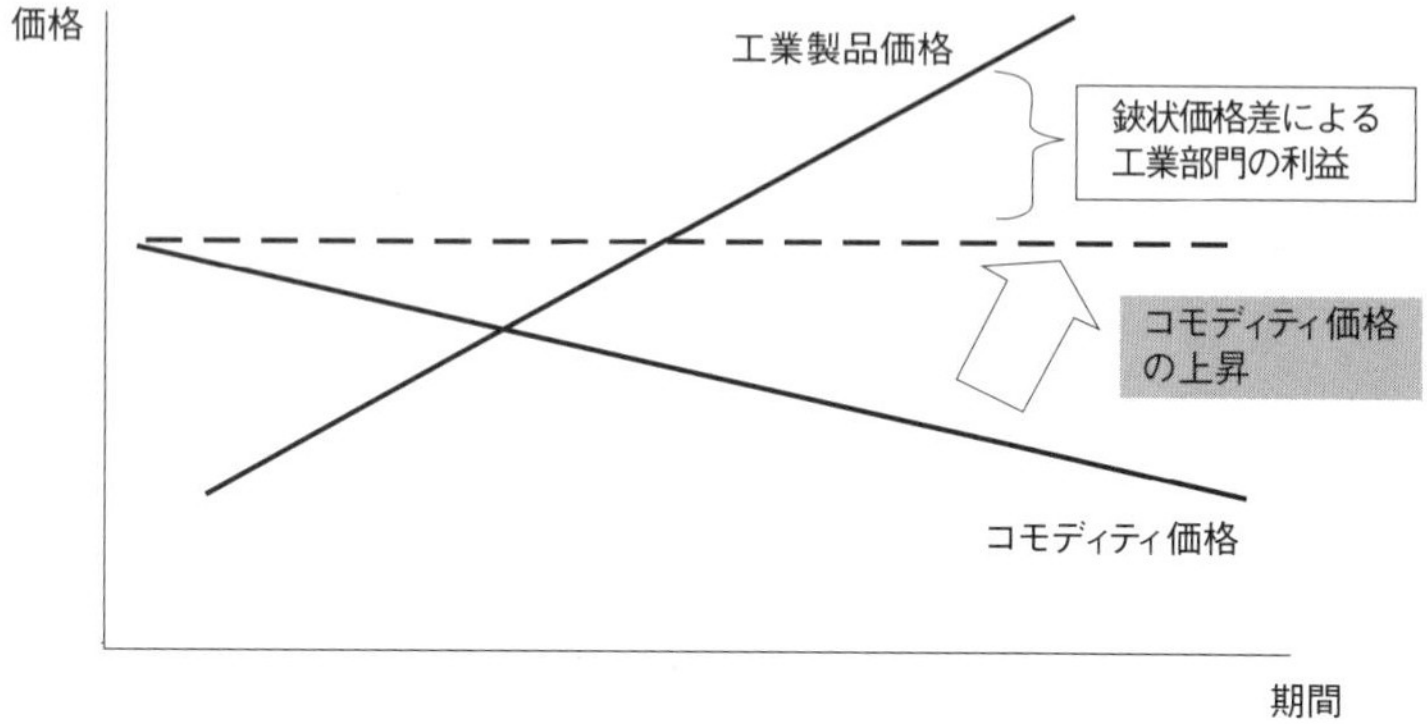

その結果、資源の需給が逼迫し価格が上方にシフトすることになる（図表1-13）。

七〇年代に原油をはじめ穀物、非鉄などの資源価格が高騰した背景には、実は、六〇年代を通じて日本や欧州で多くのエネルギー・資源を消費する重化学工業化が進んだことがあった。その結果、これらコモディティの需給が逼迫し価格が高騰した。そして、こうした価格高騰は、日本経済にとっては、五六年の経済白書で「もはや戦後ではない」と謳われて以来、十年以上にわたる高度成長に終止符を打つことになると同時に、その後の産業構造の高度化を促すものとなった。

話が若干ずれてしまったが、劉先生の「貧困思想は終わった」という発言は、中国自体が鋏状価格差を利用した経済発展の限界を意識し始めたということであろう。もちろん、現在の安いエネルギー・資源価格を前提にした経済発展パターンが早急に転換されるとは思わない。しかし、ある程度、価格を引き上げることによって、従来の経済発展パターンを変えていこうという中国政府の姿勢が見て取れる。

事実、中国政府は〇五年十二月初めに開催された中央経済工作会議で、「三農（農村、農業、農民）問題」を解決するための重要な方向性として、「社会主義新農村の建設」を第十一次五カ年規画策定の柱の一つとして打ち出した。具体的には、「生産発展、生活寛裕、郷風文明、村容整潔、管理民主（生産が発展し、生活にゆとりがあり、文化的で、景観が整い、管理が民主的）」な農村の建設を体系的事業として進めるというものだ。ちなみに、新農村の「新」とは「農村の発展の新しさ」のことである。なお、今回の工作会議の考え方として「多与、少取、放活」（多く与える、少なく取る、活かす）という政府の方針が読み取れる。

ここで、「多く与える」とは農業投資の増加であり、道路・水道・電力網・通信などのインフラ建設を加速し、教育・文化・衛生などへの投資を引き続き増加させるものである。これは、長年都市建設を中心としてきた投資から農村建設を重視した投資への大きな方向転換を示すものと言える。「少なく取る」とは、農業税などの減税を指す。近年の負担軽減の延長線上で、〇六年は全国で農業税を撤廃するというものである。この決定は、過去二千六百年余り続いた「皇糧国税（租税制）」が過去の歴史になることを意味する。「活かす」とは農村経済の活性化のことである。農村機関・農村義務教育・県郷財政体制の改革をはじめとする農村総合計画を現実に合わせて深め、各農村支援政策を強化するものである。

⑫ ドラッカーの指摘は時代遅れ?

皮肉なことに、世界が東西陣営に分かれていた時代にあっては、世界のGDPで圧倒的なシェアを持つ日本や旧西ドイツなど、西側工業国の産業が高度化することは、世界経済が、それまでの重厚長大型経済から軽薄短小型経済、さらには経済のサービス化・ソフト化へ移行することでもあった。それはエネルギー・資源少消費型経済への移行であったことから、一九八〇年代初めにはコモディティの需給が緩和し、価格の下げ圧力が強まった。八九年の東西冷戦の終焉にもかかわらず、こうしたコモディティの需給緩和傾向は少なくとも九〇年代いっぱい続いた。中国やロシアなど東側世界の市場経済化はまだ緒についたばかりで、世界におけるプレゼンスも限られていたからである。ようやく供給過剰が解消されたのは、二〇〇〇年に中国のGDPが一兆ドルを大きく上回るようになり、その大きな経済体が九%前後の高い成長を続けることで、膨大なエネルギー・資源を消費するようになってからである。

ところで、八〇年代における世界経済(といっても正確には西側世界)のサービス化・ソフト化を指摘したのは、ピーター・ドラッカー教授(二〇〇五年十一月、九十六歳で逝去)である。ドラッカー教授は、「フォーリンアフェアーズ」誌の八六年春季号で、世界経済には以下の三つの構造変化が生じていると主張した。一つは、一次産品経済と工業経済との関連が断ち切られたことである。二つ目は、工業経済それ自体においても、生産量と雇用量との関係が断ち切られたことである。そして三つ目の変化は、世界経済を動かす力は財とサービスの貿易ではなく、資本移動に変わったことである。

ドラッカー教授の指摘した、この世界経済の「三つの命題」は、一九九〇年代における米国を中心とするＩＴ革命やＦＴ（フィナンシャル・テクノロジー）を駆使した金融市場の活況、そして、それとは対照的なコモディティ市場の低迷を的確に言い当てるものであった。とりわけ一次産品価格については、その交易条件（一次産品価格を工業製品価格で割った値で、工業製品に比べて一産品価格が上昇すれば、交易条件は改善。逆は一次産品交易条件の悪化を示す）の長期構造的な悪化をいち早く見抜いたものであった。当時、私はコモディティ価格が上昇することを期待してマーケットの分析を行っていたこともあって、ドラッカーの命題に対して「そんなはずがない」と密かに異論を唱えていた。しかし、九〇年代における原油をはじめコモディティ価格の歴史的低迷は、まさに教授の洞察通りになった。

しかし、この一、二年の原油価格の高騰や非鉄、金が歴史的な高値を付けるのを、ドラッカー教授はどのように分析するのであろう。振り返ってみれば、ドラッカー教授が「三つの命題」を掲げて世界経済の構造変化を指摘した八〇年代半ばは、いわば日本や欧米など西側工業国の脱工業化の動きに注目したものであった。しかし、旧ソ連や中国などの東側世界では、依然として経済成長と一次産品需要とのリンクは決して崩れてはいなかったのである。こうしたなかで、中国は七八年の「改革開放」を境に市場経済化の道を歩み出し、急速な工業化のステップに入る。旧ソ連も八九年のベルリンの壁崩壊を契機に市場経済化を取り入れた工業化を目指し始める。その際、八五年の原油価格十ドル割れに始まった一次産品価格の低迷は、中国やロシアなどの東側工業国にとってインフラ整備を中心とする重化学工業化による経済成長を達成するのに都合がよいものであった。それでもまだ、九〇年代までは中国の経済規模は一兆ドルを下回り、世界のコモディティ市場への影響も限定的であった。しかし、二〇〇〇年に中国のGDPが一兆ドルを超えると、エネルギー・資源の輸入国としての影響が無視できなくなった。すなわち、世界の一次産品の需給構造が、それまでの供給過剰から供給不足懸念へと百八十度転換することになる。特に、ドラッカー教授が示した「三つの命題」のなかの三番目、「世界経済を動かす力は財とサービスの貿易ではなく、資本移動に変わった」との命題が一次産品市場に予想以上の影響を及ぼすようになった。それは、先物市場を通じたペーパー取引あるいは投機マネーが、実物経済をはるかに凌駕する形で拡大していったためである。ドラッカー教授が指摘した「三つの命題」が、中国の台頭によって崩れ始めたと言えよう。残念ながら、もはや教授の意見を聞くことはできない。

⑬ 商品相場の上昇を早くから指摘したジム・ロジャーズ

「商品市場で新しい上昇相場がやってくる」と早くから強調していたのは、ジム・ロジャーズだ。彼は、これまで最も成功したヘッジファンドと言われる「クォンタムファンド」を運用したジョージ・ソロスのパートナーである。また、世界中をバイクで回りながら、様々な国で投資機会を肌で感じ取る冒険投資家としても知られている。彼にとって「商品（コモディティ）市場」とは、「原材料」「天然資源」あるいは「実物資産」などであり、言い換えれば、世界中の人々の生活に欠かせない「モノ」の市場を指す。最近著した『大投資家ジム・ロジャーズが語る商品の時代』（日本経済新聞社）で彼は、一九八〇年代の初めから続いていた商品の下落相場は九八年に終わったと指摘。そしてその最終局面では多くの「モノ」の価格は二十年来の安値を付けた。この間のインフレを調整すれば、実質価格では一九三〇年代の大恐慌の頃の水準にまで落ち込んだのである。ちなみに、図表1-14は筆者が、主要商品について、九〇年代前半からの高値と安値を拾ったものである。原油が一バレル＝十ドル台まで下落したのをはじめ、綿花、大豆、トウモロコシ、コーヒー、天然ゴム、金など多くの商品が九八年から〇一年にかけて歴史的な安値を付けた。金も九九年に一オンス＝二百五十ドル近辺まで売られ、どこまで下がるのか底値が見えなくなった時期であった。銅やアルミニウムは、いち早く九三年にそれぞれ一トン＝千百八ドル、千三十七ドルの安値を付け、その後も低迷相場が続いていた。

しかし、こうした安い商品の時代が続くことによって、世界経済では何が起こるのであろうか。ゆっくりではあるが市場メカニズムが働くことになる。供給面では、商品の価格が安けれ

	1998	1999	2000	2001	2002	2003	2004	2005	2006/1
	81.5	66.7	67.1	61.3	51.8	82.1	75.9	58.0	54.9
	59.9	48.1	50.9	28.9	31.9	50.6	42.3	46.8	
	6.86	5.50	5.55	5.22	6.06	8.00	10.51	7.45	6.35
	5.15	4.13	4.37	4.23	4.24	5.38	5.05	5.54	
	2.77	2.32	2.40	2.40	2.73	2.55	4.16	2.56	2.18
	1.89	1.79	1.74	1.87	1.95	2.06	1.96	1.90	
	178.8	141.8	114.7	68.9	68.6	68.5	105.1	134.45	110.6
	110.0	80.8	62.9	42.6	44.1	56.1	64.9	88.2	
	12.2	8.7	11.0	10.3	7.8	8.2	9.2	14.2	14.8
	7.1	4.7	4.9	6.4	5.0	5.4	5.5	8.1	
	1,850	1,853	1,987	1,830	1,676	2,203	3,277	4,603	4,691
	1,437	1,354	1,637	1,334	1,435	1,575	2,363	3,127	
	1,535	1,626	1,741	1,692	1,422	1,600	1,970	2,279	2,297
	1,230	1,138	1,428	1,259	1,284	1,318	1,599	1,708	
	17.4	26.9	37.8	32.2	32.7	37.8	55.2	67.6	63.4
	10.8	11.8	24.2	18.0	18.0	25.7	32.5	46.8	
	308	320	311	292	349	416	456	533	535
	273	253	264	257	278	325	377	417	
	137	123	128	115	160	255	240	303	295
	103	89	102	86	96	168	198	215	

ば、生産者は誰も資源を開発し供給していこうとする意欲がわかない。一方、需要サイドでは、安い商品を原材料にして工業製品を生産し、付加価値を付けることによって利潤を獲得しようとする。この結果、需給が緩和していたはずの商品市場では徐々に、しかし着実に需給が改善し、気づいてみれば供給が足りないといった事態に陥る。一九八〇年以降、過去二十年にわたって低落傾向をたどったコモディティ価格は、九八年から〇一年にかけて歴史的な安値を付けたのを境に、〇二年以降、需給逼迫を映して上昇基調に転じた。

ジム・ロジャーズは、長期的視点からコモディティ価格の動きをとらえる

図表1-14　主要商品市況の1993～2005年の高値と安値（月平均）

		1993	1994	1995	1996	1997
NYK 綿花（セント／ポンド）	高値	67.8	90.3	115.5	87.5	76.9
	安値	53.7	66.6	74.3	70.0	66.8
CGO 大豆（ドル／ブッシェル）	高値	7.27	7.11	7.35	8.40	8.94
	安値	5.74	5.27	5.46	6.63	6.31
CGO トウモロコシ（ドル／ブッシェル）	高値	3.06	3.10	3.69	5.48	3.08
	安値	2.11	2.12	2.31	2.64	2.43
NYK コーヒー（セント／ポンド）	高値	81.1	234.7	186.3	132.2	276.5
	安値	53.5	72.5	130.5	96.2	116.2
NYK 砂糖（セント／ポンド）	高値	13.1	15.1	15.7	12.6	12.4
	安値	8.1	10.3	9.6	10.3	10.4
LME 銅（ドル／トン）	高値	1,538	3,054	3,200	2,772	2,708
	安値	1,108	1,731	2,722	1,893	1,726
LME アルミ（ドル／トン）	高値	1,239	1,965	2,106	1,643	1,773
	安値	1,037	1,132	1,608	1,304	1,495
NYK 原油（ドル／バレル）	高値	20.9	20.7	20.4	25.7	26.0
	安値	13.9	14.2	16.7	17.7	18.2
NYK 金（ドル／オンス）	高値	407	396	392	414	361
	安値	327	370	371	368	282
SGR 天然ゴム（S セント／キロ）	高値	151	229	272	231	176
	安値	124	129	182	176	118

注）濃い影部分は過去10年間の安値、薄い影部分は同高値。期近、週末値

ために、自ら九八年に「商品インデックスファンド」を立ち上げた。その指数に関して彼は、九八年を底に商品価格は長期上昇トレンドに入ったと指摘する。ちなみに、彼によれば、二十世紀に起きた長期の商品の上昇相場は、①一九〇六～二三年、②一九三三～五三年、③一九六八～八二年の三回あり、平均して上昇の期間は十八年になる。また、こうした商品市場の動向は、米株式市場とは逆相関している。特に、一九六八～八二年のコモディティの上昇期は、二度の石油ショックや七三年の食糧危機が起こった商品市場にとっては激動の時期であった一方、株式市場では「株は死んだ」と言われた時期でもあった。実際、ダウ・ジョーンズ

工業平均株は、六六年に九百九十五ドルを付けた後、八二年には八百ドルを下回った。これに対し、八二年以降九〇年代にわたって、米国の株、債券は強い上昇基調をたどったことから、誰もコモディティについては見向きもしなかった。しかし、二〇〇〇年代に入ると中国やインドなどの人口大国が新興工業国として台頭し、膨大な資源を消費するようになったことから、コモディティの需給関係が供給過剰から供給不足へと百八十度転換した。

ジム・ロジャーズは、今回の商品価格の上昇局面では、これまで見られなかった「根本的な構造変化が生じている」と強調する。そのキーワードが「供給懸念」と「中国」だ。この点について、〇六年一月十日に日本経済新聞社が「日経商品先物シンポジウム」というテーマで開催したセミナーで彼は、「中国は、共産主義を自認しているが、その実態は世界最大の資本主義国である。しかも、その莫大な人口の多くが勤勉で貯蓄率が三五％に及ぶことから、短期的には紆余曲折があったとしても中長期的には成長を続ける」との見方を示している。同感である。鉄や非鉄、石化製品、穀物などのコモディティ価格については、〇四年後半から〇五年前半にかけて中国が輸入を抑制したことから値下がりする場面も見られた。しかし、「世界の供給が小さく、需要が大きいままである限り、中国が商品の輸入を再開するや否や、商品価格は再び上昇するだろう。調整は価格の一時的な下落に過ぎない」と言えよう。

【注記】

1　米商務省によると、ＩＴ産業（Information Technology Producing Industry）は、情報機器産業、通信・ＡＶ機器産業、ソフトウエア・サービス産業、通信サービス産業から構成される。

2　コーポレート・ガバナンスを意識した経営、キャッシュフロー重視、効率性重視（ＲＯＥ、ＤＥレシオ）、ストックオプション制度、Ｍ＆Ａ活用によるスピード経営など。

第2章

中国の幾何級数的需要のインパクト

❶ 世界石油需要の加速度的増加

世界の石油需要は毎年どのようなペースで増えているのだろうか？　これを指摘する前に、一般に、石油の供給であれ需要であれ、その規模は一日当たり何万バレルかという数字で示されることを確認しておこう。一バレルとは百五十九リットルである。したがって、年間に換算するには三百六十五倍すればよい。さて、図表2-1は、IEA（国際エネルギー機関）の報告より、一九九〇年代以降の世界の石油需要の推移を見たものである。これより分かることは、石油需要は年によって幅はあるものの、過去一貫して増加を続けていることだ。九〇年には日量六千六百五十万バレルであった石油需要は、二〇〇五年には同八千三百四十万バレルに達している。十五年間で同千六百九十万バレル、年率一・五％の拡大ペースだ。特に、〇三年から〇四年にかけては、日量二百九十万バレル、前年比三・七％と急拡大した。〇五年の需要は日量百三十万バレル増に鈍化したと見られるものの、〇六年は同百八十万バレル増と再び拡大し、日量八千五百二十万バレルの規模に達する見通しである（二・二％増）。これは年間では三百十億バレルということになる。

なお、この年間三百十億バレルという需要規模イコール生産量と見ると、確認埋蔵量（二〇〇四年末で一兆千八百七十七万バレル）と比較して、三十九年分の埋蔵量がある（R／P：リザーブに対するプロダクション）計算だ。

図表2-1　世界の石油需要（IEA2005年11月10日予測）

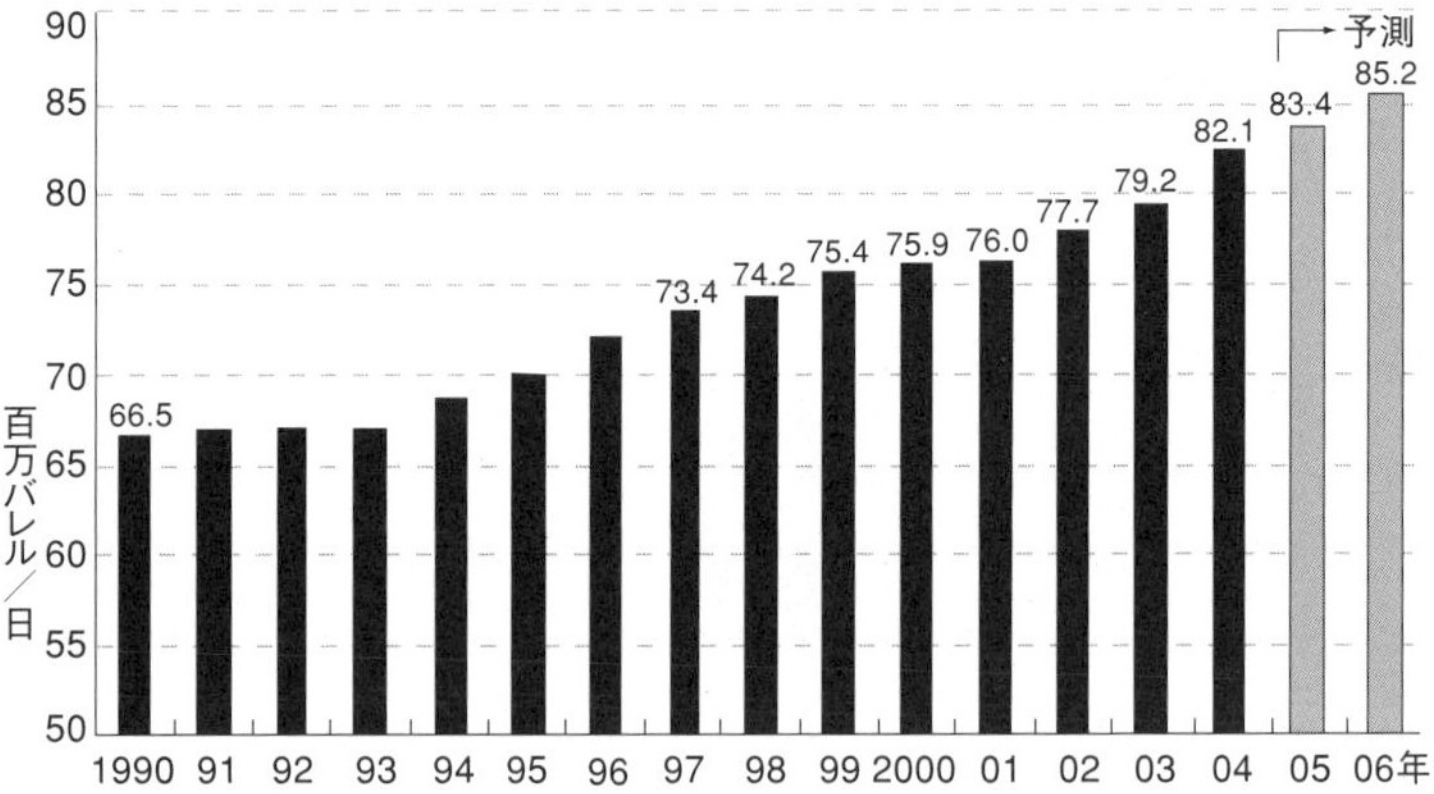

資料：IEA

石油需要増加の半分は米国と中国によるものだ。ちなみに、世界の石油需要面における二大プレーヤーは米国と中国である。例えば、二〇〇六年の予測で見ると、米国の石油需要は伸びこそ前年比一％台にとどまっているが、その規模は日量二千百万バレル弱で、世界の約四分の一を占めている。その需要の四割強がガソリン需要である。これは、ＳＵＶ（スポーツ・ユーティリティ・ヴィークル）というトラックに分類される「ガソリンがぶ飲み」の超大型自動車が一九八〇年代後半以降、急速に普及したことが大きい。一方、中国の需要は同七百二十八万バレルで、世界の一割に満たないものの、ここ数年の伸びは年平均一一％を上回っている。中国の急速な需要の伸びは、モータリゼーションとマイホームブームを反映したものである。なお、日本の石油需要は、日量五百三十万～五百四十万バレルで過去二十五年間ほとんど変わっていない。この結果、日本は、〇二年までは、米国に次ぎ世界第二位の石油消費国であったが、〇三年に中国に抜かれてしまった。

また、ここ数年で鮮明になっていることは、人口増と経済発展のため、世界の石油需要の増加ペースが加速度的に速まっていることだ。ちなみに、世界の石油需要が日量一千万バレル増加する期間を見ると、一九七七年の約六千万バレルから九五年の約七千万バレルまで十八年間かかっている。しかし、日量八千万バレルが同九千万バレルに達したのは二〇〇三年末であり、八年間に短縮している。では、日量八千万バレルが同九千万バレルに達するのはいつだろうか。〇六年の需要予測が同八千五百二十万バレルで、〇七年以降も前年比二%程度（百七十万バレル）で伸びると見られることから、おそらく、〇九年の冬場最需要期に当たる十～十二月期には九千万バレルに達する可能性が大きい。この間、わずか四年間である。すなわち、世界の石油需要が日量一千万バレル拡大する期間が、十八年、八年、四年と加速度的に短くなってきているのである。なお、ＯＥＣＤ（経済開発協力機構）が〇五年九月に発表した「ワールド・エコノミック・アウトルック」によると、〇二～〇六年の五年間の世界経済成長率は平均四・一%となる見通しだ。この間、ＩＥＡによれば、世界の石油需要は、日量七千六百万バレルから同八千五百二十万バレルへ同九百二十万バレル拡大する。年間では同百八十四万バレルの増加ペースである。これは世界経済が一%成長すると、新たに日量五十万バレル弱の石油需要が生まれる計算だ。成長率四%では、日量二〇〇万バレルの増加である。

❷ 中国の原油輸入は五六％増

世界の石油市場のなかで、最もダイナミックな需要の伸びを示しているのが中国である。鄧小平による一九七八年の「改革・開放」以降、中国の石油消費量は増大の一途をたどっている。近年でも、九一年の日量二百四十一万バレルから二〇〇二年同五百二十六万バレルと二倍近くになり、〇六年には同七百二十八万バレルと七百万バレルを大きく上回る見通しである。既に、その規模は日本の同五百三十万バレルを〇三年に抜き去り、米国の同二千百万バレルに次ぐ世界第二位である。しかし、こうした中国の急速な石油需要の拡大は世界の原油市場にとっては大きな不安定要因でもある。

中国は、一九八〇年代前半の第六次五カ年計画で、二〇〇〇年までに実質GDPを八〇年の四倍にするという「四倍増」計画を打ち出した。年率七％強の成長である。これに対して石油消費量については、実質GDPの伸びの半分に抑える（実質GDP弾性値〇・五）という目標を立てていた。しかし、実際の石油消費の伸びは年率七・七％となり、当初目指した目論見は大きく外れた。この背景には、モータリゼーションの進展に伴う輸送用燃料や農業用燃料需要の拡大がある。ちなみに、中国の自動車生産は、九一年の七十万台から〇二年に三百二十五万台と三百万台を突破し、〇四年は五百八万台と五百万の大台に乗った。これに伴って、自動車保有台数も、九〇年の五百五十一万台から〇三年には二千三百八十三万台と、この十三年間で

図表2-2　中国の石油需要

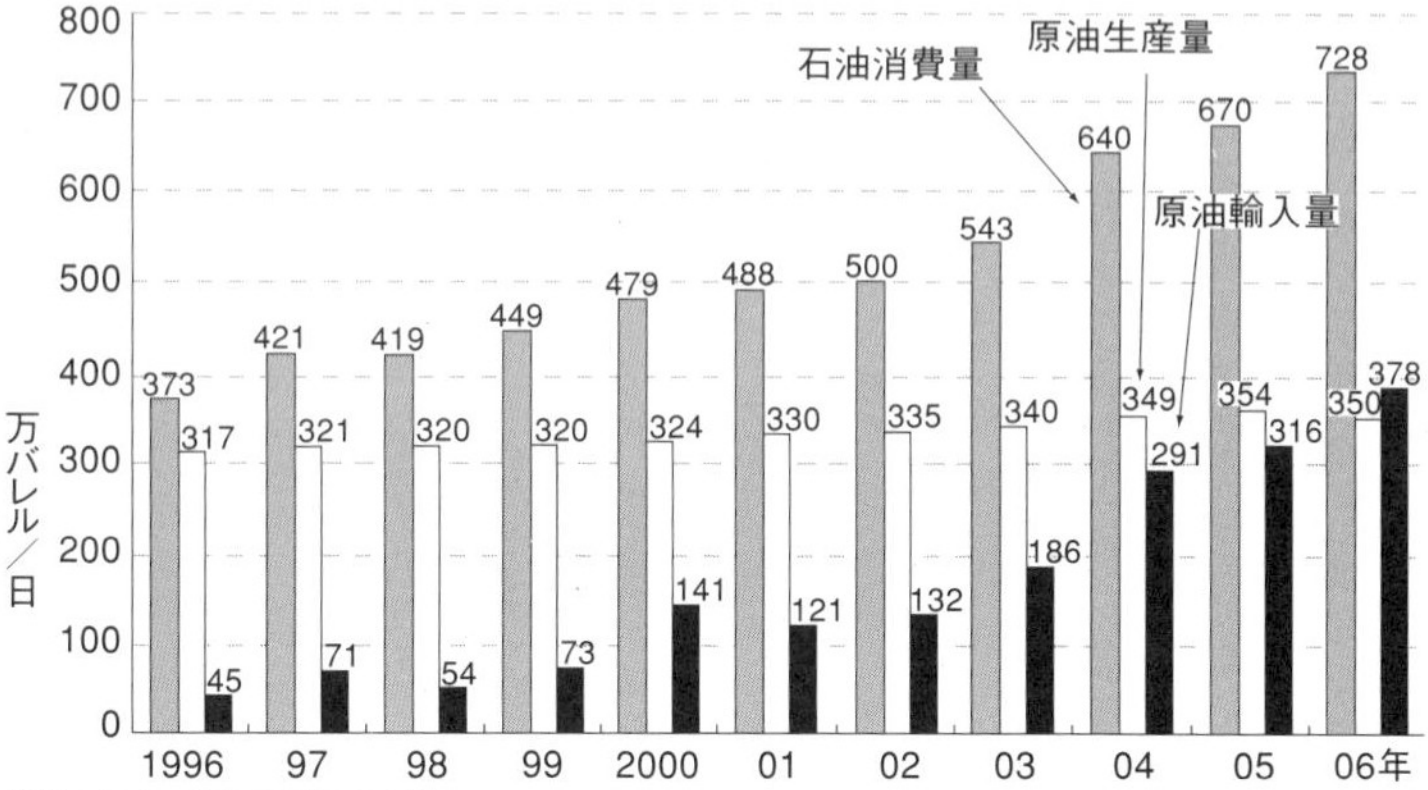

資料：IEA　注）2006年は予測

四倍以上になっている。

中国政府は、一人当たり国民所得が八百ドルを超えると、乗用車の普及率が飛躍的に上昇すると見ている。OECDによると、中国の二〇〇四年時点での一人当たり国民所得は千二百六十一ドルとなっており、まさにモータリゼーションが始まったばかりであると言えよう。なお、中国の主要都市を訪れてみて気が付くことは、十年ほど前まで見られた老朽化したボロボロの車の姿がほとんどなくなったことだ。新車ばかりが目につく。今後、自動車生産が、毎年五百万台を突破し、老朽化によるスクラップ台数が限られるとすると、〇六年末の保有台数は四千万台近くに達すると見られる。これは日本の自動車保有台数七千四百六十五万台（〇四年）の過半に相当する。しかも、日本の自動車保有台数は、ここ七、八年ほとんど横ばいであることから、早ければ二〇一〇年の上海万博の頃には、中国に追い抜かれる可能性が高い。

図表2-3　中国の原油精製能力の推移

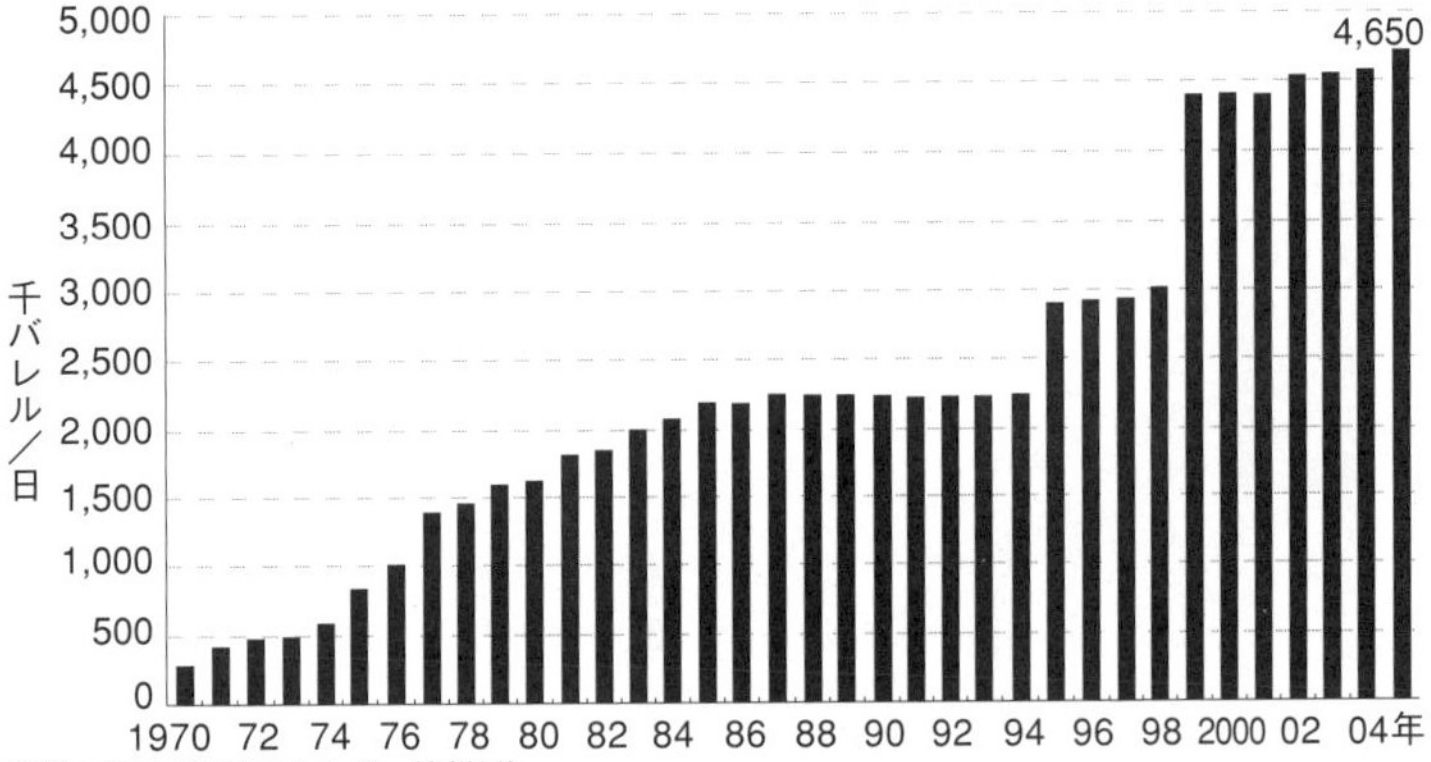

資料：EIA（米国エネルギー情報局）

石油需要が拡大の一途をたどっているのに対して、原油生産は大慶、遼河、勝利の老朽化により一九九〇年代に入って日量三百五十万バレル前後で停滞している。このため、中国では旺盛な国内需要を国内生産で賄い切れず、既に九三年に原油・石油製品を合わせた石油の純輸入国に転じ、九六年には原油だけでも純輸入国になっている。中国の原油輸入量は、九六年の日量四十六万バレルから〇三年に同百八十六万バレルと四倍に拡大した後、〇六年は同三百七十八万バレルと、さらに倍増する勢いである。特に、〇三年から〇四年にかけて原油輸入は五六%も拡大した。

ただ、問題は、こうした輸入原油の急拡大に対して、中国の製油所はもともと大慶油田などの軽くて（軽質油）硫黄分の少ない原油を精製するように設計されている点だ。今後、原油輸入の大半を中東諸国の重くて（重質油）高硫黄の原油に依存せざるを得ない。しかし、このまま中東産原油を精製したのでは、精製設備が腐食する恐れがあるためプラントの改造が不可欠だ。こうした事情もあり、中国は一九九八年に石油産業分野で国有企業改革を行い、北部を中国石油天然ガス総公司（CNPC）に、南部を中国石化工総公司（SINOPEC）の二大企業の管轄に集約し、国際競争力の強化を図ると同時に、製油所の精製能力を日量二百九十七万バレルから同四百三十五万バレルへ五〇％近く拡大している（図表2-3）。しかし、それは同時に中国のエネルギーが海外原油への依存を高め、世界の石油市場との連動性を一段と強めることを意味する。

❸ 臨界点を超えて増幅する原材料需要

自然界には様々な曲線が現われる。単なる直線や円だけではなく放物線や楕円、指数曲線、対数曲線、S字状になるロジスティック曲線、正規分布でお馴染みの釣鐘状カーブなどだ。特に、一次産品エネルギー・資源市場では、その生産や需要、価格などの軌跡はS字曲線を描く。それは、初めのうちは1、2、3、4……といった直線的（算術級数的）増加のように見えても、ある臨界点を超えるとカーブは一気に立ち上がり出す。その姿は、1、2、4、8、16……といった幾何級数的・指数曲線的な伸びを示す。やがて既存の市場が成熟化するとカーブは頭打ちとなり定常状態ないし減退局面に入る。しかし、時を経てそれまでの市場に新たな要因が加わることにより、市場は定常状態を脱し、再び新たな成長カーブをたどることになる。

図表2-4　世界の粗鋼生産推移

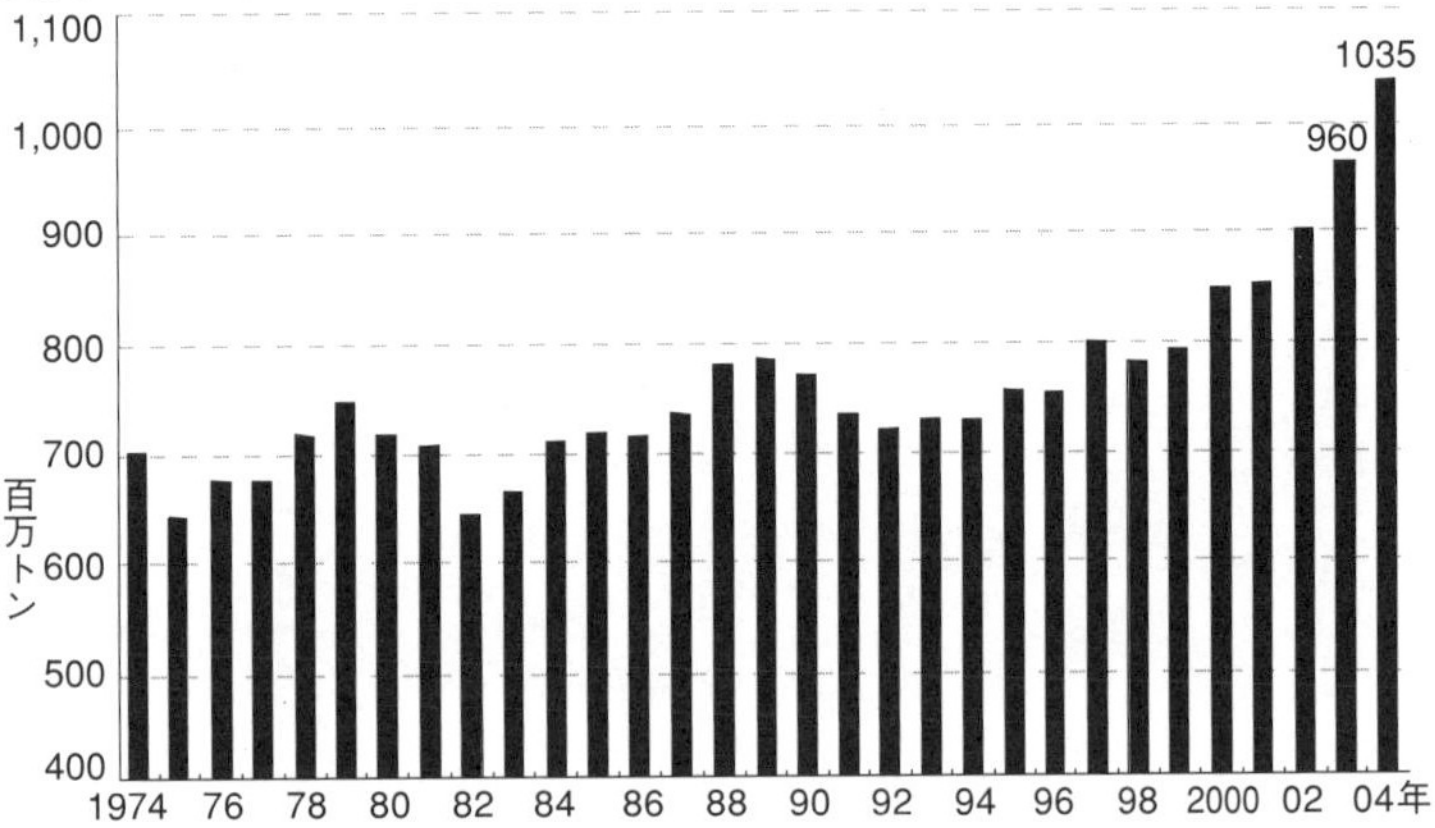

資料：日本鉄鋼連盟「鉄鋼統計要覧」各年より作成

二〇〇〇年以降、世界の一次産品市場などでは、こうしたS字曲線状の立ち上がりが顕著になってきた。例えば、世界の粗鋼生産は、戦後三十年近く年間七億トン台で循環的に推移してきた。しかし、二〇〇〇年代に入ると、世界の粗鋼生産は、史上初めて八億トンの大台を突破した。生産の伸びはそれにとどまらず、その後も拡大基調を強め、〇四年には十億三千五百万トンと十億トンの大台をも突破した。この最大の要因が、中国の鉄鋼の生産・消費国としての台頭である。中国は八〇年代以降一〇%近い成長を続けているが、まだそのインパクトは限られていた。しかし、中国がエネルギー・資源多消費型の経済発展を遂げるようになったことで、生産・需要面でのS字曲線は、石油消費・輸入、エチレンおよびアルミニウム、銅の生産・消費、天然ゴム消費、大豆輸入などにも見られるようになった。また、原材料に限らず、自動車生産・販売や住宅着工面積、小売販売などにもS字曲線が現われ始めた。すなわち、あらゆるものが臨界点を超えてS字曲線状に立ち上がり出したのである。

❹ 中国の「買い」と資源需給逼迫の連鎖

二〇〇三年後半から〇四年前半にかけて、「レッドホール・チャイナ」という言葉が話題となった。近年の中国経済の急速な発展と、それに伴う原材料の輸入拡大や国際市場でのスポット買いの増加が、コモディティ市況の大きな底上げ要因となっていることを表したものだ。輸入が増加しているのは、機械・輸送設備などの生産財をはじめ、原油、石油製品、鋼材、鉄くず、鉄鉱石、非鉄（銅、アルミ、ニッケル、鉛など）、天然ゴムなどの工業原料から大豆、冷凍魚などの食品まで広範囲にわたっている。

特に、中国の成長は、自動車・電機など耐久消費財の生産拡大によるのが特徴であり、原材料・エネルギー、食糧などの需要拡大を促す。図表2-5は、一九九五年～〇四年の世界の主要なコモディティの生産あるいは需要増加における中国のインパクトを見たものである。これによると、世界の粗鋼生産は、七億五千二百万トンから十億三千五百万

00-04 年伸び	増加寄与（%）
188	
146	77.7
758	
293	38.7
339	
218	64.3
650	
132	20.3
47	
15	31.9
76	
242	318.4

図表 2-5　世界のコモディティ生産・需要に占める中国

年		1995	2000	2003	2004	95-00 年伸び	増加寄与（%）
世界粗鋼生産	100 万トン	752	847	980	1,035	95	
うち中国	100 万トン	98	126	222	272	28	29.5
世界自動車生産	万台	4,998	5,742	6,221	6,500	744	
うち中国	万台	145	207	444	507	62	8.3
世界アルミ地金需要	万トン	2,000	2,481	2,700	2,820	481	
うち中国	万トン	170	332	500	550	162	33.7
世界石油需要	万 b/d	6,990	7,590	7,810	8,240	600	
うち中国	万 b/d	342	498	543	630	156	26.0
世界大豆需要	万トン	131	161	201	208	30	
うち中国	万トン	14	23	39	38	9	30.0
世界天然ゴム需要	万トン	646	729	796	805	83	
うち中国	万トン	84	108	330	350	24	28.9

資料：「中国統計年鑑」2004 年他より丸紅経済研究所作成。2004 年同研究所予測

トンへ二億八千三百万トン拡大しているが、このうち中国の拡大分が一億七千四百万トンと六一％を占める。特に、二〇〇〇年以降では、世界の粗鋼生産の八割近くが中国の増加によるものである。にもかかわらず、中国では旺盛な鉄鋼需要を国内生産だけではまかない切れず、〇四年には日本や韓国などから二千九百三十万トンの鉄鋼を輸入している（新華社）。同国では、表面処理鋼板や鋼管類などの高付加価値製品の自給ができないためである。

また、中国の自動車生産は、一九九五年の百四十五万トンから〇四年は五百七万台へと七年間で三・五倍に拡大しており、二〇〇〇年以降の世界の自動車生産台数の増加分の四割弱を占めている。裾野の広い自動車産業の成長は、鉄鋼、石油化学、非鉄、エネルギーなど原材料需要の拡大につながる。同様に、二〇〇〇年以降、中国は、世界のアルミニウム地金需要増の六四％、石油需要増の二〇％、大

図表2-6　中国の自動車生産台数

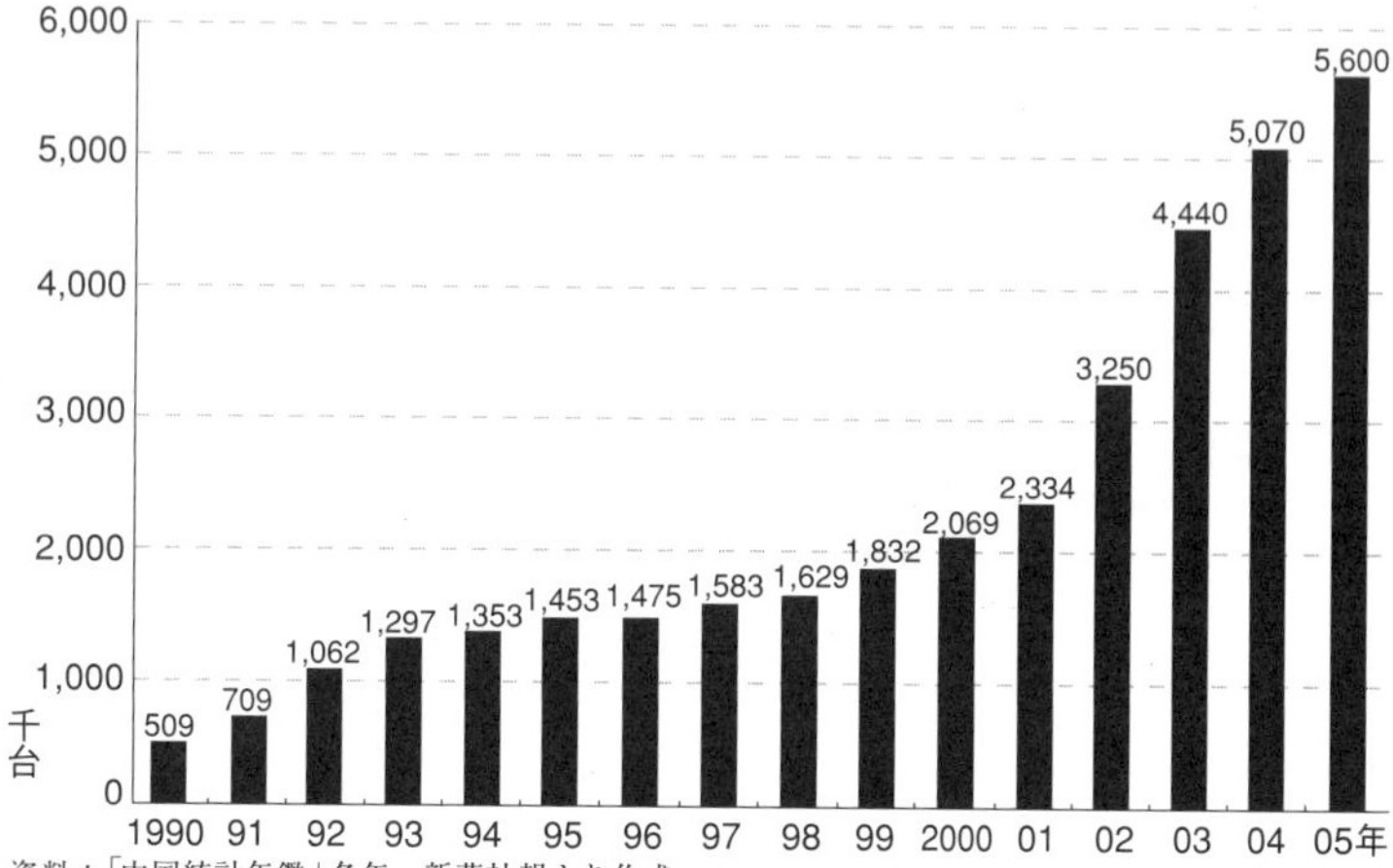

資料：「中国統計年鑑」各年、新華社報より作成

豆需要増の三二%を占めている。なかでも、天然ゴムに関しては、世界の需要が二〇〇〇年の七百二十九万トンから〇四年の八百五万トンへ七十六万トンの増加にとどまったのに対し、中国は百八万トンから三百五十万トンへ三倍以上に増えたのである。このように、中国が耐久消費財の生産拡大による工業発展を急速に進めている結果、関連するコモディティ需要を急増させ、国際市場に直接大きなインパクトを及ぼすようになっている。

さらに、こうした中国の「買い」の影響は、直接、国際商品市場に影響を及ぼすのみならず、海上貨物輸送の増加を引き起こし、それらを輸送する船の海上運賃価格を大きく押し上げている。特に、価格変動の激しいタンカー市況や、穀物、石炭、鉄鉱石などを輸送するバルクキャリア市況は、こうした中国の「買い」が大きな押し上げ要因となっており、それがアジア海域から太平洋海域全域に広がり、一次産品に代表される国際商品の輸送コストをアップさせることになる。なお、中国政府は、二〇〇二年十一月の中国共産党第十六回全国代表会議で、江沢民総書記から胡錦濤総書記へ体制をシフトすると同時に、経済についても二〇二〇年の実質GDPを二〇〇〇年の四倍増にするとの目標を掲げた。この間、〇八年の北京五輪、二〇一〇年の上海万博などの国家建設のためのビッグイベントが相次ぎ、国際商品市場における中国の「買い」は、むしろこれから本格化すると言えよう。その際、「世界の工場」としての中国は、製品価格にとってはデフレ圧力となるものの、「世界の市場」としての中国は、原材料であるコモディティにとってインフレ圧力となる。世界市場では当面、「製品デフレ」と「原材料インフレ」が並存する状況が続くものの、いずれ製品価格への価格転嫁が進む可能性が高い。

❺ 抑制が効かない「中国リスク」

「放せば乱れ、締めれば死ぬ」とは中国経済についての評価である。中国では二〇〇三年頃から、インフラ投資を中心に投資過熱が問題視されるようになった。このため中央政府は、〇四年三月の全人代（全国人民代表会議、日本の国会に相当）で「消費重視」から「投資抑制」へと政策の舵を大きく切り替えた。しかし、豊かさを求めて暴走する地方経済を抑えることは

図表2-7　中国の固定資産投資

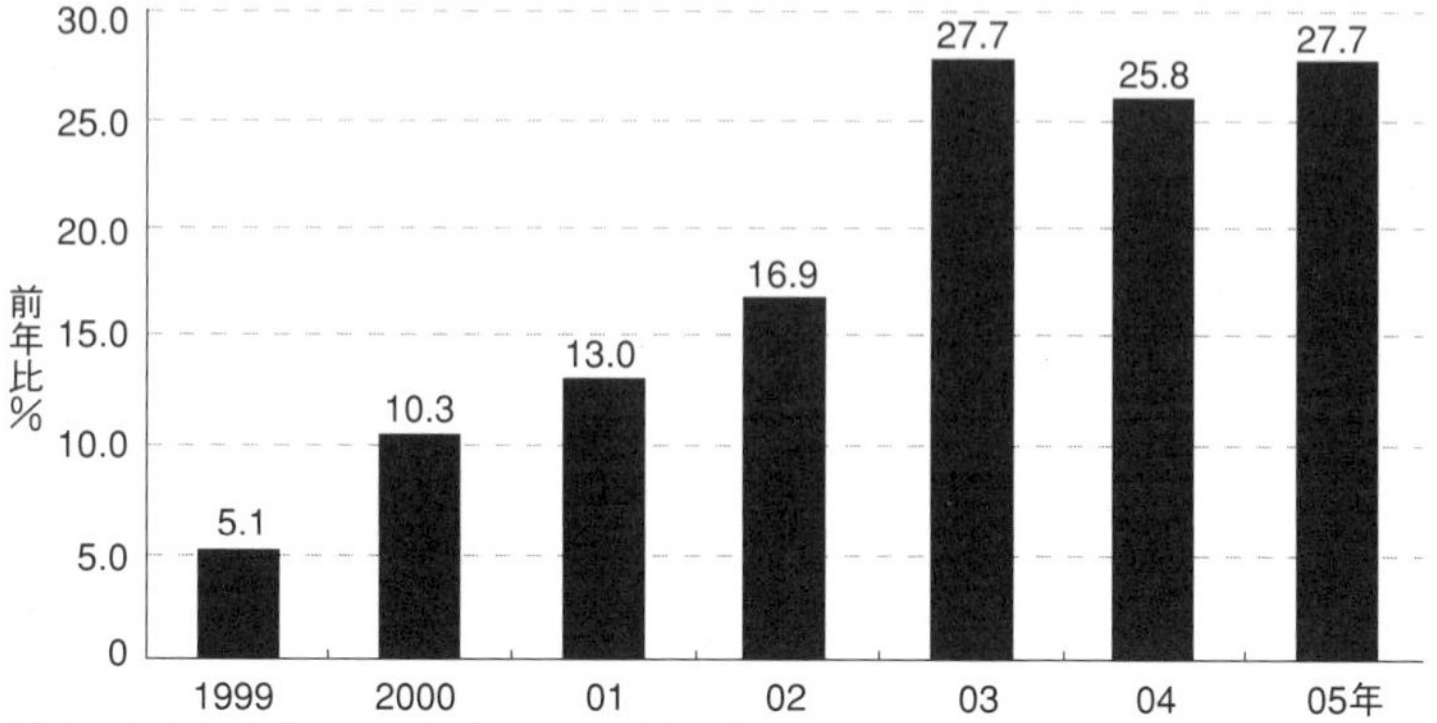

資料：中国国家統計局。2005年は1〜9月実績を年換算した

容易ではなく、またリスクも大きい。

中国国家統計局が発表した〇四年の実質GDPは前年同期比九・五％増（〇五年十二月に一〇・一％に上方修正された）と、〇三年のGDP成長率九・三％（同一〇・〇％に上方修正）をさらに上回った。〇五年は九・五％の成長を維持すると見られたが、実績は九・九％成長とさらに高い伸びになった。〇三〜〇五年の三年間は一〇％前後の成長が続いたことになる。通常、一国経済における成長のエンジンとしては、公共投資、民間設備投資、輸出、個人消費がある。中国の場合、二〇〇〇年代に入ってからの成長は、もっぱら固定資産投資というエンジンによるところが大きい。中国における固定資産投資とは、公共投資や民間設備投資を合わせたものだ。ちなみに、同投資の対前年伸び率は、一九九九年五・一％、二〇〇〇年一〇・三％、〇一年一三・〇％、〇二年一六・九％、〇三年二七・七％と一段と加速した。このうち工業投資はさらに高い伸びとなった。特に、

〇三年の鉄鋼投資は九六％増、アルミ精錬九二％、セメント一二一％、自動車八七％、繊維八〇％、石炭五二％増といった過熱ぶりだ。この結果、世界の素材や耐久消費財の需要増加に占める中国の影響も無視できなくなってきた。

これら投資の大半は地方政府に後押しされたものだ。中国では、二〇〇三年三月の全人代で江—朱体制から胡—温体制へと移行したのと並行して、地方政府のレベルでも指導層の交代が行われた。その際、地方の新指導層は政治的実績をつくるために一斉に新しい経済プロジェクトをスタートさせたという事情がある。具体的には、地方政府がサポートする形で建設会社やメーカーが設立され、これらの会社が銀行から融資を受けるといった形である。これが〇三年以降の投資過熱の背景にある。中央政府が懸念しているのは「一部業種や地域で、重複投資や効率の悪い投資、または開発区の乱立が進み、原材料価格の高騰や企業収益の悪化が見られるようになったこと」だ。このまま地方のエゴイズムを放置すれば、収益性の悪化から銀行の不良債権問題が深刻化し、経済のハードランディングにつながりかねないのである。

この意味では、中国の抱える潜在的なリスクには、モノの面からの過剰投資に限らず、カネの面からも資本市場における過剰問題がある。新華社によると、二〇〇三年末現在、中国国内の上場会社は千二百八十七社にのぼり、証券市場の時価総額は四兆二千四百五十七億元である。しかし、実際に流通している株の時価は一兆三千百七十八億元で、全体の約三分の一にとどまっている。逆に言えば、三分の二の株式が非流通状態にある。このため、現在、中国企業の資金調達ルートは、銀行融資などの間接金融が主で資本市場を通じた直接金融の比率は低いのが実情だ。しかも、間接金融のルートには大きな金融リスクが潜んでいる。〇三年六月現在、中国銀行の不良債権残高は二兆五千億元にのぼり、全貸出残高の一九・六%を占めている。なお、これら不良債権の大半は国有企業に対する融資である。これらは政府の関与下で行われ、国有企業に対する一種の「補助金」という性格を持っている。

また、中国経済が抱える潜在的リスクの一つは、外資の大量流入と国内の個人貯蓄の二つが大幅に増えていることである。ちなみに、二〇〇三年上半期の国際収支の黒字は五百五十五億ドルと、前年同期の二・六倍に急増。外貨準備高は年間に千百六十八億ドル増え、〇三年末には四千三十三億ドルに達した（〇五年末では八千百八十九億ドルと倍増）。また、中国の全金融機関の人民元、外貨の預金残高は年間に三兆七千億元増えて、十兆四千億元となった。経済学の基本では、貯蓄と投資は他のあらゆる商品の需給と同じく、常に均衡させることが重要である。しかし、最終的には需給あるいは価格調整という形で均衡することになる。すなわち、人々がお金を銀行に預ければ、銀行は利息を払うことになるために、なんとかしてお金を貸し出すか投資しようとする。既に巨額の不良債権を抱えた銀行であれば、その比率を低下させるために国有企業以外の民間企業や個人の住宅ローン向けなどへの貸し出しを増やす。それが過剰投資の材料となる。

こうした過剰投資を抑制するため中央政府は、主に三つの面からの政策を打ち出している。

一つは、市場の流動性の引き締めを狙いとした預金準備金の引き上げである。二〇〇三年九月に全銀行を対象に一％、〇四年三月に体力のない銀行を対象に〇・五％、さらにその後、全銀行を対象に〇・五％預金準備率を引き上げた。二つ目は、一部産業への貸し出し抑制である。ここでは、バブルの傾向が強まっている不動産、自動車、鉄鋼、アルミ製錬、その他金属、石油化学、建材などが対象となった。三つ目が、新規投資プロジェクトのための土地利用の抑制である。地方政府には、地元の景気浮揚に向けた強い想いがある。このため、インフラ整備や不動産開発、産業特区設置などに多くの土地を割り当ててきた。今回の措置は、こうした地方政府の動きに縛りをかける狙いがある。

はたして、これらの政策転換はうまくいくだろうか。中央政府は、政策が効果を上げない場合、さらにこれらの措置を強化する方針だ。しかし、投資抑制を強行した場合にも、潜在的な不良債権を一気に顕在化させる可能性がある。結局、中国は、問題を抱えながら成長し、成長する過程で問題を解決するという姿とならざるを得ず、目標である七％成長へのソフトランディングは難しいと言えよう。

❻ 石炭に依存せざるを得ないジレンマ

中国の一次エネルギー需給（標準石炭換算）は、一九九〇年代半ばまではほぼバランスがとれていた。しかし、九六年に需給バランスが逆転して以降、エネルギー消費の伸びに、生産が追いつかないという状況が続いている。ちなみに、一次エネルギー生産量は九六年の十三・二億トンから二〇〇〇年に十・九億トンまで落ち込んだ後、急回復に転じ、〇四年には十七・四億トンへと約六割増えた。一方この間、消費量は十三・九億トンから十八・三億トンへと拡大。需給ギャップは広がったままだ。構成比別に見ると、二〇〇〇年に六七％まで低下していた石炭の比率が七四％まで上昇。これに伴い、石油はその大幅な需要の伸びにもかかわらず、エネルギー生産に占めるシェアは二二％から一五％に低下。水力（八％強→八％弱）、天然ガス（三％強→三％弱）のシェアも若干低下している。

すなわち、中国では石炭が依然としてエネルギー生産の柱である。ただ、中国は、九〇年代後半にかけて脱石炭を図っている。これは、エネルギー産業としての石炭産業は効率も悪く、酸性雨の問題を引き起こすことなどから「斜陽産業」として捉えられており、一九九八〜二〇〇〇年の朱鎔基前首相による国営企業改革の対象となっていたためだ。特に、中国には北部を中心に三万を超える石炭企業があり、その大半が年産五万トンに満たない零細炭鉱（郷鎮）である。このため、政府は、第十次五カ年計画（〇一〜〇五年）で、採算の合わない炭鉱の大幅閉鎖を進めてきた。しかし、二〇〇〇年以降の急速な経済発展によりエネルギー需要が急増したことから、いったん閉鎖したはずの零細炭鉱が一斉に復活した。すなわち、中国の石炭産業においては、国有の大規模発電所や大企業を対象とする重点炭鉱と、国有・民間の中小企業や発電所を対象とする多くの零細炭鉱が並存する形となっており、生産が急増したのは後者の零細炭鉱であった。この結果、中国の石炭生産量は、九六年の十四億トンから二〇〇〇年に八・八億トンまで減少したが、〇一年には十一・六億トンと再び十億トン台を回復し、〇三年には十六・七億トンと過去最高を記録した。さらに、新華社によると、〇四年の石炭需要量は十九・一億トン、〇五年には二十・四億トンに達する見通しである。しかし、中国にとって、短期的な対応は別として、効率の悪い零細炭鉱への依存が長期的に続くはずがなく、エネルギー戦略の本命はいずれ石油に置かざるを得ない。その場合、再び石炭生産が落ち込むなかで、石油への依存が一気に高まる可能性が大きい。

❼ 背景にある「人口爆発」と「所得爆発」

「マルサスの悪魔」という言葉を耳にしたことがあるだろうか。かつて、イギリスの人口・経済学者マルサスは、一七九八年に『人口論』を著し、「人口は抑制されなければ幾何級数的（1、2、4、8、16……）に増加する一方、食糧は算術級数的（1、2、3、4、5……）にしか増加しない」と指摘し、食糧危機の懸念を説いた。幸いこうしたマルサスの仮説は、これまでのところは耕地面積の拡大、さらには肥料の増投や灌漑整備、品種改良（とりわけ一九九〇年代後半以降は、GMO、すなわち遺伝子組み換え作物の導入）などによる収穫アップにより

図表2-8　世界の人口推計

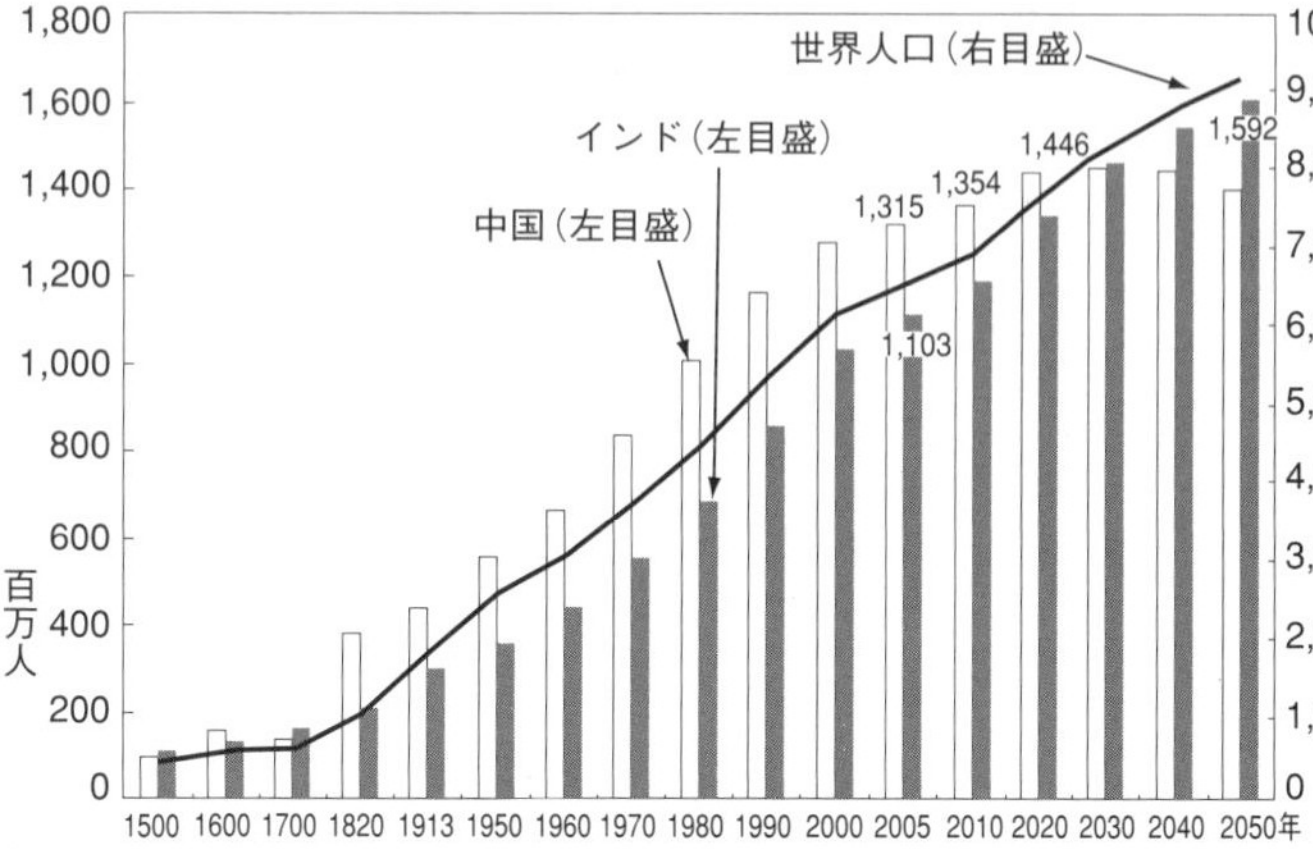

資料：国際連合“World Population Prospect 2004”他より作成

回避され、現実のものとはならなかった。しかし、「マルサスの悪魔」はエネルギー・資源市場においてその姿を現しつつあるようだ。最近の原油や石炭、鉄鉱石をはじめとする資源価格の高騰は、中国やインドなど発展途上国の経済成長に伴う「人口爆発」「所得爆発」という、まさにマルサスの指摘した要因が背景にあるためだ。ちなみに、世界の人口は、第二次世界大戦の傷からようやく経済が立ち直り始めた一九五〇年の二十五億人から九〇年には五十億人を突破した。年平均一・九%の増加である。その後、増加ペースは鈍化したものの、世界人口は毎年一・四%増え続け、〇五年には六十四億人に達したと見られる（国際連合〝World Population Prospect 2004〟）。その中心が人口十三億の中国と十一億のインドだ（なお、これら二国にブラジルとロシアを加えたＢＲＩＣｓの人口は二十七億人で、世界人口の四割以上を占める）。

国連の標準予測によると、世界人口は中国、インドを中心に増え続け、二〇五〇年には九十億人を突破する。この間、二〇三〇年にはインドの人口が十四億五千万人に達し、中国を追い抜き世界最大の人口大国になる予測である。しかも、問題なのは、これら二つの人口大国は、既に重化学工業化というエネルギー・資源多消費型の経済発展ステージに入り込んでいることだ。「人口爆発」国での経済成長は、それによってもたらされる「所得爆発」と相まって、世界の原・燃料であるコモディティ需要を一段と喚起し、新しいレベルまで価格を上昇させる。

なかでも中国の経済発展と今後のコモディティ市場へのインパクトを占う場合、十三億という数をどう評価するか悩ましい問題だ。例えば、二〇〇五年の粗鋼生産量予想三億四千万トンは、日本と米国、ロシアの三国を合計した規模で文句なく世界最大である。ただ、この生産量を十三億人で割ると、一人当たり粗鋼生産量は約二百六十キロと日本や韓国、台湾などの二分の一から三分の一のレベルとなってしまい、まだまだ、中国は鉄鋼の低需要国となる。しかし、仮に近い将来、中国の一人当たり粗鋼生産量が日本並みの六百キロ程度になったとしたら、それだけで同国の粗鋼生産量は八億トン近くに達してしまい、世界の粗鋼生産のほとんどを中国が占めるという姿になる。むろんそんなことはあり得ない。中国の場合、粗鋼一トンを生産するのに必要な鉄鉱石は一・五倍と見られることから、粗鋼八億トンでは十二億トンの鉄鉱石生産が必要になる。世界の鉄鉱石生産量が約六億トンであることから、十二億トンという数字は、そのための道路、港湾、船などのインフラ整備を考えると非現実的である。ということは、「人口爆発」「所得爆発」に伴うコモディティ需要の拡大は、どこかの段階で経済成長の制約要因となることは間違いない。そのタイミングは、最終的には資源価格の高騰がどのレベルで落ち着くかに依存しよう。しかし、粗鋼生産を抑制せざるを得ないような価格暴騰という状況は、いわば市場がパニック状態に陥ることでもある。物事には、問題が起こってしまってから対応せざるを得なくなる「事後的な対応」と、問題が深刻化する前に対応する「事前的な対応」がある。この点、〇三年以降の原油価格の高騰は、中国政府に「事前的な対応」の必要性を認識させる契機になったと言えよう。

実際、中国政府は、二〇〇四年四月以降、過熱した投資を減速させようとして引き締め政策に転じた。しかし、〇四年のGDP成長率は一〇・一%と、前年の一〇・〇%から加速したのに加えて、〇五年も九・九%の成長となるなど、なかなか思うように成長率が低下していかない状態にある。中国経済は輸出と固定資産投資という二つの〝エンジン〟が牽引しているが、特に公共投資と民間設備投資を合わせた固定資産投資が最近数年間における高成長のリード役となっている。そして〇四年には製造業における投資活動が、そのなかでも鉄鋼や非鉄といった金属関連が前年比二倍程度の伸びを見せ、それにより、時には固定資産投資を五割ほども増加させる原動力となった。このことは、九%台の成長をするための投資が年々拡大するなど投資効率の悪化を物語り、無駄な投資や非効率な投資の増加を示すものだとの政府の懸念を強めることになった。このままでは、いずれ過剰設備を大きく抱えることでハードランディングに陥ることになりかねない。

もっとも、中国経済に関しては、リスクを上げればきりがないものの、同国が抱える様々な課題を解決していくにはこの程度の成長率が必要であるとの見方もある。例えば、中国では人口増加や農村の潜在失業を工業部門に吸収していくために、毎年一千万～千二百万人規模の新規雇用を生み出していかなければならない。通常、中国では一％の経済成長で百二十万人ほどの雇用が創出されると見られることから、九％程度の成長率がどうしても必要になる計算だ。なお、中国は〇四年十月に、投資抑制のため金利を引き上げ、住宅市場や自動車販売などに一部影響が表れたものの、実際には、マクロ景気の抑制効果はほとんど見られなかった。〇四年の経済成長が実質一〇・一％ということは名目ベースでは一五％程度の水準に達していると見られる。こうしたなかで、名目金利を五・二一％から五・五八％へ引き上げても投資抑制効果は期待できない。また、〇五年より進められている第十一次五カ年計画（〇六～一〇年）では、平均成長率が第十次五カ年計画の七・〇％から七・五％に引き上げられている。中国経済は今後も高成長を続けていきそうだ。

だとすれば、コモディティ市況に及ぼす二〇〇六年以降の影響について、特に需要面から、〇五年にも増してそのインパクトが大きなものになってくることが予想される。中国は先進国経済に比べて非効率な経済構造にあるため、コモディティの需要を押し上げる寄与度が格段に高いからだ。ここ数年、世界の主要コモディティの需要や生産の伸びに占める中国の位置付けが一段と高まっており、時系列で見ると、需要や生産の伸びの半分以上を中国で占めているほどだ。このままでは世界的にさらにコモディティの需給逼迫化を推し進めてしまい、中国経済自体もボトルネックに陥るのが懸念される状態だ。

結局、そうした矛盾をクリアしていくには、価格が上がっていくことで効率的な経済構造への転換や代替資源の開発が促進される形で、時間をかけながらも対応していかざるを得ない。価格が変わらないと従来通り非効率な使い方をされてしまい、資源のボトルネック化が進み、また環境問題もさらに深刻化させてしまうことになる。ここ数年の動きは、コモディティの価格が従来の水準から新しい価格体系に入っていくような動きであると言えるだろう。

その動きが最も先鋭的に表れたのが原油市場だ。中国では経済発展により石油需要が増大しており、二〇〇六年は消費量が日量七百万バレルに達する見通しだ。これに対し、国内生産量は同三百五十万バレル程度で頭打ちとなっているため、需要増大分はそのまま輸入を拡大することで賄わなければならない状態だ。これは、日量約百万バレルを産出している大慶油田が老朽化しているのをはじめ勝利油田、遼河油田など三大油田の生産がピークアウトしてきたためである。この結果、中国の原油輸入比率が高まる傾向にある。特に、輸入の約五割が重質で硫黄分の多い中東産原油であるため、国内の軽質・低硫黄の原油を前提にした精製施設も中東産原油に合わせていくように整備されつつある。このペースでいけば、二〇一〇年には中国の石油需要量が日量一千万バレルを超える可能性も高く、国際原油価格を中長期的に押し上げていく要因となる。

また鉄鋼生産関連では、原料炭や鉄鉱石、鉄スクラップといった分野でも従来の価格帯から大きく上方にシフトする現象が生じている。非鉄についても銅相場はアルミニウムに比べると早々と高騰し、四、五年前のトン当たり千五百ドル程度の水準から、二〇〇六年初めには既に五千ドルに乗せるなど三倍以上の水準に達している。これに比べると、アルミニウム相場は、二〇〇〇年のトン当たり千四百ドル程度から二千四百ドル台まで上昇しているものの、銅に比べると出遅れ感が強い。市場では、〇六年以降世界的な供給不足が強まると見られることから、今後アルミニウム価格は三千ドルを超えてくる可能性が高い。特に、中国ではアルミニウムの生産が抑制される一方で需要が伸びていることから、世界のマーケットから地金を輸入する動きが強まると見られ、国際市場での需給逼迫傾向を強めることになろう。

❽ 二〇一〇年代まで続く「住宅ブーム」

自動車とともに中国の経済発展の重要なエンジンとなっているのが住宅・建設部門だ。中国の主要都市では、一九九〇年代前半にかけて住宅ブームとなったものの、九四～九七年には、金融引き締めなどを背景に住宅市場は停滞した。しかし、九八年七月の住宅制度改革で住宅の個人所有が認められるようになったのを契機に、住宅市場は急拡大している。

図表2-9　中国の商品住宅販売面積と個人の購入比率

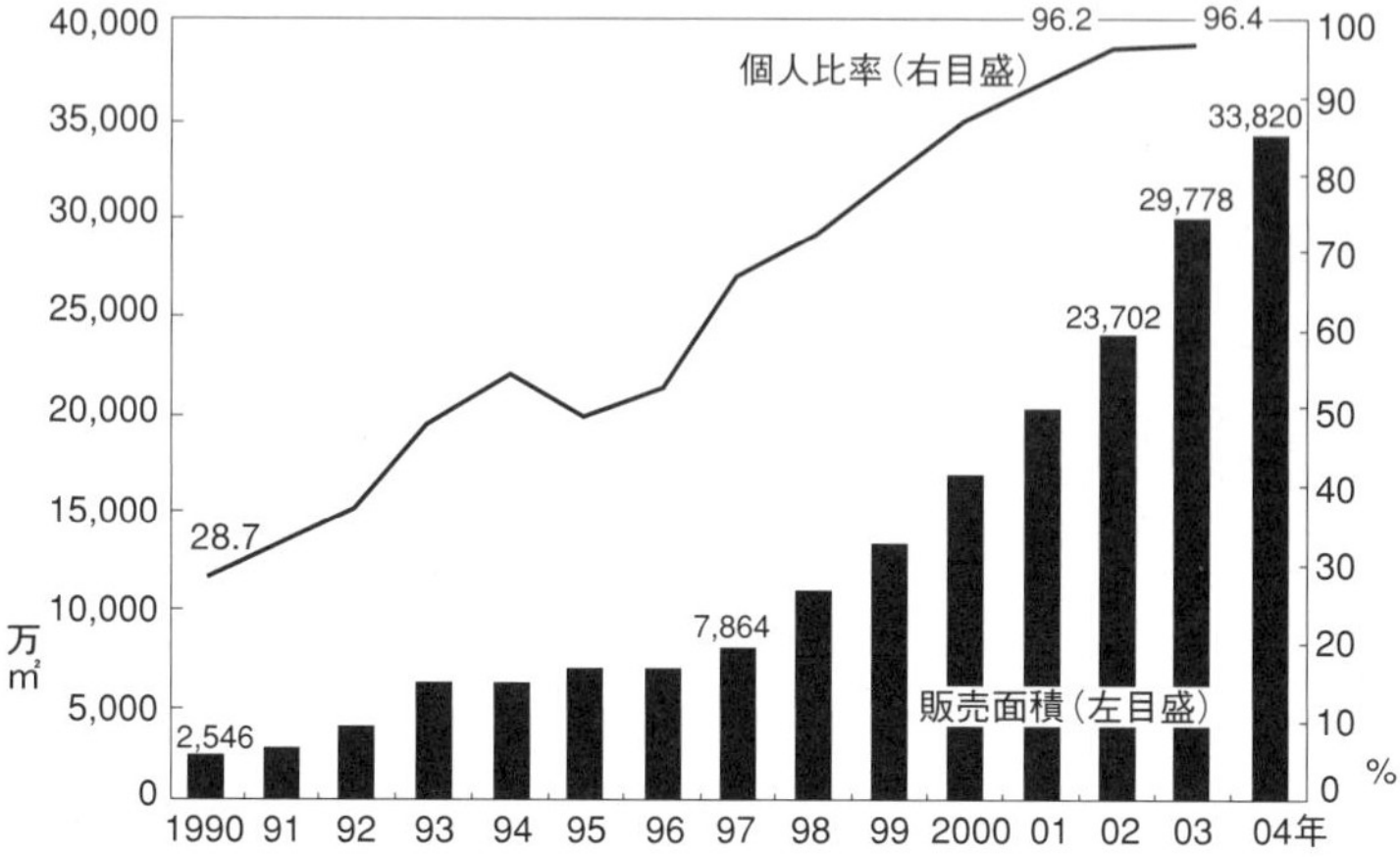

資料：「中国統計年鑑」2005年より作成

中国の住宅統計は、日本のように新設住宅着工件数や保有戸数といった戸数ベースでの全国統計が公表されていない。手に入るのは面積ベースでのデータしかないため、感覚的に違和感がある。あえて戸数ベースでとらえようとするならば、一戸当たりの平均的な面積を仮に八十平方メートルや百平方メートルなどとして算出するしかない。中国の不動産業者によると、「商品住宅（分譲住宅）」の販売面積は、九七年の七千八百六十四万平方メートルから二〇〇四年の三億三千八百二十万平方メートルへと、八年間で約四倍に拡大した（図表2-9）。一戸当たり八十平方メートルとすると、分譲戸数は九十八万戸から四百二十二万戸に拡大したことになる。この間、五〇％程度であった個人の購入比率は九六％に達するなど、「夢のマイホーム」が現実のものになっている。なかでもマイホームブームが高まりを見せているのは、所得水準が上昇し住宅に対する購買意欲が旺盛な北京、上海、天津などの主要七都市で、これらの都市で〇一年に分譲されたマンション・建売住宅は二百七十七万戸で九七年から倍増している。

ここで、中国の住宅市場をもう少し詳しくながめてみよう。中国都市部での住宅（一戸建て・高級マンション）市場は、三つのタイプに分かれる。一つは、中・低所得者向けの「経済住宅」市場だ。これは一平方メートル当たり単価が千元以下（一元＝十五円、広さ八十平方メートルとして物件価格は約百二十万円）の低コスト実用型住宅である。二つ目は、ボリュームゾーンと言われる高・中価格物件を対象とした、一平方メートル当たり単価三千～五千元（広さ百平方メートルとして価格四百五十万～七百五十万円）の市場である。三つ目は、一平方メートル当たり単価一万元（広さ百二十平方メートルとして価格千八百万円）を超える高価格物件の市場だ。このうち、二〇〇〇年以降、都市部を中心に販売が急増しているのは、富裕層を対象にした高級マンションや一戸建てのビラ（別荘）タイプの超高級住宅である。ちなみに、高級マンションの場合、一平方メートル当たり単価は一・二万～一・五万元、広さ二百～三百平方メートルで物件価格は二百五十万～四百五十万元（同四千万～七千万円）である。これらの超高級住宅は、不動産デベロッパーにとって高いマージンを確保しやすいことも、建設が急増している要因と言える。例えば、上海の平均的なマンションは、一平方メートル当たり単価が五千元（七・五万円）、共用部分を含めた面積が九十～百二十平方メートルと言われている。なお、中国の住宅は、最小限の設備や内装を行っただけの、いわゆるスケルトンに近い状態で引き渡されるのが一般的である。このため、購入者は自分で「二次工事」を手配する必要があり、住宅価格は、スケルトン段階の四十五万～六十万元に内装費用（約一割）を加えた総額五十万～七十万元（一千万円前後）となる。ちなみに、これは上海の一世帯当たり年間平均可処分所得三・八五万元の十七倍に相当する。日本の五倍という比率と比べ突出しており、バブルではないかとの声も強い。はたしてそうか。

バブルかどうかを判断するに当たって、まず中国で住宅を購入している平均的な世帯のイメージはどのようなものか見てみよう。ジェトロ（日本貿易振興会）の調査（二〇〇一年）では、中国で住宅ブームを作っているのは、一九九〇年代に都市部を中心に台頭した外資勤務のホワイトカラー、金融、ハイテク産業などの管理職、個人経営者、医師、会計士、弁護士といったいわゆる新中間層。これら新中間層の世帯数は、約千五百五十万世帯で全世帯数の約一割に相当する。世帯構成員を中国平均の二・六四人とすると人口換算で約四千九十万人（二・六四×千五百五十万）、都市部の全人口四億八千六十四万人の約九％となる。ちなみに、世帯内有職者一人当たり年収は二・五二万元（三十七・八万円）以上であるから、一世帯当たり年間平均収入は六・六万元となり、住宅価格は同所得の九倍程度になる。加えて、中国では統計に表れない副収入があることを考慮すると、十分に購入可能であって、必ずしもバブルとは言えない。

中国の住宅市場は、その巨大な潜在需要にかかわらず、一九九〇年代前半までは未発達であった。農村および一部高所得者を除き、すべて福祉目的で「給与住宅（社宅、官舎）」が給与されてきたためだ。その際、住宅建設は国・国営企業が施主として発注し、国営建設企業が施工する形がとられてきた。これに対し、全面的な制度改革が打ち出され、中国の住宅市場拡大の転機となったのは、九八年に国務院が発表した「新たな都市住宅制度の改革」である。具体的には、①政府や国有企業が賃貸住宅（福祉住宅）を低家賃で提供する従来の分配住宅制度を廃止する、②これまで提供していた福祉住宅の払い下げの推進、③住宅金融制度を整備し、個人の住宅購入の促進、といった内容だ。これらの改革により、中国では住宅の供給機能が政府や国営企業から分離された。また、住宅が、それまでの「分配住宅」から、個人で購入できる「商品」としてとらえ直されたことで、商品化された住宅が取引される住宅市場が急速に形成されるようになった。

一九九八年の住宅制度改革のなかでも、個人所得がまだ低い中国で、住宅ブームの起爆剤となったのが「住宅金融制度」の整備である。中国では、大半の住宅購入希望者が、住宅ローンに頼った購入方法を望んでいる。一般市民が住宅を取得する際のローン制度としては、商業銀行による「住宅ローン」と「住宅公共積立金制度（住宅公積金）」の二つがある。このうち、「住宅ローン」は、商業銀行による個人住宅ローンである。九八年に、政府から住宅ローンに関する規制緩和が発表されたことで、急速に普及した。具体的には、①従来、中国人民銀行（中央銀行）が定めていた住宅融資枠を撤廃し、各商業銀行が規定された資産と負債の比率の範囲内

図表2-10　中国金融機関の個人住宅ローン残高

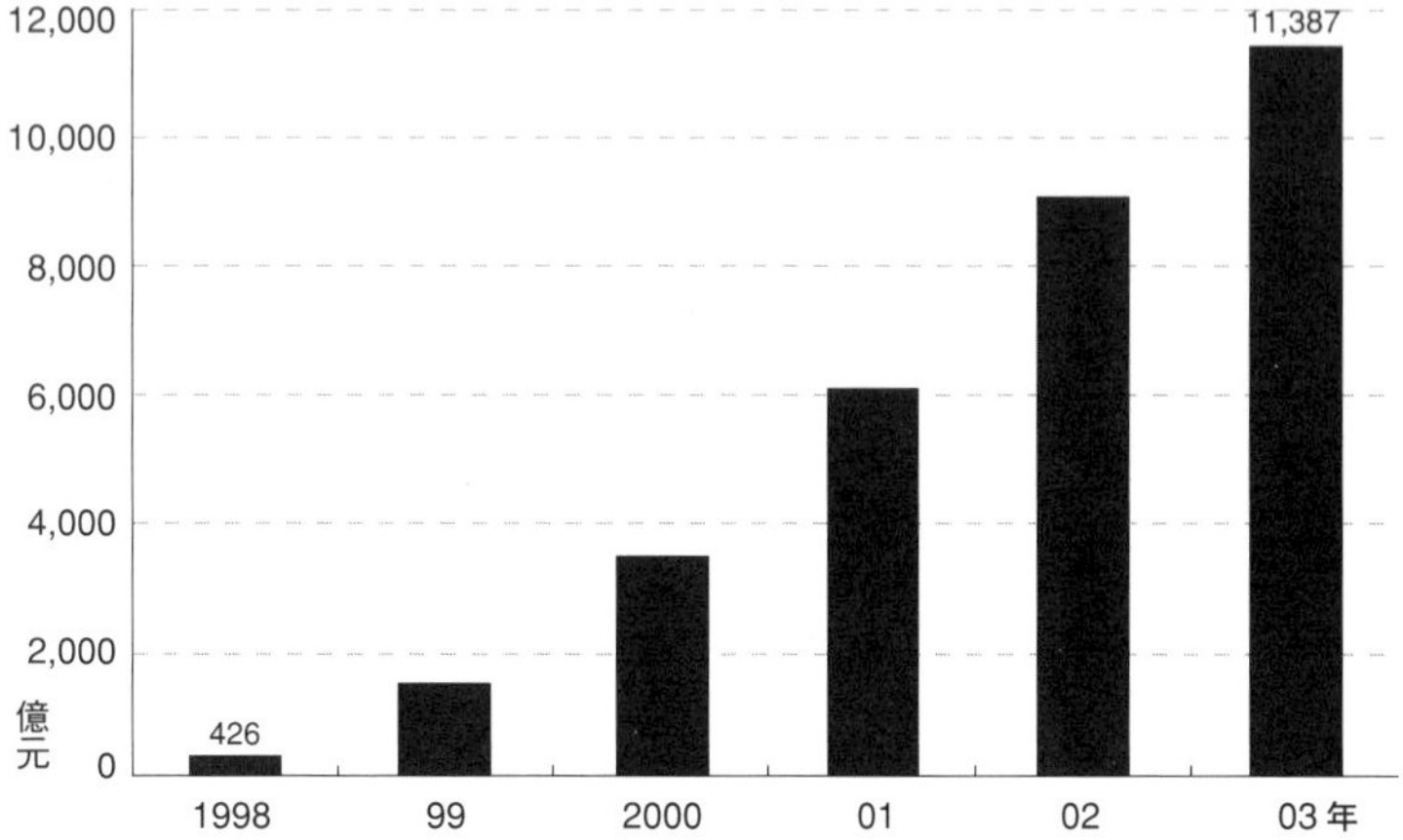

資料：中国人民銀行

で、住宅融資を実施できるようになった、②地方政府の住宅公積金管理センターから受託して行う住宅融資について、対象となる商業銀行を拡大した、③都市にあるすべての商業銀行が、一般商品住宅に対し、個人住宅融資を取り扱えるようになった、などである。融資期間は最長三十年であるが、一般には利用者の約五割が十年分期ローン、二割が一括支払い方式をそれぞれ選択している。利率は、金利規制があり、五年以下で四・七七%、五年以上では五・〇四%と一般金利（五年以上の場合五・七六%）に比べて低く設定されている。また、金融機関にとっても、住宅ローンは企業に対するローンよりもリスクが低いことから、銀行の総貸付額の三〇~四〇%を住宅ローンが占めている。ただ、既に都市に住む住宅購入希望者の六五%が、現在の住宅価格は高いと考えているのも事実である。個人の住宅ローンの残高は、九八年の四百二十六億元から二〇〇三年には一兆千三百八十七億元と、五年間で約二十六倍に急拡大している。住宅ローンの基本的な仕組みは日本と変わりがない。異なるのは、中国では土地の所有権が認められていないため、通常、その利用権（居住用住宅の場合は期間七十年）と建物双方に担保権を設定する点だ。また、中国では、住宅購入時に頭金を二〜三割支払うのが通例である。なお、これらは住宅本体を取得するためのローンであるが、中国では、内装用ローンや家具・耐久消費財購入ローンなど、住宅購入に伴う派生ローンも用意されている。

一方、「住宅公積金」は、企業側と従業員が、毎月給与の一定割合（五〜一〇％程度）をそれぞれ積み立て、住宅取得希望者が住宅公積金の原資から融資を受ける仕組みである。一九九一年に上海で住宅制度金融として導入されたのを契機に全国に広がった。金利は、五年以内で三・六〇％、五年以上で四・〇五％と一般の住宅ローンよりもさらに優遇されている。中国人民銀行の発表によれば、各地方政府が管理する「（住宅）公積金」による住宅ローンは、二〇〇一年末で八百七十億元（約一兆三千億円）となった。市民の住宅購入意欲は、都市部の高所得購買層を中心に旺盛であり、住宅ローン市場は〇二年以降も好調に拡大している。中国の庶民にとって住宅購入は一つの大きな夢であり、住宅ローンというシステムを利用することで夢が実現し、このことが起爆剤となって現在の不動産ブームにつながっていると言えよう。

ところで、こうした中国の住宅ブームはいつまで続くだろうか。この点は日本総研のレポー

図表 2-11　中国三大沿海地域の経済規模（2003 年）

	人　口	GDP	GDP ／人
華東地区（上海・江蘇・浙江）	1.365 億人	3,011 億ドル	2,206 ドル
華北地区（北京・天津・河北・遼寧）	1.337	2,142	1,602
華南地区（広東・広西・海南）	1.348	1,833	1,360
３圏合計・平均	4.051	6,986	1,725
（中国全体に占めるシェア）	（32%）	（57%）	
内陸地区（四川・重慶）	1.178	843	715
中国全体	12.845	12,222	951

資料：「中国統計年鑑」2003

トによると、上海市において一九九五年から二〇〇一年の七年間に住宅を購入したのは約百万世帯と推計され、同市世帯数の約二割に相当する。最終的な持ち家比率を五割程度と仮定すると、二〇一〇～一五年までは現在の住宅ブームが続きそうである。一方、上海市の都市計画によれば、今後五年間で毎年千八百五十万～二千万戸の住宅建設があるとされている。住宅一戸当たりの面積をボリュームゾーンの百平方メートルとすると、毎年十八・五万～二十万戸の新設住宅が供給されることになる。十年間の累計では百八十五万～二百万戸、十五年間では二百七十八万～三百万戸の住宅が新規に供給される計算だ。やや乱暴ではあるが、この上海の推計ケースを、華東、華北、華南の三大沿海地域について演繹すると、中国においては今後十～十五年で、二千万戸の住宅市場が予想される。

こうして見ると、中国の住宅ブームは、短期的には、一部都市部でのバブルの発生などにより調整局面に入るなど、紆余曲折も考えられるが、①経済発展により生み出される新中間所得層や外国人居住者の増加を背景とした旺盛なマイホーム需要と、②外資系デベロッパーを含む開発業者の活発な住宅建設により、長期的な拡大軌道を歩む可能性が高い。ちなみに、中国政府は、第十次五カ年計画（二〇〇一〜〇五年）で住宅市場に関して以下の発展目標を掲げている。①全国都市農村住宅の計画竣工面積を五十七億平方メートル、このうち、都市住宅竣工面積を約三千万平方メートルとする、②〇五年末までに危険な家屋をなくす。古い家屋は建て直しか改築を行い、機能の充実した質の高い住宅を所有する。③不動産土地開発投資の安定成長を持続し、住宅所有率を高める、などである。

特に、ここ数年急成長しているとはいえ、以下の四つの点からも巨大な人口を抱えた中国の住宅市場の将来性は大きい。第一に、世界銀行の調査によると、一人当たりＧＤＰが三千ドル以下の国では、住宅投資の増加は長期継続的に行われる。中国の場合、〇一年の一人当たりＧＤＰは九百九十一ドル（〇五年は千七百二ドル）であり、住宅投資の長期的増加が期待できる。また、上海の同ＧＤＰは三万七千元超で、既に三千ドルを突破しているものの、所得階層別・上海中心部から周辺部へと裾野を広げる形で、住宅市場の拡大が期待できる。第二に、人口構造（人口ピラミッド）面でも、今後二〇一〇〜一五年に向けて、「改革開放」後の世代が働き盛りの中心になる時代となるため、今後、マイホーム需要は一段と拡大すると見られる。特に、上海をはじめ都市化（人口の都市集中）が進むなか、都市部購買層の所得向上とも相まって住宅需要はますます旺盛となると見られる。第三に、平均居住面積を見ると、中国の都市部ではいまだ一人当たり十平方メートル以下、上海の高級マンションで二十〜二十五平方メートルと少ない。多くの先進国の同面積が三十〜四十平方メートル、米国が六十平方メートル、日本三十一平方メートルであることを考えると、質の面でも需要拡大が見込まれる。ちなみに、中国政府は、〇一年の住宅産業化フォーラムで、中国住宅発展の一つの目標として、「一世帯一住宅」「一人一部屋」を基本に、二〇一〇年までには一人当たり平均居住面積三十五平方メートルの達成を掲げている。各国の経験によると、一人当たり平均居住面積が三十〜三十五平方メートルに達するまでは活発な住宅需要が維持される。第四に、住宅供給面でも、中国は〇一年十二月のWTO加盟を契機に、今後、建設分野における外国企業の参入を認めていく方針であり、これにより新たな住宅供給と需要が喚起されていく可能性が強い。実際、中国は、〇三年に「外国投資建築企業管理規定」を定め、十月一日より建築物に関して、外資による全額出資および合弁での現地法人の設立を認めることを発表している。中国の住宅市場は、少なくとも二〇一〇年代半ばまで拡大の余地があると言えよう。

❾ 中国のエネルギー安全保障戦略

中国経済が持続的経済発展を遂げていくためには、増大するエネルギー需要をいかに確保していくかが極めて重要である。中国のエネルギー需要が急拡大し始めたのは二〇〇一年以降である。この背景には、二〇〇〇年にGDP（国内総生産）の規模が一兆ドルを超える経

図表2-12　中国の一次エネルギー消費量とGDP弾性値

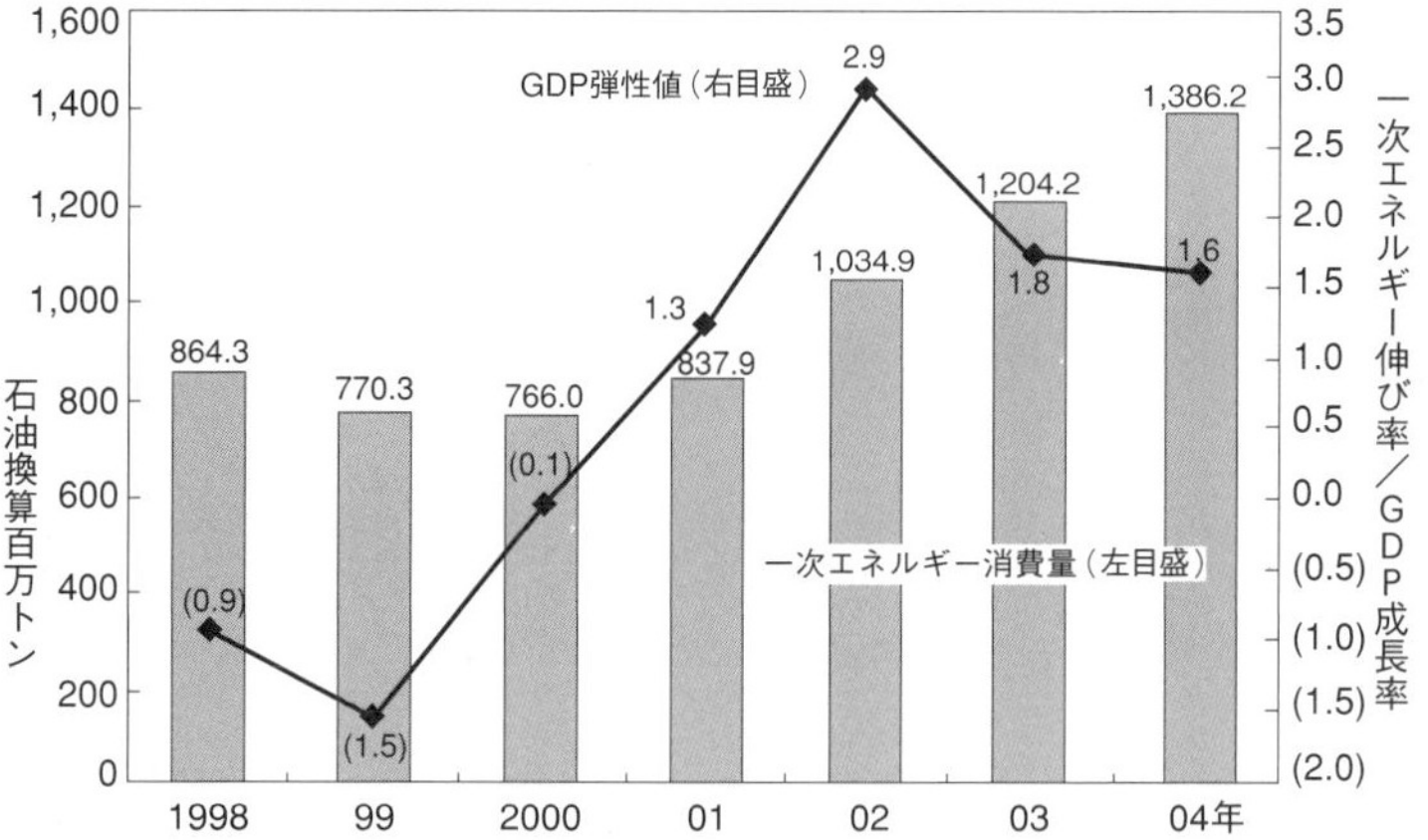

資料：「BP統計」、「中国統計年鑑」より作成

済大国となった中国が、本格的な工業化を図るなかで、〇一年七・五%、〇二年九・一%、〇三年一〇・〇%、〇四年一〇・一%と成長率を加速させてきたことがある。BP統計によると、〇四年の一次エネルギー消費量（石油換算トン）は、十三億八千六百二十万トンで前年比一五・一%増と、GDPの九・五%を大きく上回る形で増加した（GDP弾性値一・六、図表2-12）。エネルギー源別では、石炭九億五千六百九十万トン（同一四・六%増）、石油三億八百六十万トン（同一五・八%増）、天然ガス三千五百十万トン（同一九・〇%増）、原子力千百三十万トン（同一四・一%増）、その他七千四百三十万トン（同一七・二%）であった。

これに対し、二〇〇四年の一次エネルギー生産も一五・二%増と、大幅に伸びたものの、十二億七千百八十九万トンで依然として需要に追

図表2-13　中国のエネルギー安全保障戦略

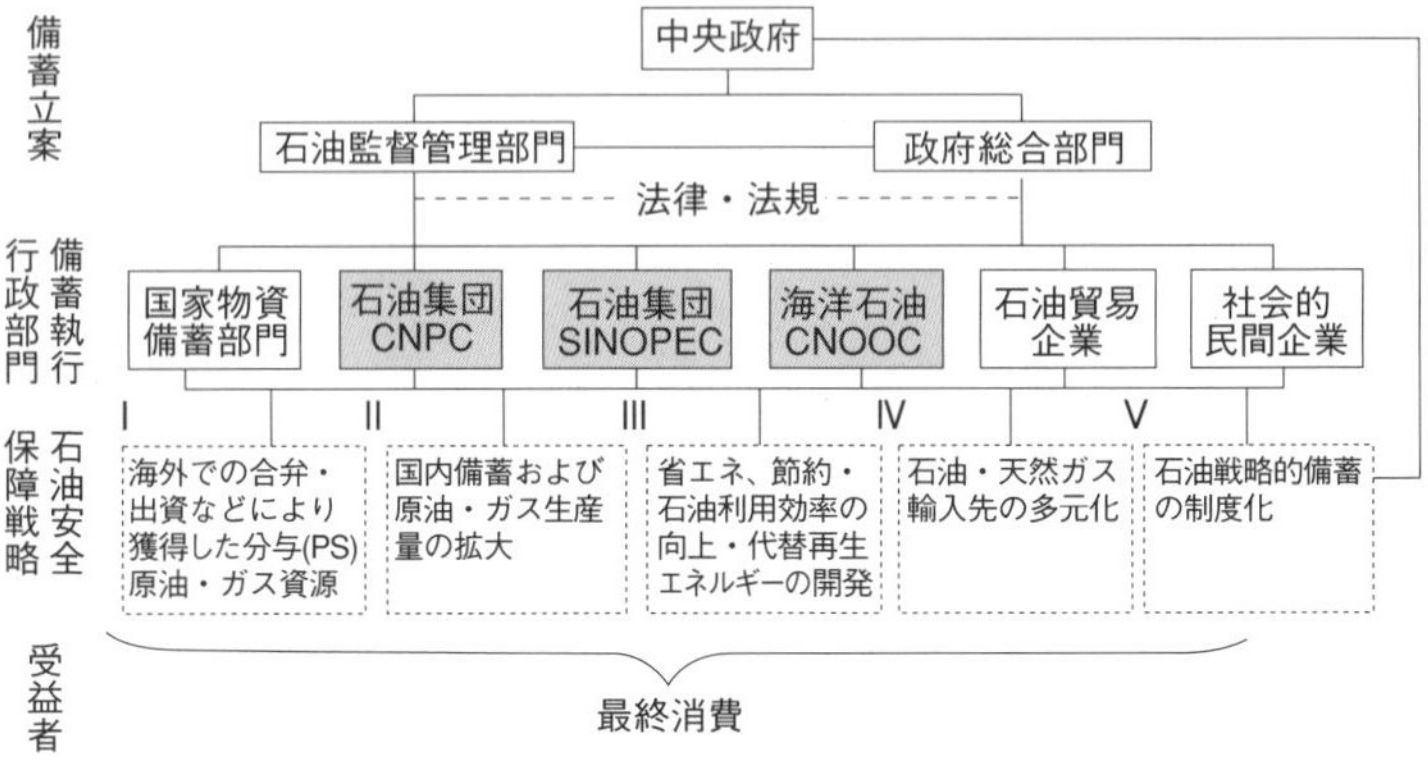

出所：横井陽一著『中国の石油戦略』化学工業日報社 p.149を参考に筆者作成

い付かないなど、中国におけるエネルギー需給バランスは崩れたままだ。なかでも、中国のエネルギー問題の特徴は、石油不足問題＝原油輸入拡大の形で先鋭化していることだ。石油は〇四年の需要（原油プラス石油製品）が日量六百三十八万バレルであったのに対し、原油生産量は同三百五十一万バレルにとどまったことから、原油輸入は同二百四十六万バレルとなり前年比三四・八％の大幅な増加になった。なお、IEAによると、中国の〇五年の石油需要は七百二十万バレルとなり、米国の同二千百万バレルに次ぎ、世界の石油需要の八・五％を占める見通しである。中国国内の原油生産は日量三百五十万バレルで頭打ちであることから、〇五年の原油輸入は日量三百六十万バレルと、さらに百万バレル拡大することが予想される。すなわち、中国のエネルギー問題は、石油不足の問題であり、それは原油輸入の急拡大という形で先鋭化しつつあると言える。

深刻化するエネルギー不足問題に、中国政府は二〇〇五年六月、「国家エネルギー指導小組」（戦略会議）を発足させた。組長の温家宝首相以下、黄菊副首相などの華麗なメンバーが名を連ね、いかに中国政府がエネルギー問題を「経済発展、社会安定および国家安全にかかわる重大な戦略問題」と位置付けているかがうかがえる。国際経営学者のマイケル・ポーターによると、「戦略とは、様々な活動を組み合わせること」だ。この点、中国の戦略目標は、①海外における石油・天然ガス資源の確保、②国内石油・天然ガス生産量の拡大、③省エネおよび石油代替エネルギーの開発、④石油・天然ガス輸入先の多元化、⑤石油の戦略的備蓄システムの確立を組み合わせて、国内の政治経済秩序の安定と経済の正常な成長を保証することが狙いである。

このうち、国際石油市場に直接影響を及ぼすと見られるのは、戦略備蓄と資源確保戦略であろう。中国政府は、既に二〇〇三年に戦略石油備蓄制度を制定し、全国四カ所で施設の建設を進めている。戦略備蓄一期プロジェクトの一部施設が〇五年九月末に完成した。〇八年の備蓄能力は少なくとも日量ベースで三十五日以上の規模になる見通しである。ちなみに、〇八年の中国の石油需要を日量八百万バレル（〇五年は同七百二十万バレル）とした場合、三十五日分では二・八億バレルになる計算だ。なお、米国のＳＰＲ（戦略的石油備蓄）規模は七億バレル強であり、中国は将来的にはこのレベルの備蓄を目指していると見られる。今回完成したのは、浙江省の臨海都市鎮海のタンク十六基である。四カ所の一期プロジェクトが完成すると備蓄能力は十四日分となる。ただ、既に原油輸入が日量二百五十万バレルを超えるなか、中国にとって悩ましいのは、戦略備蓄の積み増しは、たとえそれが国産原油であっても、世界の原油市場の需給タイト化を促し、輸入価格を引き上げてしまうことだ。

⑩ 常態化した電力不足の要因

中国では二〇〇二年より夏場を中心に電力不足が常態化するようになった。当時は季節的・臨時的な不足であったが、〇三年には電力使用量が前年比一五・八％と急増したことから絶対的な電力量不足の問題に発展。特に、経済発展が著しい華東、華南の沿海部では輪番停電が頻発した。電力需要の増大は〇四年も続き送電制限が実施された。このため中国に進出している日本企業も操業が制限されるなどの影響を受け、多くの企業は夜間や電力のオフピーク時の操業を実施するなどの対応を迫られた。中国の電力不足は、単に電力供給のストップという問題にとどまらない。

既に述べたように、それは、電力を生産するための石炭・石油などの一次エネルギー不足の問題であり、電気の品質低下の問題でもある。ちなみに電気の品質とは、周波数、電圧、電力の三つの面から安定運用が保証されている状況を指す。すなわち、気ままに変化する電力需要に対して、適正な周波数、電圧、電力の供給を維持していくことが要求されるのである。

中国国家電力管理監督委員会は、二〇〇五年以降も状況は厳しいと予測している。特に、〇五年夏は全国で最大二千五百万キロワットの電力不足に達すると見られていた。これは、〇四年の電力不足三千五百万キロワットよりは少ないが、気温が高めに推移すれば結局は〇四年と同レベルの不足になるものであった。近年の電力不足の背景として、少なくとも以下の三つの要因が挙げられよう。

第一は、電力需要の予想以上の増加だ。特に、中国政府は、アジア通貨危機などの影響により一九九〇年代後半に電力需要の伸びが鈍化した際、電力消費促進政策を採用した。例えば、鉄鋼、非鉄、紙パルプなど電力多消費産業に対する電力価格の引き下げ、家庭部門には冷暖房やシャワー使用の促進、農村地域への電力系統の延長、都市部の配電網の拡大などだ。この結果、二〇〇〇年代に入って電力需要が再び増加に向かった。

第二は、供給能力の不足。政府はアジア通貨危機の影響による将来の発電設備過剰を懸念し、九八年より三年間、新設火力発電所の建設を差し止めたことが、その後の発電能力の抑制につながった。また、中国では発電コストの上昇分を電気料金に転嫁できないシステムとなっていることも、電力会社の発電設備増強意欲を減退させる形となった。

第三は、発電用燃料不足の問題である。具体的には、水力発電における水不足（渇水による出力不足）、火力発電における石炭供給不足などだ。石炭火力の場合には、輸送インフラの未整備や発電に利用する石炭品質の低下による発電用ボイラーのトラブルが頻発するといった問題が挙げられる。

政府は、新規発電所建設を促進するため資金調達支援や発電用一般炭の輸出制限、電力料金の引き上げ、ロシアからの電力輸入などの対応を図っているものの、需給が均衡するのは早くとも〇七年以降というのが大方の見方のようだ。

⓫ 人民元切り上げで資源争奪戦は熾烈に

中国政府は二〇〇五年七月二十一日、通貨バスケット制度を導入し、人民元を一ドル＝八・一一元へと約二％強切り上げると発表した。その幅自体は限られることから、原油や金への影響はほとんど見られなかった（通常、人民元切り上げ＝ドル安となり、ドル建て取引が行われている原油や金にとっては、価格押し上げ要因である）。今回の措置は、今後数年のうちに幾度か人民元を切り上げていくというシグナルととらえることができる。新たに採用する「通貨バスケット」の構成や運営方式については定かでないが、将来的には人民元は対ドルで二～三割切り上がると見るべきだろう。

中国にとって、あるいは世界にとっても人民元切り上げは、いずれ実施されねばならない課題であった。二〇〇一年十二月に悲願のＷＴＯ加盟を果たした中国政府は、外圧により国内制度改革（いわゆる朱鎔基による国有企業、行政、金融の「三つの改革」）を断行すると同時に、一兆ドルを超える経済規模をさらに持続発展させるために、①輸出で発展する、②外資を導入

図表2-14　中国の貿易収支と外貨準備高

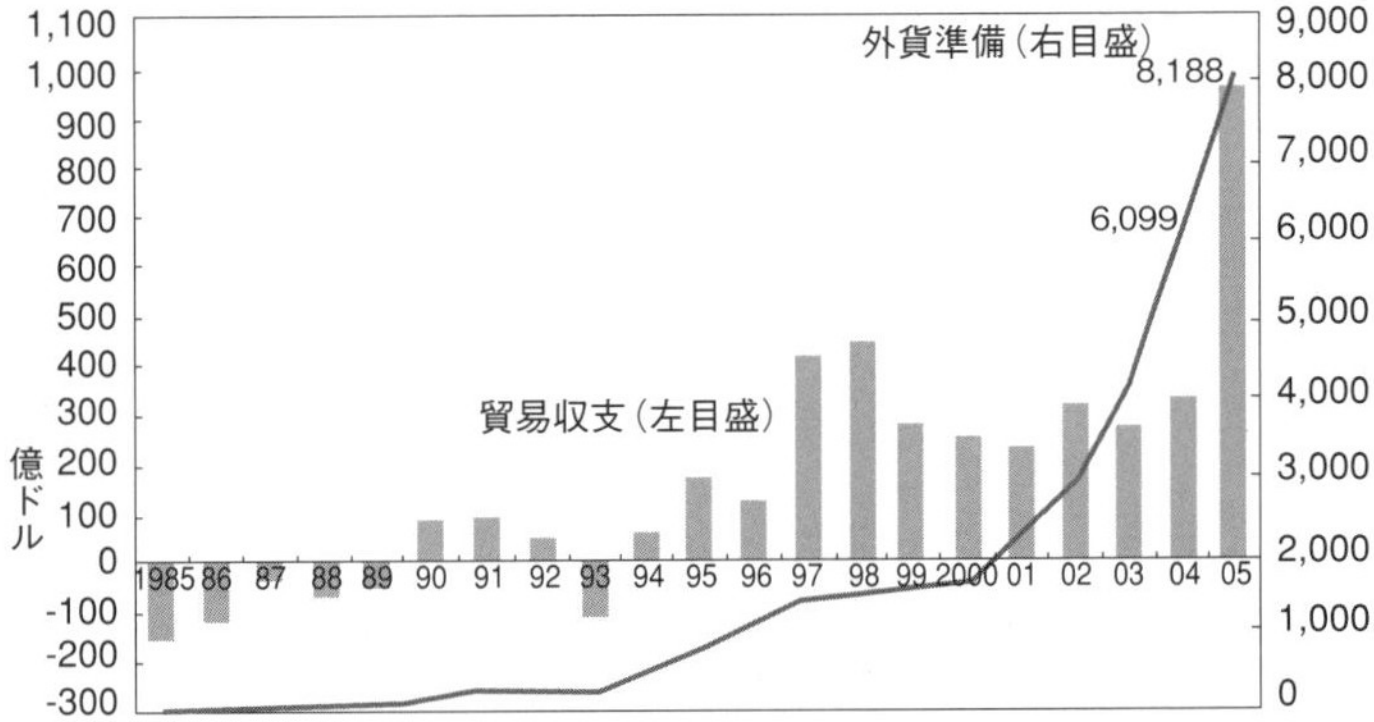

資料：「中国統計年鑑」、「中国統計月報」、中国人民銀行。05年の貿易収支は、1～9月実績を年換算した

して発展する、③発展に必要なエネルギー・資源を海外から調達する、という戦略を進めてきた。事実、中国の輸出は、二〇〇〇年の二千四百九十二億ドルから急増し、〇五年には七千二百八十五億ドル（一～九月実績を年換算）と約三倍に拡大（年率二四％増）している。この牽引役は、機械類・電気機器、繊維・アパレル（衣料）だ。この間、年間二百億～三百億ドル台で推移していた貿易収支は、〇五年には九百十億ドルと前年比倍になる勢いである。

こうした貿易黒字の拡大は、海外からの人民元に対する切り上げ圧力を一段と強めることになる。ここで改めて中国の人民元為替制度を振り返ってみよう。中国は、一九九四年一月に「公定レート（一ドル＝五・八元）」と外貨調整センターで取引される「市場レート（八・七元）」を一本化した。九六年にＩＭＦ八条国に移行し経常取引の自由化を宣言したことで、人民元の市場での交換も初めて可能になった。こうしたなか、人民元は管理フロート制度下で九五年以降一ドル＝八・二八元を中心とする狭いバンド内で推移してきた。

しかし、WTOに加盟以降は、資本取引や為替の自由化が喫緊の課題となっていた。しかし、証券投資では外国人投資家の買える中国株はB株（ドル建て）に限られA株（元建て）取引は認められず、人民元も当局により厳格に管理されているなど、自由化も限定的であった。なお、中国の為替管理制度の大きな特徴は次の二点にある。第一は、企業が輸出などで稼いだドルや直接投資により入ってきたドルは、一部取引需要を残して、すべて外貨集中制の下、中国人民銀行管理下の外為センターを通じて買い上げられることだ。第二は、資本取引は厳格に規制されていることだ。中国では九〇年代後半に入って、対内直接投資や貿易黒字の拡大に伴い、外貨準備高も〇五年末では、八千百八十八億ドルに急増した。ちなみにこれは、日本の八千四百三十億ドルに迫るものだ。特に、〇三年の四千三十二億ドルから〇四年では二千六十七億ドルの増加である。この間の貿易黒字および直接投資額、すなわち実体経済に対応した金額は合計九百二十六億ドルである。ということは、残る約一千億ドル相当部分は人民元の切り上げを期待する投機資金（ホットマネー）の流入である可能性が高い。一般に、ホットマネーの動きは、国際収支表における誤差脱漏との関連が深い。中国では、誤差脱漏は長期にわたってマイナス（すなわち流出）であったが、〇二年に七十八億ドルのプラス（流入）に転じ、〇三年に百八十四億ドル、〇四年には二百七十億ドルのプラスとなった（図表2-15）。

図表2-15　中国国際収支における誤差脱漏

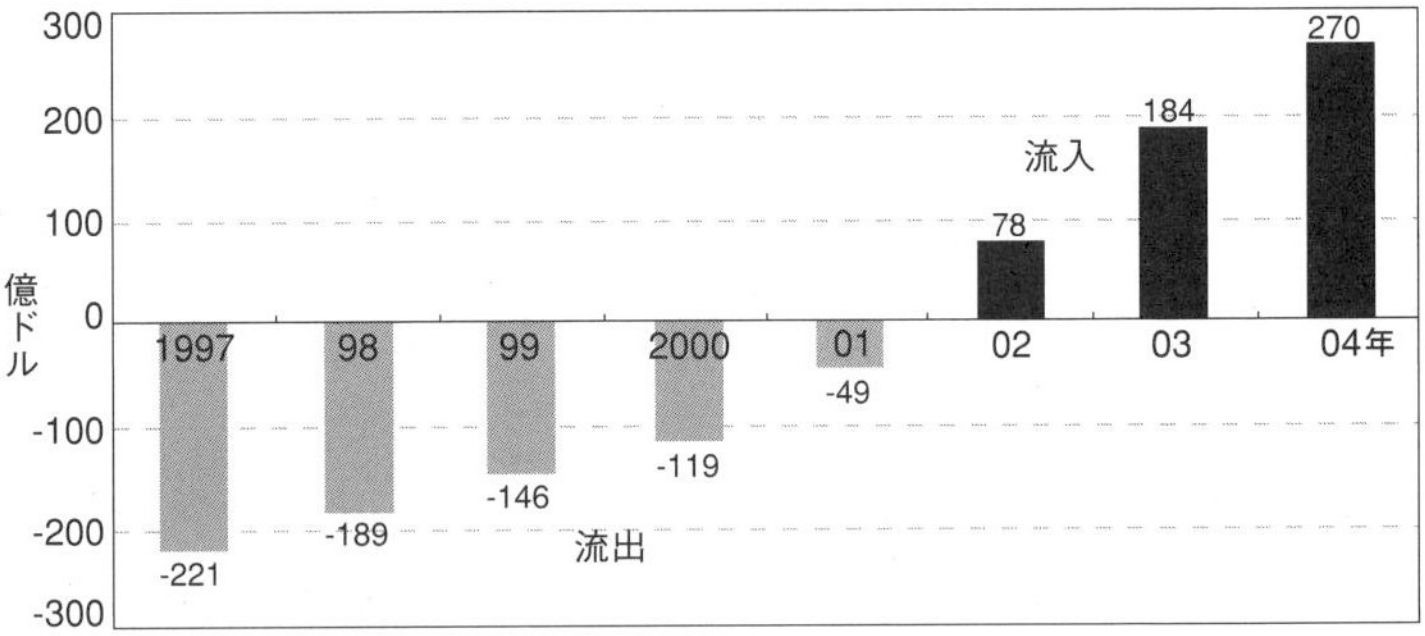

資料：中国外国為替管理局

一方、中国では既に述べたように、WTOに加盟した際、資本取引や為替の自由化が課題となっている。このため、二〇〇七年一月一日より、金融を自由化し、外資系銀行に中国国内での個人を対象として業務を認めることを公表している。また、資本規制に関しては、中国政府は、後述するように「走出去（ゾウ・チュウ・チュイ）」（企業の海外進出・投資）戦略を採用した。これは資本取引規制に関し従来の「流入寛大・流出厳格」から「流入厳格・流出寛大」へと転換するものだ。その狙いは、①急速に積み上がる外貨準備を減らす、②それによって人民元切り上げ圧力を緩和する、③成長に必要な海外の石油や鉱物資源の権益を確保する、などにある。その際、人民元切り上げは、「走出去」政策を推し進めるための追い風となる。ただ、中国にとってWTO加盟から〇六年までの五年間はあくまでも過渡期であり、以下の理由から、中国が早急に人民元切り上げを含めた為替制度改革に踏み切るのは難しいと見られていた。第一に、人民元を切り上げた場合、ホットマネーの流入が加速し、中国経済の発展に致命的な打撃を与える可能性がある。小幅な調整にとどまった場合でも、人民元切り上げ観測がさらに増大し、ホットマネーの流入を抑制することが困難な点である。第二に、金融システムが未整備ななかで人民元を切り上げると、繊維など雇用確保に重要な産業の競争力を低下させる恐れがある。第三に、中国は〇五年十月、過熱する投資を抑制するため貸出基準金利の引き上げを実施しており、さらに人民元を切り上げた場合、景気をオーバーキルさせかねないことである。それにもかかわらず、中国当局がいずれ人民元の変動幅を拡大せざるを得ないことは広く承知されていた。厳格な外貨集中制を続ける限り、外貨流入拡大→中央銀行による買い上げ→人民元流通増→過剰流動性発生→インフレ圧力増大といった形で、中国経済に様々な歪みを拡大させる恐れがあるためだ。したがって、経済の安定性を高めるためには、いずれかの段階で人民元を切り上げたほうがよい。しかし、それはＧ７（先進七カ国財務相・中央銀行総裁会議）などの外圧によるものではなく、あくまでも自発的なものと見られていた。

二〇〇五年七月の人民元切り上げは、世界のエネルギー・資源市場にはどのようなインパクトを及ぼすことになるだろうか。結論から言えば、二〜五％程度の切り上げであればコモディティ市場への影響は限られよう。しかし、〇五年の二％切り上げが、まさに切り上げの始まりであり、将来的には人民元切り上げが対ドルで二〜三割の幅になると話は異なる。原油や金属などのコモディティにとっては、①ドル安というマネー経済と、②中国の原材料輸入拡大・海

図表2-16　中国人民元の切り上げをめぐる因果関係

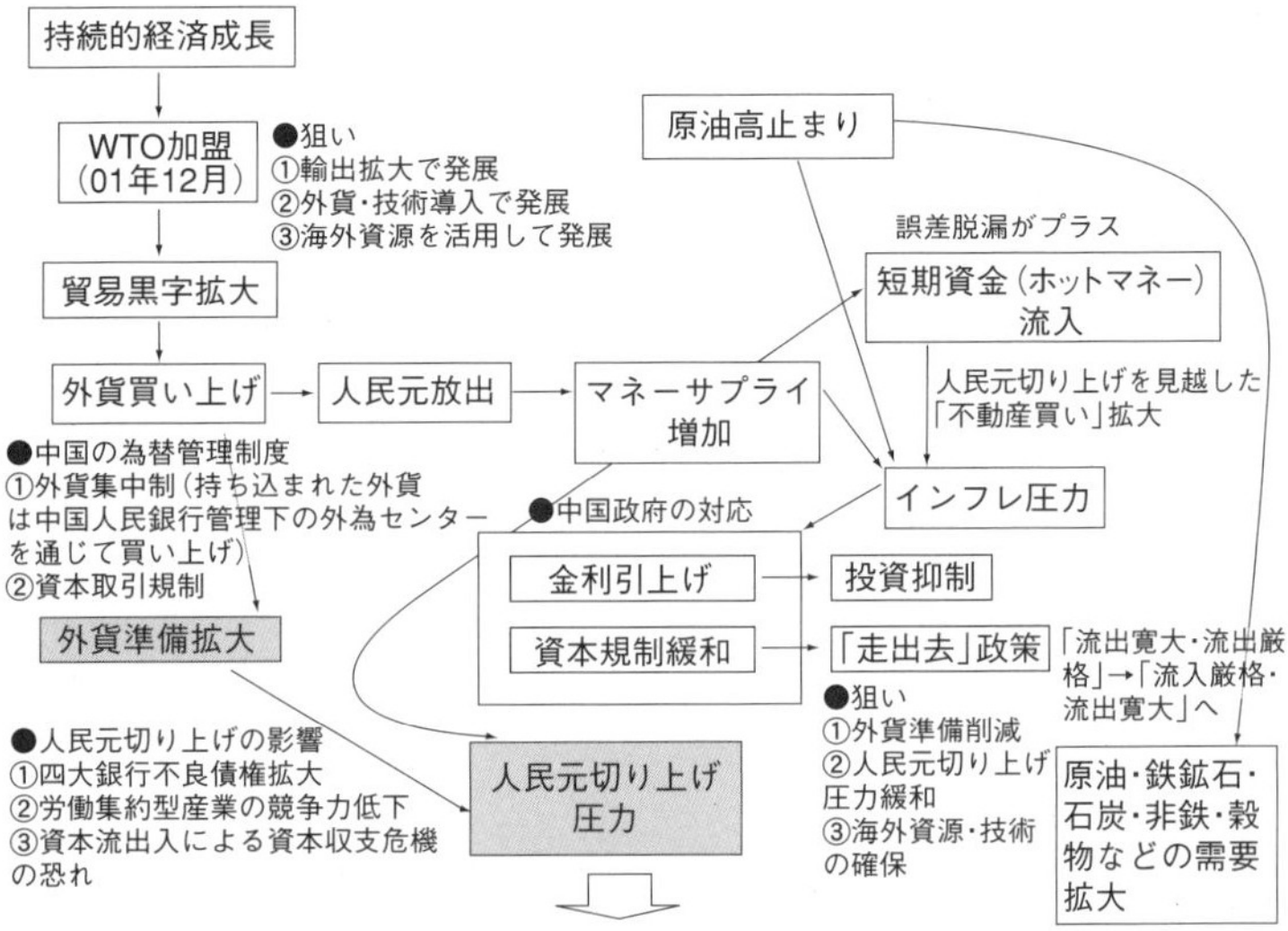

●2007年金融自由化　G7など、外圧による早急な人民元切り上げはないが、いずれ自主的な切り上げへ
2005年7月21日に1ドル＝8.11元へ約2%切り上げ。通貨バスケット制の導入へ。

資料：丸紅経済研究所作成

外資源権益の争奪戦激化という実物経済の両面から市況を押し上げることになるだろう。すなわち、マネー面では、円やアジア通貨は連れ高となり、ユーロも強含みになる可能性が高く、ドル建てで取引されている原油価格には上昇圧力となる。ドル安は、米国の輸入インフレにつながるうえ、産油国が原油を輸出する際、自国通貨での手取りを維持するためには、ドル建て価格を引き上げる必要があるためだ。

実物経済面では、人民元切り上げにより、中国の原油・ガス資源確保の動きが一段と強まるだろう。特に、前述した「国家エネルギー指導小組」（戦略会議）での、①海外石油・ガス資源の確保、②国内石油・天然ガス開発、③省エネおよび石油代替エネルギーの開発、④石油・ガス輸入先の多元化、⑤石油の戦略的備蓄システムの確立、の五本柱との関連では、人民元切り上げは、①④⑤を進めるうえで有利に働く。今後、強い人民元を武器に、中国企業による海外有望資源の獲得や海外企業買収の動きが一段と加速するだろう。

さらに、人民元切り上げは、中国のエネルギー・資源の輸入圧力を強めるだけではなく、国内景気の状況や次なる切り上げの思惑をめぐって輸入の変動幅が大きくなり、それが国際資源市場の攪乱要因となる可能性が高い。その好例が、人民元切り上げ観測が強まった二〇〇五年前半の輸入動向である。中国税関総書によると〇五年一～五月の輸入は二千四百六十三億ドルとなり、前年同期比で一三・七％の増加となった。〇四年の輸入が前年比三六％増えたことに比べると、大幅な鈍化だ。ちなみに、鋼材の輸入量は前年同期比で▲三一・五％減少。原油輸入も五・一％の微増にとどまった。これは過熱投資抑制策の影響が出ているためと見られる。

このことは当時、中国が政策的にこれらのハードコモディティの輸入を制限したためでもあった。例えば、ロイター通信は「中国政府高官が高騰する原材料輸入の必要性を低減させるため、金属産業の成長にブレーキをかけ生産者に鉱山開発投資を促す方針を明らかにした」と報じている。確かにそういう面も大きい。しかし、筆者は、これに加えて「人民元切り上げが早晩実施されるとの観測から、輸入を抑制する中国企業が出てきた結果、輸入が落ち込んだ」側面も大きいと見ている。重化学工業化というエネルギー・資源多消費型の経済発展を遂げていく中国にとって、今後も海外の素材や原料に対する輸入需要は決して途切れないものの、人民元レートをめぐってその輸入規模はますます大きく振幅するようになると言えよう。

⑫ 外貨準備から石油準備、金準備、穀物準備、資源準備へ

中国が石油製品の純輸入国に転じたのは一九九三年のことだ。九六年には原油を含めて石油の純輸入国に転じた。中国では九二年の鄧小平の南巡講和で「改革開放」加速が唱えられたのを契機に、中国経済は一段と成長が加速した。それに伴いエネルギー需要も拡大。いかにして成長に必要なエネルギー資源を確保するかが、重要な課題となる。このため九〇年代後半には、中国国有石油会社による石油・天然ガスなどの海外資源確保の動きが活発化する。その役割を担っているのが、CNPC（中国石油天然ガス総公司）、SINOPEC（中国石化工総公司）、CNOOC（中国海洋石油有限公司）のいわゆる中国版三大オイルメジャーズである。これらの企業は産油国に直接投資し、石油資源の採掘権を確保する形で現地生産を拡大している。例えば、CNPCは九六年以降、スーダン、ベネズエラ、ミャンマー、オマーン、シリアなどで権益を確保。SINOPECは、〇一年にイラン国営石油会社と油田の探鉱バイバック契約を締結したほか、チュニジア、サウジアラビア、キューバでも事業展開を行っている。また、CNOOCは、〇三年にオーストラリアでゴーンガス田権益一二・五％を買収。既に中国は、世

界四九カ所の油田権益を確保している。〇五年末には権益ベースの海外原油生産が日量三十万～五十万バレルに達したもようだ。

特に、〇五年前半にかけて世界の注目を集めたのが、CNOOCと米シェブロンとの米石油大手ユノカルの買収劇である。米議会の猛烈な反発によりCNOOCによる買収はひとまず見送られたものの、エネルギー問題は中国が長期的な安定成長を続けるうえで最大のネックであることには変わりがない。このため海外のエネルギー資源確保をめぐる中国の行動は、引き続き米中関係の火種となるだろう。特に、注目されるのが外貨準備を活用した石油資源などを確保する動きである。筆者は、〇五年八月に中国国務院を訪れた際、人民元切り上げの直後でもあり、その背景や今後の狙いなどについてある高官から興味ある話を聞くことができた。

中央政府のなかには、次のような考え方の人が増えているというのだ。〇五年六月で七千億ドルを超えるような膨大な外貨準備を保有するに至って、これ以上外貨準備を増やすことは、米国などからさらなる人民元切り上げ圧力を強めることになり問題である。このため外貨準備を使って、経済成長に必要な海外の資源を買う、すなわち「外貨準備から石油準備、金準備、資源準備」へといった考え方が強まっている。

実は、この「外貨準備から石油準備、金準備、資源準備」といった戦略のなかに「穀物準備」も入っている。筆者が、前述のように、二〇〇五年八月に国務院農業発展センターを訪問した際、某高官は、「中国農民をブラジル、アルゼンチン、アフリカに移住させ、そこで農業生産を行わせる。中国にとって農産物を輸入することは、水を輸入することであり、耕地を輸入することになる」と明言していたためである。中国は、大豆はもとより穀物全般の戦略的な輸入拡大を長期的視点から図っていると言えよう。

⑬ 穀物の輸入は水と土地の輸入

資源と言った場合、一般には人間の生活に必要なエネルギー・原材料（鉱物）・食糧などの自然資源を指す。このうち本書では、特にここ数年で供給不安が強まったエネルギーと鉱物資源に焦点を当てている。しかし、二十一世紀を展望した場合、最も深刻な資源問題は「水の問題」だと言われる。二〇〇二年八月に南アフリカ共和国のヨハネスブルクで開催された「環境開発サミット」の主要テーマは「水資源管理」だった。また、〇三年三月には京都、滋賀、大阪で「第三回世界水フォーラム」が開催されている。

地球上に存在する水の量十三・八億キロ立方メートルのうち淡水は〇・三五億キロリットルでわずか二・五％だ。しかも、その三分の二は南極の氷雪であり、比較的利用しやすい河川・湖沼などの水は〇・〇一％に過ぎない。一方、この限られた水資源に対して世界の水需要は急増している。国際灌漑管理研究所（ＩＩＭＩ）によると世界の水の年間使用量は、一九五〇年の千三百五十億キロリットルから二〇〇〇年には五千百八十九億キロリットルへと五十年間で四倍近く増加した。問題はこの間、人口増加や地下水の枯渇、水質汚染などにより人口一人当たりの水供給可能量が、アフリカで二万立方メートルから五千百立方メートルへ、アジアで九万六千立方メートルから三万三千立方メートルへと減少していることである。特に、世界の人口増加が北アフリカや中東、南アジアなど水不足の顕在化しつつある地域に集中しているため、これら地域では水源地をめぐる紛争も多発するようになった。

中国においても、水資源はエネルギー資源と同様、持続的な経済発展を制約しかねない要因として認識されるようになった。筆者は二〇〇五年八月に「水資源」をテーマに広東省広州市、北京、天津市を訪問した。北京や天津市など北部の水不足問題は以前より耳にしていたが、意外だったのは、降水量が豊富であるとされる広東省でも、最近は水不足問題がより複雑化し、持続的成長を阻害しかねない深刻な問題となっていることだ。そして、これら主要都市で起こっていることは、中国全都市にも少なからず見られる現象である。

では、具体的に、広東省が抱える水資源問題および課題とはどのようなものだろうか。筆者が環境部や国家改革発展委員会、水利庁などにヒアリングしたところでは、次の八点にまとめられる。すなわち、①水資源（降水量）は豊富だが、四～九月に年間降水量の八割が集中するなど、季節的な偏りのため利用の平準化ができていない。②この結果、四～九月には洪水が多発する一方、十～三月には干ばつや海水の逆流、水質悪化（良質な水の不足）が生じる。③一人当たり水資源量が少ないわりには、一人当たりの水使用量が多く、今後、十年をにらんだ場合には絶対的な水不足の可能性が大きい。④節水型社会形成のために必要な水のカスケード（多段階）利用がなされていない。⑤水循環（下水を再処理し中水として利用するシステム）に関する法律、料金システムのあり方に整合性がない（中水料金が上水料金に比べ高い）。⑥下水回収システム（下水管網）の不備と、処理場が設備過剰で稼働率が低いなど運営上の問題が多い。⑦沿海部工業地域においては、既に一部で導入されている海水淡水化プラントをさらに普及させる必要がある。⑧食品衛生、香港・マカオへの給水を前提とした水質改善の重要性が強まっているなどだ。

一般に、中国の一人当たり水資源量は二千百三十一立方メートルで世界平均水準の四分の一と少なく、北方地域では八分の一以下である。しかも、限られた水資源の分布は偏っており、全国六百六十九都市のうち、四百都市が水の供給不足、百十都市が深刻な水不足状態にある。また、二〇〇〇年から〇三年にかけて、中国の工業生産額が六六％拡大する一方、総給水量は減少している。この結果、工業生産活動百万元当たり水使用原単位が、六・五万立方メートルから三・七万立方メートルへと四三％低下している。そのため、中国の工業生産活動における水の使用効率が高まっているというよりも、すべての省で水使用原単位が低下していることから判断すると、むしろ総給水量の減少を受けて、水使用の制約が強まっていると見ることができよう。すなわち、好むと好まざるとにかかわらず、中国は水使用の効率化を迫られているのである。一方、日本の工業用水使用量は、一九六五年の百七十九億立方メートルから〇一年の五百四十億立方メートルへ三倍に拡大したものの、新たに補給する水量は、百十四億立方メートルから百十七億立方メートルへとほとんど増えていない。これは、中水（再処理水）の量が六十五億立方メートルから四百二十四億立方メートルへ六・五倍に拡大しているためである。すなわち、日本の場合、工業用水使用量の八〇％近くが中水の利用（回収率七八・五％）という形になっている。

なお、中国では工業化に伴い水質汚染も深刻化している。国家環境保護総局によると、〇四年に七大水系（海河、遼河、淮河、黄河、松花江、長江、珠江）の四百十二カ所で水質監視を行った結果、六〇％近くが水質汚染されている。これは、経済活動で発生した廃水の排出量が流域の環境容量をオーバーし、多くの河川が汚染され、流量が少ないことが要因である。このため、水資源問題は、中国が持続的な経済発展を達成するうえでの制約要因となりつつある。特に、近年の人口増加や経済高成長により水資源の希少性が強まっており、都市化と特定地域への産業集積が、水資源の不足や水質汚染を深刻化している。なお、中国では、全国六百六十九都市のうち、〇四年までに下水処理施設のある都市は二百八十五で、全体の四割強にとどまっている。しかも、環境資産委員会の調査データによると、中国全体の下水処理工場のうち、正常運転をしているのはわずか三分の一に過ぎず、計画上の処理能力を満たしていないものが三分の一、遊休状態にあるのが三分の一である。下水処理率が上がっていない要因としては、①下水処理工場の運営資金不足、②下水回収システム（下水管網）建設の遅れ、③設計規模が大きすぎる、建設後の運営ができない、などがある。

世界の利用可能な水の量が増えないということになると、今後どのような水資源の管理方法をとるべきかが新たな課題となる。特に、絶対的な水不足はもちろん、水資源を取り巻く課題が複雑さを増している中国にとっては、自然の水をどのように保存するか、またそれをどのように利用するかということを、治水・利水・環境のバランスをとりながら考えなければならない。そして、質と量の両面から、水資源を効率的に確保・利用するために、水環境の高度化を進める必要がある。なかでも、都市部における水循環システムを維持・補強するためには、ダムの建設をはじめ、水を使用する側からの対策として、中水（再処理水）の利用、海水淡水化、農業用水の利用合理化、節水機器の開発、工業用水の使用合理化、産業廃水の再生利用などを図る必要がある。また、水の節約の方法としては、料金政策（使用料金の引き上げ）や排水水質の規制強化などが挙げられよう。ちなみに、日本では、これら中水や産業廃水の再生利用や海水の淡水化は、まとめて「造水」と呼ばれている。「造水」は、将来的にその需要が増加すると予測されている工業用水や生活用水の節約につながると同時に、引き続き、将来の水資源として大きな役割を果たすものとして期待されている。

なお、国際水管理研究所（ＩＷＭＩ：International Water Manegement Institute）は、「水資源管理の新時代」という論文のなかで興味深い考え方を示している。ポイントは三つである。

第一に、河川の水資源管理は河川流域全体で図られる必要があるという点だ。その際、水資源に余裕があり、余剰の水を河川流域の外に放流している「開放状態」の場合と、余剰水がなくすべての水を河川流域内で使い切る「閉鎖状態」の場合とでは、水資源の管理方法が大きく異なる。一般に、ある河川流域における人口および経済が成長するにつれて、河川流域は徐々に開放的な状態から閉鎖的な状態へと変化する。また、河川流域が閉鎖的になれば水利用効率は高まるが、逆に水利用効率を向上させる余地は少なくなり、将来の水不足の程度が大きくなる。特に、ある河川流域において「水源部の住民」と「流域末尾の住民」との水をめぐる深刻な対立が避けられない。こうしたなかで、公正な分水をどうすべきかというのが新しい水管理時代の中心問題になる。

第二に、IWMIは事実上の節水（ウェット節水）と机上の節水（ドライ節水）とを明確に区別する必要があるとしている。新しい水管理時代においては、「机上」ではなく「事実上」の節水、ドライではなくウェットな節水を達成することに努力を傾けなければならない。例えば、歯磨きをしている間に水道の蛇口を閉めておけば大きな節水につながるという主張は、河川流域が閉鎖状態にある場合、単にドライ節水をもたらすに過ぎず、河川流域全体における給水量は変化しない。注力すべきは、あくまでもウェット節水である。

第三に、ウェット節水を考える場合、重要なのは、世界の水使用量の約八割を占める農業・農村での使用効率の向上をいかに図るかである。一般に、河川流域の水を使用する際にロスが発生するケースとしては、①地表面や植物からの蒸発、②地下水への流出、③水質汚染がある。

このうち、灌漑農業の場合、水の蒸発によるロスが大きい。通常、蒸発は灌・排水システムで日光にさらされる水の表面積および圃場の表面積から生じるが、むしろ重要なのは作物からの蒸発である。作物による水消費量のうち体液のために使われるのは一％未満で、残りの大半が植物の温度調節のために使われる。なお、この作物の蒸発の程度は、それぞれの作物の特性によって異なるものの、その栽培地域やある時点での気象条件によっても影響を受ける。例えば、温度が低い、風が弱い、湿度が高いなどの場合は、作物からの蒸発量は抑制される。このため、ＩＷＭＩは砂糖きび、夏作米、トウモロコシなど蒸発量が大きい作物の生産は、ウェット節水の面からは、将来的に北米や欧州、南米の一部など水利用可能性の大きな地帯に集中する可能性が大きいとしている。

また、世界の農業地域で水不足が徐々に進行していくにつれて、農産物貿易はますます作物生産に必要な水の量によって決定されることにもなりそうだ。この場合、既に水不足が深刻化しつつある中国などのアジア諸国は、最大の食糧輸入国となり、自らは工業製品の最大輸出国となる可能性が高い。ちなみに、国際食糧政策研究所は、穀物の国際貿易は二〇一〇年までに約二倍になり、その増加分のほぼすべては北米や欧州からアジアへの輸出といったパターンになると見ている。今後、農産物貿易に姿・形を変えた格好で、こうした国際的な水取引が活発になることは間違いあるまい。〇五年に筆者が中国国務院農業発展センターを訪れた際、劉志仁先生が言った「農産物の輸入は水の輸入であり、土地の輸入に相当する」という言葉は、まさにこのことを指している。

⑭「数量効果」と「距離効果」で船腹需要も急増

中国が鉄鉱石、石炭、穀物などの資源を南半球より調達するようになったことで、海運市場にも構造的変化が生じている。過去と比べて長距離輸送契約が増え、供給される船数が多いわりにはフリーの船が少なく慢性的に船腹需給が逼迫するようになった。この背後には、中国の資源調達により、船腹需要が「数量」効果だけでなく「距離」の効果からも拡大し、世界的に船腹需給の逼迫がもたらされる形となっている構図がある。筆者は、二〇〇四年十月に（社）日本海運集会所が主催する座談会に出席した。海上運賃が急騰しているときであった。例えば、ブラジルから中国の場合、鉄鉱石のＦＯＢ（本船渡し）価格はトン当たり三十ドル程度で推移していたが、海上運賃はトン当たり三十三～三十四ドルで鉄鉱石価格を上回る状況にあった。日本郵船調査グループ長の木村丈剛氏によると、この異常な状態は、中国企業など、いままで海運マーケットに参加したことのなかったものが大挙して参入するようになったことが一つの要因であるという。旺盛な鉄鋼需要のなかで、とにかく鉄鉱石を買わなくてはならないという思いから、海運市場がどうなっているのかも考えずに「買い」を入れていた節がある。

さらに木村氏は、資源・エネルギーの供給における「北米大陸の凋落」という要因も指摘する。どういうことかというと、かつて一九六〇年代、七〇年代のヨーロッパ、または日本の高度成長時代にエネルギー、原材料、穀物を供給したのはほとんどが北米大陸だった。ところが北米大陸はメキシコを入れて人口は四億人超と膨大で、環境規制も厳しく、生産量もあまり増えないことから、北米大陸自身が外部に資源を供給する余力がなくなった。例えば、石炭は、国内発電所の消費のために生産量が増えているにもかかわらず、この十年間で輸出がほとんどストップしてしまった。これは以前に石油で起こった現象であり、それがいま、石炭で起こっているというのだ。さらに、天然ガスについても二〇〇三年春ごろから同じようなことが起こるようになった。したがって今後、北米大陸全体で見ると、これら資源の輸出のみならず国内の需要拡大も満たせなくなるわけで、供給ソースとしては凋落してしまったということである。従来、北半球の資源需要を北半球が満たしていたのが、いまや満たせなくなったことから、中国をはじめとした北半球の需要増のために南半球を頼りにしなければならなくなり、輸送距離の大幅な伸長をもたらすようになった。それは、船舶の需要が「数量の効果」だけでなく「距離の効果」でも伸びることを意味する。こういう構造変化が最近、海運市場で起こっているわけで、この傾向は当分の間止まらないというのが木村氏の見方である。

鉄鉱石や石炭の海上運賃の上昇の影響は、穀物運賃にも及んでいる。指標となるガルフ―日本間パナマックス（五万～八万トン）穀物運賃は、過去二十年近くトン当たり＝二十～三十ドルで推移してきた。しかし、二〇〇三年秋より急騰し、〇四年二月には七十ドルを超えた。その後は、中国の金融引き締めに伴う荷動き減少から急反落したものの、〇四年秋より再び上昇。〇五年に入ってからは五十～六十ドルで推移している。世界の穀物市場は〇四年の史上空前の豊作の影響から、需給が大幅に緩和し貿易量が伸び悩んでいるにもかかわらずである。一般に、穀物輸送にはパナマックス型と呼ばれる五万～八万トン級の船が使われる。しかし、中国の鉄鉱石買いが旺盛となり、パナマックス型よりもサイズが一回り大きい鉄鋼原料輸送に使われるケープ型の需給が逼迫すれば、パナマックス型による原料輸送が増え、穀物輸送との競合により穀物運賃が押し上げられることになる。

⑮ ＢＲＩＣｓの台頭で資源需要がさらに増加

コモディティ価格の上昇に伴って市場の注目を集めるようになったのがＢＲＩＣｓだ。ＢＲＩＣｓとは、ブラジル、ロシア、インド、中国の頭文字をとったものだ。二〇〇三年の秋に、米大手証券会社のゴールドマン・サックスが、「ブリックスと夢見る（Dreaming with BRICs）二〇五〇年への道」というテーマの投資家向けレポートを発表したことからにわかに話題になった。この四カ国に共通するものは、「人口大国」（潜在的経済力および市場性に富む）と「国土が広い」（資源性に富む）ということだ。ちなみに、〇三年末の人口はブラジルが一・八億人、ロシア一・四億人、インド十・七億人そして中国が十二・九億人で、合計二十七億人となり、世界人口の四二％を占めることになる。鉱物資源も豊富で、ブラジルは鉄鉱石、ボーキサイト、錫など、ロシアは石油、天然ガス、石炭、鉄鉱石、銅、ニッケル、金、タングステン、ウランなど、インドは鉄鉱石、宝石、石油など、中国は石炭、石油、天然ガス、ウラン、タングステン、錫、亜鉛、モリブデンなどの世界有数の資源大国である。これら人口と資源の比熱の高い国が、「モノ作り」による本格的な経済発展軌道に乗ってきたことから、世界経済へのインパクトも甚大となっている。

ＢＲＩＣｓのなかでは、中国の経済発展が先行し、世界市場でのプレゼンスを高めている。特に、国際市場からの様々な資源の調達、すなわち「中国のスポット買い（現物市場での買い）」は、既に紹介したように、もっぱらブラックホールならぬ「レッドホール・チャイナ」との印象が強い。しかも、中国の「買い」は国際資源市場に累積的かつ連関的効果をもたらしている。例えば、鉄鋼関連について言えば、旺盛な中国内の鉄鋼需要を映して、一九九〇年代末に年間一億トン程度であった粗鋼生産が、二〇〇五年には三億四千万トン前後まで、三倍以上に拡大した。これに伴い、鉄鋼生産の原材料である鉄鉱石、鉄スクラップ、原料炭（コークス用）の調達が拡大する。生産した鋼材を用いて高速道路や港湾などのインフラを整備していく過程では、発電エネルギー需要が拡大すると、発電用に一般炭需要が急増することになる。また、この背景にあるマイカーブームやマイホームブームは、表面処理薄板などの高級鋼材の不足をもたらし、日本などからの高級鋼材の輸入が拡大する。さらに、鉄鉱石、原料炭、鋼材、鉄スク

	日　本	米国	全世界	BRICs 比率
	1	724	8,026	18.9%
	529	2,052	8,076	16.9%
	-528	-1,328	-50	–
	0	489	2,422	24.9%
	65	582	2,420	18.3%
	-65	-93	2	–
	1	567	2,732	47.9%
	121	564	2,778	46.0%
	-120	3	-46	–
	–	52	1,128	56.6%
	–	285	1,128	46.5%
	–	251	2,958	43.9%
	1,033	3,864	15,453	19.0%
	23	8,075	22,087	37.9%
	0	27,579	66,818	26.8%
	86	5,711	60,796	36.2%
	1,140	5,700	18,868	30.2%
	3,183	8,550	32,330	26.4%

ラップなどバルク貨物の荷動きの活発化により海上運賃市況が急騰し、それがコモディティ価格全般の上昇を招くことになる。

そしてこの中国の経済発展から、同じアナロジー（類推）をもって世界市場を見渡せば、現在、中国に起こっている現象は、今後、ブラジル、ロシア、インドにおいても当てはまることは必然だ。その際ゴールドマン・サックスは、今後の証券市場におけるテーマとして、中国一極集中のリスクを避けるためにも、ＢＲＩＣｓに注目したと言えよう。一般に、ＢＲＩＣｓをはじめ、経済の発展メカニズムは、【経済成長＝労働投入＋資本投入＋技術革新（創意工夫）】という形に分解することができる。このうち、人口に関してはロシアを除き、一九九〇〜二〇一〇年にかけて年平均〇・六〜一％の相対的に高い増加率が予想される。また、ＷＴＯ加盟や国内市場開放による外資・技術導入により、資本の蓄積および技術革新が進んでいくと見られる。こうした結果、ＢＲ

図表 2-17　BRICs と資源

		インド	中　国	ブラジル	ロシア	BRICs 計
石油生産	万バレル／日	82	349	154	929	1,514
石油消費	万バレル／日	256	668	183	257	1,364
(BP 統計 2005 年)		-174	-319	-29	672	150
天然ガス生産	石油換算百万トン	27	37	10	530	604
天然ガス消費	石油換算百万トン	29	35	17	362	443
(BP 統計 2005 年)		-2	2	-7	168	161
石炭生産	石油換算百万トン	189	990	2	128	1,309
石炭消費	石油換算百万トン	205	957	11	106	1,279
(BP 統計 2005 年)		-16	33	-9	22	30
鉄鉱石生産	百万トン	86	229	239	84	638
(2002 年、国際鉄鋼連盟〈IISI〉)						
金生産	トン	―	210	43	272	525
(2003 年、GFMS)					(CIS)	
アルミ地金生産	万トン	―	656	235	407	1,298
(2004 年、丸紅軽金属部)					(CIS)	
電力発電量	TWh	575	1,470	―	886	2,931
(2001 年、エネルギー経済統計要覧 2004 年)						
大豆生産	万トン	600	1,700	6,000	60	8,360
(2005 年、米農務省需給報告 2005 年 10 月 12 日)						
トウモロコシ生産	万トン	600	12,600	4,400	300	17,900
(2005 年、米農務省需給報告 2005 年 10 月 12 日)						
小麦生産	万トン	7,200	9,500	480	4,850	22,030
(2005 年、米農務省需給報告 2005 年 10 月 12 日)						
パルプ生産	万トン	―	1,715	746	581	
紙・板紙生産	万トン	―	3,090	―	―	
(2000 年、日本製紙連合会)						

出所：丸紅経済研究所

ICsは、相対的に高い成長率（一人当たりGDP成長率）を達成していく可能性が高い。ちなみに、ゴールドマン・サックスのレポートによると、BRICsがこうしたメカニズムによって発展を続けた場合のシナリオは、次のようなものになる。①二〇五〇年における世界の経済大国は、中国、米国、インド、日本、ブラジル、ロシアになっている。②中国のGDPは、二〇〇七年にドイツ、二〇一五年に日本、二〇三九年に米国を超えて世界一になる。③これに伴いＢＲＩＣｓが世界をリードする経済大国に成長する。もっとも、ＢＲＩＣｓが長期的に発展するに当たっては課題も多い。例えば、①安定したマクロの経済環境、②安定した政治制度・基盤、③貿易・投資の自由化、④持続的成長を支えるための高水準の教育（創意工夫）、⑤成長のボトルネックになりかねない資源・エネルギー、⑥投資・貯蓄のバランス（成長にとって決定的に重要なのは投資。そしてそのための国内貯蓄）などがその課題になる。

ところで、図表2-17は主な資源の生産または消費におけるＢＲＩＣｓの位置付けを見たものである。これによると、石油生産（二〇〇四年）ではＢＲＩＣｓは世界生産の一八・九％、消費の一六・九％を占めるが、ロシアを除き、インド、中国、ブラジルとも国内の消費に生産が追い付かず、大幅な輸入ポジションにあることが分かる。天然ガスでは、生産シェアは二四・九％とさらに高くなるが、消費は一八・三％と小さく、ロシアの天然ガス生産・輸出国としての地位が大きい。特徴的なのは、石炭、鉄鉱石、金、アルミ地金など鉱物・金属資源におけるＢＲＩＣｓのシェアが四割から五割以上を占め、極めて大きいことである。例えば石炭の生産・消費では、ＢＲＩＣｓの世界シェアは各四七・九％、四六％である。鉄鉱石の生産では五六・六％とＢＲＩＣｓが過半を占めている。さらに大豆、トウモロコシ、小麦などの穀物、あるいは紙・パルプの生産でも、ＢＲＩＣｓは世界の三割以上を占めている。今後ＢＲＩＣｓがエネルギー・資源多消費型の成長を続けた場合、いずれ資源制約の面から成長の限界に差しかかることは避けられない。

⑯「ヒンドゥ的成長」から脱却したインド経済

かつて一九八〇年代まで、インド経済は「ヒンドゥ的成長（ヒンドゥレート・オブ・グロース）」と言われ、年平均三％台の成長が続いた。しかし、九一年に経済自由化へと舵を切り替えたインド経済は、年平均六〜七％台の成長を続け、二〇〇五年は八％の高成長を遂げた。いまやインドは中国に続く新興経済大国としての存在感を強めつつある。牽引役はソフトウエアを中心とするサービス産業だが、最近では、政府は製造業の強化にも注力している。人口大国インドの工業化が進んだ場合、長期的には中国に並ぶ資源需要国として国際市場に与える影響も大きい。既にエネルギー、非鉄などの資源輸入にその兆しが見られる。

最近のインドの資源問題を象徴するのは原油輸入量の急増だ。IEA（国際エネルギー機関）によると、石油需要は、二〇〇〇年の約二百万b／d（日量バレル）から〇五年には二百五十四万b／dへと年率四・九％で拡大する見通しだ。既に、インドは米国、中国、日本などに次ぎ世界第六位の石油消費国である。一方、国内の原油生産は八十万b／d前後で伸び悩んでいる。このためインドは、石油需要の約七割を主にサウジアラビアから輸入している。原油輸入量は、二〇〇〇年の九十万b／dから〇五年は二百五万b／dに拡大する見通しだ。

政府は、自給率低下に歯止めをかけるため、国営のオイル&ナショナル・ガス・コーペレーション（ＯＮＧＣ）やオイル・インディア（ＯＩＬ）の二社を中心に国内での探鉱・開発に注力すると同時に、周辺諸国との間で積極的なエネルギー外交を進めている。

とりわけ積極的な政策展開を図っているのがＬＮＧ（液化天然ガス）への取り組みだ。（財）国際開発センター（ＩＤＣＪ）畑中主任研究員のレポートによると、インドは〇三年にカタールから年間五百万トンのＬＮＧ輸入を開始。二〇一〇年までに輸入量を同二千万トンに拡大するという。そのため、カタール企業によるインド内でのＬＮＧターミナルや製油所への投資も協議を重ねている。

イランとの間でも、二〇〇九年以降、二十五年間にわたる年七百五十万トンのＬＮＧ輸入や油田開発への参加を検討中だ。また、〇五年五月には、イランの天然ガスをパキスタン経由のパイプラインで輸入する事業に関し、印パ石油相会議を開催。サウジアラビアとは、石油精製・備蓄などの下流分野での事業協力やガス田開発を、カタールとは原油輸入を、ミャンマーとは天然ガスの輸入のためのパイプライン建設をそれぞれ検討中だ。さらに、〇五年四月には、中国との間で「新戦略的パートナーシップ」協定に調印し、国境問題を平和的に解決するほか、中印両国間の貿易・経済協力を拡大することを確認している。この内、エネルギー分野では、第三国での石油・ガス資源の調査・探査を行うことなどが含まれている。ＡＳＥＡＮ諸国との貿易自由化への取り組みにも積極的だ。

変化は非鉄や石炭などの資源でも見られる。本来、インドは中国と同様、石炭や鉄鉱石をはじめとした世界有数の資源大国である。しかし、インドにとって持続的な経済成長を達成するためには電力、道路、港湾、鉄道、通信などのインフラ整備が最重要課題となっている。目下、これらの整備は急ピッチで進んでいるが、問題はその結果、素材需要も急速に拡大し一部にボトルネックが生じるようになったことだ。例えば銅地金だ。需要拡大を背景に国内で銅精錬所拡張の動きが活発化しており、精錬能力は現在の約四十万トン弱から二〇〇六年には八十万トンに倍増する見通しだ。これに伴い、海外での銅鉱石の確保をめぐり、日本の非鉄業界と中国、インドとの間に激しい競合関係が生じている。ちなみに、世界の銅精鉱の輸入量は、一九九〇年の百五十八万トンから〇三年三百十九万トンへ倍増。このうち、インドが十三万トンを輸入。さらに、鉄鋼生産の急増に伴いインドは原料炭も輸入するようになった。世界の原料炭輸入量は〇三年で二億トン強。このうち、既にインドは約千四百万トンで七％弱を占めている。

経済発展によりインドでは約三億人の中間層が育っており、これに伴い金需要も拡大している。インドの宝飾用金需要は二〇〇四年が五百七十二トンで、世界（二千六百十トン）の約二二％を占める。〇四年は、個人の金輸入が自由化されたこともあり、金輸入量は〇三年の五百三十六トンから六百二十一トンに拡大、将来的には千トンの規模になると見られている。

また、インドでは経済を支える要因として就業者数の六割弱を占める農業生産の安定が不可欠だ。食糧生産は年間約二億トン、そのうち、米と小麦が約八割を占め、これまでは国内需要を満たしたうえで食糧の純輸出国の立場にあった。しかし、ここにきて食糧輸出力が急速に低下している。特に、小麦輸出は〇三年の五百六十五万トンから〇五年は五十万トンまで縮小する見通しだ。工業化による経済発展は今後、インドに新たな食糧問題を引き起こす可能性も出てきた。その調整が国際マーケットを通じて行われるとなると、インドはエネルギー・鉱物資源のみならず食糧の輸入においても、まさに第二の中国となる公算が大きい。

⑰ 省エネよりも経済成長して豊かになることが先決な国々

二〇〇五年末に、「中国は一〇%成長を容認か」といった憶測が市場に走った。中国政府が、〇五年十二月二十日、突然、〇四年の名目GDPを、これまで発表していた十三兆六千八百七十五億元から十五兆九千八百七十八億元へと一六・八%上方修正したからである。国家統計局の李局長は記者会見で「修正はあくまでも統計上の誤差として処理でき、過去の中国経済発展のペースを変更するものではなく、現在のマクロ経済政策を変更する必要はない」とのコメントを行った。主な修正部分は、これまでサービス産業が過小評価されていたものを見直した形である。ちなみに、第三次産業の名目GDPは四兆三千七百二十億元から六兆五千十八億元へと四八・七%もの大幅上方修正がなされた。これにより、〇三年、〇四年の実質GDP成長率もこれまでの九・三%、九・五%ではなく一〇・〇%、一〇・一%へと二桁成長となった。この結果、中国は一九七八年の鄧小平による「改革開放」以降、二十七年間で平均九・七％という高い成長を持続してきたことになる。

「七％のマジックナンバー」という表現がある。これは毎年七％で成長した場合、複利計算で十年後には規模が二倍になるというスピード感覚を示したものだ（大雑把にとらえると、一四％の成長であれば五年で倍、三・五％であれば二十年で倍になる）。これから見ても中国は七、八年で経済規模が二倍になる猛成長を続けていることになる。ちなみに、今回のGDP修正により、中国はイタリアを抜いて世界第六位の経済規模になった。

コモディティ市場との関係で見た場合、今回の名目GDP修正の影響は大きい。なぜなら、中国の成長のエンジンは従来より輸出と投資（固定資産投資）であるためだ。特に、二〇〇一年十二月に悲願のWTO加盟を果たしてからは、輸出の拡大以上に外資を導入する形で投資が急拡大している。中国のGDP統計上の固定資産投資は、公共投資と民間企業設備投資を合わせたものである。問題は、〇三年以降、中国の成長がもっぱら投資拡大によるものであり、しかも実質GDPの成長の割には投資の伸びが前年比三割近くになるなど投資効率が悪化しているのではないかということにあった。特に、〇四年前半は、製造業を中心に投資の伸びが前年比五〇％前後となったことから、投資過熱が危惧されるようになった。中国政府は「経済はバブルではないか」との見方に対し、「熱いけれども熱すぎることはない」とし、むしろ現在の経済が投資過熱にあるとの認識から、〇四年三月の全人代（全国人民代表者大会。日本の国会

図表 2-18 中国および他主要国の GDP100 万ドル当たり一次エネルギー消費量推移（石油換算トン／1995 年価格 100 万ドル）

年	1973	1980	1985	1990	1995	2000	2002	02/80 年比	対日本比
世界	345	331	315	297	283	264	262	-21%	2.9 倍
中国	2,476	2,559	1,893	1,709	1,229	889	837	-67%	9.3 倍
日本	124	105	94	91	94	92	90	-14%	1.0 倍
ASEAN-7	287	294	290	327	357	383	401	36%	4.5 倍
インド	516	586	648	667	689	650	619	6%	6.9 倍
米国	434	380	320	296	285	257	249	-34%	2.8 倍
EU-15	218	194	184	167	160	149	148	-24%	1.6 倍
旧ソ連	2,098	2,005	1,925	1,910	2,306	1,983	1,817	-9%	20.2 倍

資料：The Energy Data and Modelling Center, Handbook of Energy & Economic Statistics in Japan 2005

に相当）で正式に投資抑制のためのマクロコントロールが強化された。事実、GDPに占める固定資産投資の比率は、一般に投資過熱かどうかの分岐点となる四〇％を超えていた。なかでも鉄鋼、アルミニウム、セメント、不動産の四業種は投資過剰が著しいということで真っ先にマクロコントロールの対象となった。

しかし、今回のGDP修正によって、この投資比率は四〇％を割り込み、「中国は投資過熱ではない」との評価につながることになった。ということは、二〇〇六年以降、中国の投資は一部過剰業種（例えば、〇五年九月時点で政府は鉄鋼、アルミ、銅、フェロアロイ〈合金鉄〉、コークス、カーバイト、自動車を過剰七品目としている）を除き、再び強まる可能性が高い。そして、投資拡大はGDP成長率そのものを押し上げ、中国など新興工業国の特徴であるエネルギー・資源多消費型の成長が必要な原材料需要を促すことで、コモディティ価格を一段と上昇させる圧力となる。図表2-18は、中国および主要国のGDP百万ドル当たりの一次エネルギー消費量（すなわちエネルギー原単位）の推移を見たものである。以前よりエネルギー効率の悪い粗放型経済発展の問題を指摘されている中国は、過去一貫して効率化を図っている。

しかしそれでも、〇二年時点で比較すると日本の九倍以上もＧＤＰ成長に対するエネルギー効率が悪いのが実情である。この傾向は、旧ソ連やインドなどにも当てはまることである。一般にこれらＢＲＩＣｓに代表される新興工業国は、省エネの重要性は認識しているものの、まずは経済発展して豊かになることが先決との意識も強く、省エネが進みにくいのが実情と言えよう。

第3章
すぐに供給を増やせない事情

❶ 価格弾力性が低い一次産品の特性

コモディティ価格のダイナミックな動きは、価格の変動に対する需要・供給の両面での弾力性が低い一次産品の商品特性によるところが大きい。原油や鉄鉱石などの一次産品は、価格が二倍に上昇しても直ちに生産を二倍に増やすことはできない。これらの資源は、探鉱から開発・生産に至るまでの期間が、数年から十数年と長く、そのための費用も膨大でリスクが大きい。このため、価格が急騰しても、弾力的に生産を増やすことができないのである。

このことは、原油や鉄鉱石のような一次産品は、価格の変動に対して需要・供給両面で弾力性が低いということを示している。例えば、鉄鉱石の価格が二分の一になったからといって、鉄鉱石の需要が二倍になることはない。逆に言えば、一次産品においては、需給のわずかな変化でも、それを増幅する形で価格が大きく変動するのが特性である。これに対し、自動車や家電などの耐久消費財の場合は、価格変動に対する需要と供給の弾力性が高い。自動車メーカーが自動車の販売価格を三割値引きすれば、販売台数を大幅に伸ばすことができよう。こうした一次産品と耐久消費財の価格弾力性の違いが顕著に見られたのが、一九九七年七月のタイ・バーツ危機に始まったアジア通貨危機のときであった。

当時、ASEAN四カ国の自動車生産は、一九九〇年代前半にかけて急増し、九六年には百五十万台に達したものの、通貨危機後の九八年には五十万台を割り込むなど、急速な落ち込みを見せた。自動車のような耐久消費財においては、経済危機に伴う需要減退が起こった場合に、メーカーの対応として値下げで需要を喚起させようとするのではなく、自動車の販売価格を維持する一方、一部工場を閉鎖するなど思い切った減産を実施する形で対処される。こうした耐久消費財の生産の落ち込みは、そのための原材料である一次産品の需要を急減させる。こうした需要の急減に対して、鉱物や農産物などの原材料である一次産品は、短期的に生産調整を行うのは難しく、価格調整から入らざるを得ない。

その結果、一次産品価格が急落することになる。一九九八年から〇二年にかけて、一次産品価格が歴史的な安値を付けた理由がそこにある。

しかし、二〇〇〇年に入って、一次産品市場では、多くのコモディティが安値に低迷するなかで生産調整が徐々に進んだ。一方、アジア諸国の経済は二〇〇〇年第2四半期には、いずれも前年比プラスに転じるなど、一斉に回復に向かった。特に二〇〇〇年にGDP一兆ドルの規模となった中国は、その後年率八～九％台の持続的成長を遂げた。この結果、〇二年後半以降、一次産品の需要が拡大し需給が改善。価格が底を打ち上昇に転じた。すなわち「安すぎた価格」の修正が、中国をはじめとするBRICsの台頭により、資源価格の高騰という形で表れ始めたのである。特に、原油市場において、こうした需給構造のタイト化が他の多くの一次産品に先駆けて生じ、価格が急上昇に向かった。

原油市場で先鋭的に起こったこうした価格高騰は、おそらく今後数年のうちに天然ガス、非鉄、鉄鉱石、石炭、貴金属、穀物、その他農産物などあらゆる一次産品においても次々と起こる可能性が高い。

❷ 顕在化したキャパシティ不足

WTI原油価格は、二〇〇三年の平均価格が一バレル＝三十一ドル、〇四年が四十一ドル、そして〇五年前半が五十一ドルと、毎年十ドル前後下値を切り上げてきた。この背景には、世界の石油需要が急拡大するなかで、それに見合う形で供給能力が拡大せず、市場に将来の供給不安が強まったことがある。特に、〇四年の世界の石油需要は日量二百九十万バレルの増加となった。この約半分は米国と中国の需要増加である。問題は、こうした石油需要の増大に対してOPEC（石油輸出国機構）のキャパシティ（生産能力）不足が顕在化したことだ。OPECは高騰する原油市場を鎮静化するため、〇四年後半から〇五年末まで、イラクを含め日量三千万バレル超の生産を行っている。これに対し、OPECの生産能力は七〇年代初め以来、日量三千百万バレル程度で変わっていない。このため、さらに追加増産（その大半はサウジアラビアの増産）をした場合、市場の関心は、もっぱらOPECのスペアキャパシティ（生産余力）が低下してしまうという点に移っていった。通常、市場の安定のためにOPECとしては、日量二百〜三百万バレルのスペアキャパシティが必要であると言われる。しかし、需要が拡大

図表3-1　OPEC11カ国の原油生産能力、生産量、生産余力

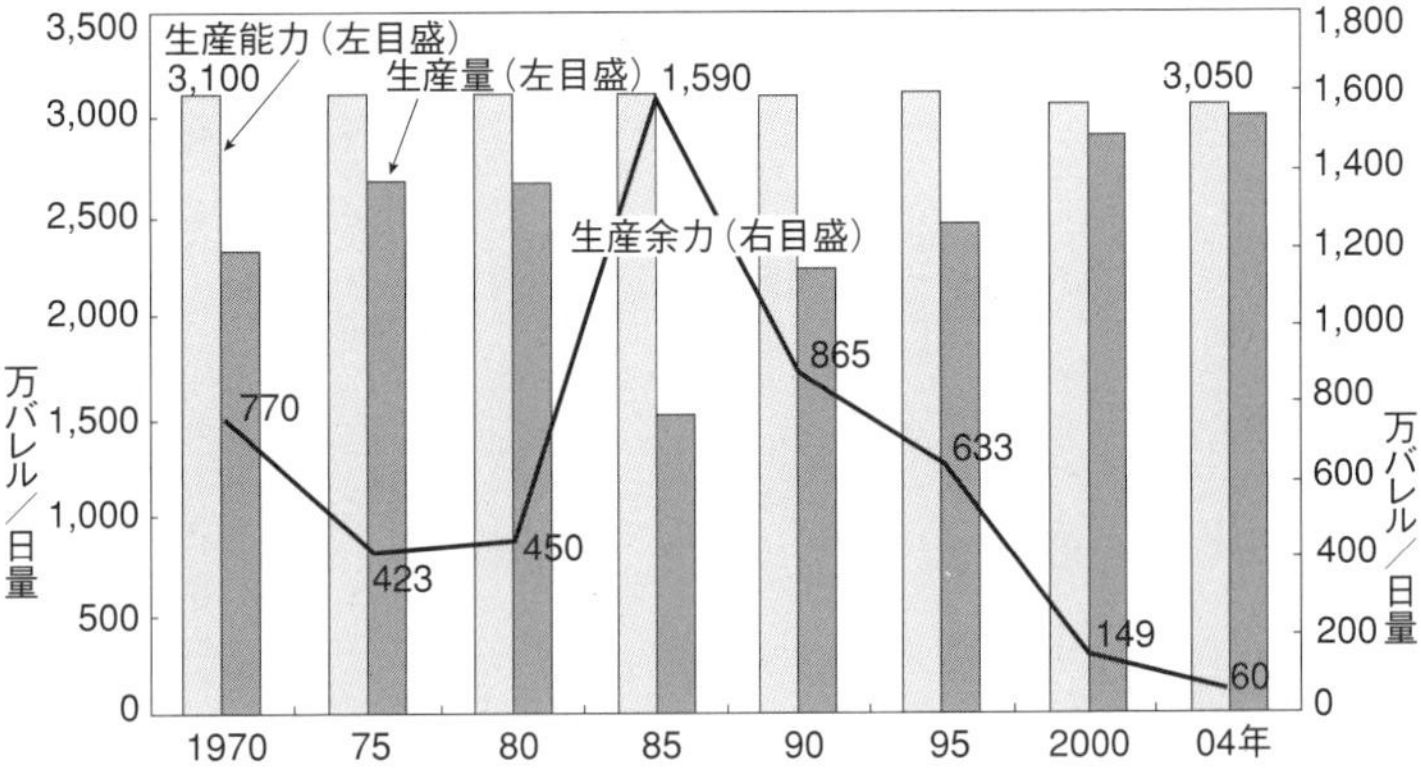

資料：OPEC発表データより作成

するなかで、ＯＰＥＣのスペアキャパシティは〇四年にかけて、日量百万バレルを割り込んだ。ＯＰＥＣは、高騰する原油市場を鎮静化させようと増産するものの、その結果、いわば生産余力という「のりしろ」が失われ、想定外の供給中断に対し柔軟な対応ができないとの懸念が強まり、かえって原油価格の押し上げ要因となった。

では、なぜＯＰＥＣは過去三十年間、生産能力を増やさなかったのだろうか。少なくとも世界の石油需要は、七〇年代前半の日量五千万バレル前後から〇五年の同八千三百万バレル超まで六割以上拡大しているはずである。実は、この需要増加に対して積極的に生産能力を拡大してきたのは、旧ソ連や中南米、アフリカ、北海油田、中国などの非ＯＰＥＣ加盟産油国であった。事実、非ＯＰＥＣの生産量は、この三十年間で日量約二千五百万バレルから同五千万バレル以上に倍増している。しかも、これら非ＯＰＥＣは需要増を先取りする形で能力増強を図ってきたため、八〇年代に入ってからは、世界の石油市場ではオイルグラット（需給緩和）が常態化するようになった。この結果、原油は「誰かがしっかりと管理しなければ暴落してしまう性格の商品」と言われた。

こうした状況下で、自らスウィング・プロデューサー（需給調整役）として原油価格維持のために増減産を繰り返してきたのがサウジアラビアを盟主とするOPECであった。スウィング・プロデューサーに徹したことにしたがって、この間、OPECには生産能力を拡大しようといったインセンティブは働きようがなかった。また最近は、世界の石油需要が拡大するなかで、これまで増産を担ってきた非OPECの生産も頭打ちとなっているのである。

一方、OPECは、最近の原油高騰の主原因は、米国の精製能力不足にあると主張している。米国では、一九八一年に三百二十一カ所あった製油所の数が二〇〇五年では百四十九カ所に半減している。これに伴い、精製能力も日量千八百六十二万バレルから同千七百十二万バレルに低下している。九〇年代には一時千五百万バレル台まで落ち込んだ。現在、米国の石油需要が日量約二千百万バレルであるから、常にガソリンやヒーティングオイル（暖房用油）など石油製品の需給がタイトな状態にある。これは、八〇年当時、製油所が過剰状態となり、七五％前後まで低下した稼働率を引き上げるため、採算性の悪い製油所をスクラップしてきたためである。こうしたなか、稼働率は九五％近くまで上昇したものの、老朽化した製油所の事故（〇五年前半にかけて、少なくとも十八カ所の製油所で火災などの事故が発生していた）やハリケー

図表3-2　米国の原油精製能力の推移

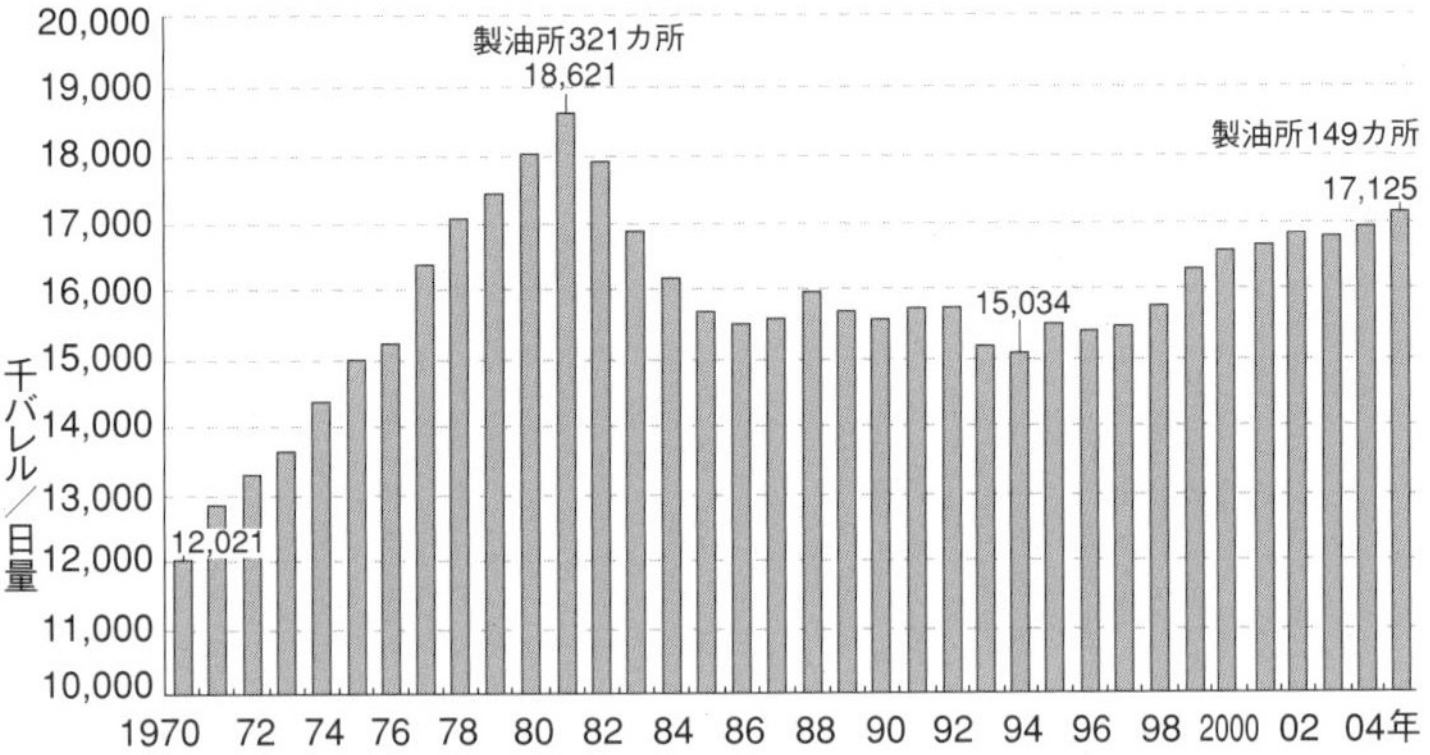

資料：米エネルギー情報局

ン被害などが重なった場合には、製油所が停止し、一気に製品需給が引き締まり、価格が急騰してしまうのだ。

では、なぜオイルメジャーズ（国際石油資本）は米国で製油所の建設を行わなかったのだろうか。いくつか理由がある。一つは、新規に製油所を建設しようとすると製油所本体のみならず石油タンクやパイプライン、さらには環境対策装置など膨大なコストがかかることだ。加えて、大気汚染に対する周辺住民の反対運動も大きく、建設開始からリターン（収益）を得るまでに十年近くかかってしまうことも稀ではない。特に、米国では州ごとにガソリンの規制が異なっており、全部で百種類以上のガソリンがある。このため、ある州でガソリンが不足しても他の州から供給するなど州をまたいだ調整ができず、価格が高騰してしまう。第二は、建設コストに比べてガソリンなどの製品価格が安いことである。このためオイルメジャーズは、採算の悪い製油所を次々と閉鎖してきた。その結果、前述したように老朽化した製油所がフル稼働しているわけであり、それだけ米国の製油所は事故が起こりやすい状態にあると言えよう。

❸根強い供給不安の構図

ＷＴＩ原油価格（期近）は、二〇〇三年の一バレル＝平均三十一ドルから急騰し、〇五年には一時七十ドルを突破した。この大きな駆動力となったのは、ヘッジファンドや年金基金など短期・長期の投機マネーであるとしても、価格上昇の要因となったのは、中国、インド、米国などの旺盛な石油需要に対する供給能力不安であったと言えよう。したがって、〇六年以降の原油市場を占う場合には、この供給不安が解消されるのか、今後も続くのかがポイントであろう。なぜなら、〇五年後半にかけて大きく鈍化した世界の石油需要が、〇六年には再び拡大ペースを強めると見られるためだ。ＩＥＡ（国際エネルギー機関）の〇六年二月報告によれば、世界の石油需要の伸びは、〇三年の前年比日量プラス百五十万バレルから〇四年プラス三百万バレルと急増した後、〇五年はプラス百万バレルに鈍化したものの、〇六年はプラス百九十万バレルと再び拡大し、日量八千五百十万バレルの規模に達する見通しである。これに対し供給能力の伸びはどうか。

長期的には、ＯＰＥＣの盟主サウジアラビアは、原油高騰に対して能力拡大の姿勢を示している。国営石油会社サウジアラムコは、生産能力の拡大・開発のため、石油リグ（掘削装置）の稼働数を〇五年初めの三十四から〇五年末には七十前後に倍増させると公表している。これにより二〇一〇年までに、生産能力を現行の日量千五十万バレルから千二百五十万バレルへ、二百万バレル拡大させるという。

通常、供給能力には大きく、川上における原油生産能力と、原油生産→輸送インフラ→精製能力→石油製品供給に至るサプライチェーン全体の能力がある。このうち、OPECは、現行の生産能力の日量約三千三百万バレルを二〇一〇年には同三千七百九十万バレルに同四百九十万バレル拡大する計画（このうち二百万バレルがサウジアラビア）である。なお、これまでOPECの生産能力については、日量三千百万バレルと見られていたが、最近のOPEC資料では二百万バレルほど拡大している。OPEC事務局によると、既にイラクを除くOPEC加盟各国は、総額一千億ドルにのぼるプロジェクトを百以上実施している。順調に生産能力が拡大した場合、年間平均では同百万バレル前後の能力増となる計算である。一方、非OPECの生産量（ほぼ、生産能力に等しいと判断）については、IEAによると〇二～〇四年にかけて毎年日量百万バレル拡大し日量五千十万バレルに達した後、〇五年は同五千三十万バレルで前年比二十万バレルの伸びにとどまった。しかし、〇六年は同五千百六十万バレルで同百三十万バレル増と大幅に拡大する見通しだ。この結果、OPEC、非OPECを合わせた〇六年の供給能力は日量二百三十万バレル拡大し、需要の増加予想である同百八十万バレルを上回る形となる。これを見る限り、〇六年の石油需給は緩み、したがって原油価格も下振れの可能性が高いということになる。はたしてそうだろうか。

ＯＰＥＣについては、長期的な能力拡大計画はその通りとしても、二〇〇六年について見れば、原油価格の下振れ懸念に対しては、減産で対応する可能性が高い。〇五年十二月のＯＰＥＣ臨時総会は、①日量二千八百万バレルの生産枠の据え置き、②前回九月に決めた日量二百万バレルの機動的増産の撤回などで合意した。この背景には九月以降、石油市場での調整色が強まったことで、ベネズエラやイランなど一部加盟国の価格下振れに対する警戒心が強まったことがある。ＯＰＥＣは〇六年の年明け以降、四～六月期の不需要期に対して、一月三十一日、三月八日の総会などで生産枠の削減を模索する姿勢を強めている（ただ、ナイジェリアの武装テロやイランの核開発問題など、地政学的リスクの高まりを背景に、原油価格が六十ドル台で高止まっていたことから、減産は見送られた）。また、米メキシコ湾岸での原油生産が完全復旧するにも時間がかかりそうだ。米内務省鉱山管理局（ＭＭＳ）によると〇六年に入ってからも同地域の原油生産能力（日量百五十八万バレル）の約二〇％が依然停止している。

なお、サウジアラビアの生産能力拡大公約についても、これが真実であれば、サウジアラビアは、ＯＰＥＣの合意とは別に、一九七〇年代の石油ショック時以来とってきた「（原油価格下支えのための）生産能力維持」戦略を「（原油価格抑制のための）生産能力拡大」戦略へと百八十度転換させることになる。この点で、サウジアラビアは、将来的にも原油価格は、旺盛な世界需要の拡大を背景に上昇し、以前のように十〜二十ドル台には下がらないとの確信を抱くようになったからこそ能力拡大に踏み切ろうとしたのであり、「高い原油価格を将来的にも最大限享受しよう」というのが本音と言えそうだ。実際、OPECは、原油価格は五十ドル程度であれば世界経済は大丈夫と思い始めている節がある。しかし、資機材コストの上昇やエンジニア不足などを考慮した場合、サウジの能力拡大はさらに二〜三年先延ばしされる公算が大きい。北海油田や中国の原油生産も頭打ちにあり、ロシアも日量九百五十万バレルから増やすためには輸出インフラの増強が必要な段階にあり、大幅な生産能力増加は期待できない。これらに加えて、原油生産→輸送インフラ→精製能力→石油製品供給に至るサプライチェーンの随所に見られたボトルネックが解消されたわけではない。

一方、オイルメジャーズ（国際石油資本）は、上流でのガス田開発には積極的であっても、原油探鉱・開発投資には慎重である。過去の低原油時代を経験しているメジャーにとって、巨額の資金と長期の期間を要する開発投資はリスクが大きすぎるためだ。ちなみに、オイルメジャーズの予算上の原油価格は、依然として一バレル＝二十〜三十ドルと伝えられる。このことは、三十ドル台のチープ（安い）オイルでなければ開発されないということを意味する。

もはやそうした新規のチープなオイルは存在しないと言われる。この結果、メジャーズの手持ち埋蔵量が減少傾向にある。これを補うために、メジャーズにとって最も手っ取り早く埋蔵量を増やす方法は、既存の石油会社を合併・買収（M&A）することだ。石油市場では一九九〇年代後半に、こうしたM&Aによる再編が進んだ。最近、米石油二位のシェブロン・テキサコが、同九位のユノカルを総額百八十億ドル（約一兆九千億円）で買収するのを発表したのも、これが狙いである。しかし、こうしたM&Aは個別メジャーには解決となっても、世界的な原油埋蔵量の拡大にはつながらない。加えて、産油国やオイルメジャーズが将来、生産能力を増強するには、少なくともクリアしなければならない問題が三つある。一つは開発コストの問題だ。既に埋蔵量が確認された油田の開発であっても、膨大な資金と数年の期間を要する。OPECが向こう十年間にわたり毎年二%能力を拡大するためには合計二千五百億ドルの資金を要するとの試算もある。十年先で、しかも儲かるかどうか分からない分野に巨額の投資を行おうとするインセンティブが働くためには、原油価格について長期にわたり相当程度の値上がりが期待できなければならない。第二はコーポレート・ガバナンスの行き過ぎという問題だ。確かに、原油高騰で産油国やオイルメジャーズの石油収入は増えているが、それらを上流への投資に向けるよりは、むしろ増配や自社株買いの圧力が強い。OPEC諸国でも、石油収入は債務の返済に充てたり、民生を重視し国民に還付される傾向にある。もう一つは、エンジニア不足の問題だ。九〇年代にオイルメジャーズは多くのエンジニアを解雇してきた。また、これら資源産業はオールドインダストリーであるとして新卒者の人気も薄かったことから、若いエンジニアが足りない。早急に生産能力を拡大しようにも人材がいないということになる。このことは、少なくとも今後数年間、石油市場における問題の核心は、着実に拡大する需要に対して供給能力が伸びそうにないという、供給の問題である。となると、原油市場では、原油価格が六十ドル前後で高止まるなか、一時的であれ供給中断懸念が現実化した場合には、投機マネーによりどのような高値が出てもおかしくはない状況が続くことになる。原油市場は、いま「世界的な需給構造のタイト化」により、四半世紀ぶりに価格体系の上方シフトという新たなステージを迎えつつあると言えよう。

こうしてみると、二〇〇六年のＷＴＩ原油価格は、〇五年に比べ供給不安は薄れるものの、世界需要の伸び回復を背景に一バレル＝六十ドル前後での高止まりが予想される。生産地でのテロやハリケーン襲来など新たな供給不安が重なった場合には、ＷＴＩ価格は再び七十ドルを試す可能性もあろう。

❹ 八〇年代の裏返し

逆説的ではあるが、二〇〇〇年以降の原油価格上昇のきっかけは、一九九九年二月に原油価格が十一ドル台まで急落したことにある。この「石油価格危機」が生じた原因は、九七年七月にアジア通貨危機が起こり、同地域の石油需要が大きく減退したにもかかわらず、ＯＰＥＣが、九七年十一月の総会で生産枠を日量二百五十万バレル引き上げたことにある。この結果、世界的にオイルグラット（需給緩和）が進み、それまで二十五ドル台にあった原油価格は続落基調に転じ、九九年二月には十一ドル台の安値を付けた。当時は、英「エコノミスト」誌が「原油五ドル説」を掲げ、原油はまだまだ安くなるという見方が大勢であった。

しかし、この「石油価格危機」に直面して、さすがにOPECも結束を強めた。九九年三月にオランダのハーグで緊急産油国会議を開催し、OPECと非OPECを合わせて日量二百十万バレルの協調減産を決定した。この会議は、それまでOPEC内で対立していた強硬派のイランと穏健派のサウジアラビアがしっかりと握手し、他の産油国とも協力して「価格防衛協定」を結んだという点で重要である。これにより、OPECが九〇%に近い順守率で減産を行ったことから四月以降、原油相場は急速に持ち直し、二〇〇〇年初めには二十ドルを回復した。「エコノミスト」誌の「原油五ドル説」は誤りだった。

OPECの協調減産により劇的な回復を見せた原油価格は、二〇〇〇年に入ると二十ドル台後半で高止まりする。アジア経済がV字回復に転じたのに伴い石油需要も急回復し、需給が一気に逼迫したためだ。さらに、二〇〇〇年の冬は、米国に寒波が襲来したのに加え、カリフォルニアの電力危機と重なったことも、原油相場の押し上げ要因になった。

図表3-3は過去、供給不安から原油価格が急騰した

湾岸戦争	今回の急騰
90/8～91/2	00/2～01/8,02/3～
イラクのクウェート侵攻	需給逼迫／テロ戦争
イラク、クウェートからの石油輸出停止	OPEC協調減産、イラク戦争、地政学的リスク
約7カ月	約18カ月+45カ月
13.8 → 41.2 (90/7) (90/10)	11.3 → 70.9 (99/2) (05/8)
37%	37%
58%	52%
78%	86%
142（54）	172（89）

図表 3-3　過去に発生した石油危機の状況

項　　目	第１次石油ショック 73/10～74/3	第２次石油ショック 78/12～79/3	イラン・イラク戦争 80/9～81/2
背　　景	第４次中東戦争	イラン革命	イラン・イラク戦争
	OAPEC 諸国による禁輸	イランからの石油輸出停止	両国からの石油輸出停止
原油供給減少期間	約６カ月	約２カ月	約５カ月
アラビアンライト、90 年以降は WTI（ドル／バレル）	3.0 → 11.6 (73/10) (74/3)	12.8 → 30.0 (78/9) (80/8)	30.0 → 34.0 (80/8) (81/10)
OPEC シェア	54%	48%	45%
日本の石油依存度	77%	72%	66%
同・中東依存度	78%	76%	73%
備蓄日数（国家）	67（0）	92（7）	111（7）

資料：「エネルギー経済統計要覧 2004 年」他より作成

時期を比較したものである。一九七〇年代の二度にわたる石油ショックと、八〇年代のイラン・イラク戦争、九一年の湾岸戦争、そして二〇〇〇年以降から今日に至る原油高騰期の五回である。特徴的なのは、いずれも戦争や革命が絡んでいることだ。しかし、七〇年代の石油ショックの場合は、背景に世界的な石油需要の逼迫という要因があったからこそ、ＯＰＥＣの大幅な価格引き上げが可能になったという面が重要である。当時は六〇年代を通じて欧州、日本、アジア途上国が安い中東原油に過度に依存する格好で、重厚長大型の産業発展を遂げていたことで、既に石油不足傾向の警戒信号が出ていたのである。この意味では、二〇〇〇年以降の原油高騰の背景も、前回の石油ショックのときと構図は同じである。

七〇年代の二度にわたる石油ショックを契機に、世界中でエネルギー・資源開発競争が進み、それが八〇年代に入ると、供給能力の拡大といった形で顕在化する一方、需要は世界的な省エネ・省資源化により減退したことから、オイルグラットに代表されるように、世界的な資源需給の緩和をもたらした。その結果、資源価格は二〇〇〇年以降、BRICs（ブラジル、ロシア、インド、中国）が重化学工業化による本格的な経済成長のステップに入るまで、四半世紀にわたり長期低迷を余儀なくされた。その意味では、最近のエネルギー・資源価格の高騰は八〇年代の裏返しと言えよう。

❺ 開発投資には最低三年かかる

原油価格が高騰するにつれて、産油国では上流部門での開発が活発化しているのも事実である。OPEC事務局のホームページを見ると、二〇〇五年から一〇年までの上流部門の能力拡大計画が示されている。それによると、原油の生産能力は〇五年の日量三千三百万バレルから二〇一〇年には同三千七百九十万バレルまで、四百九十万バレル拡大する計画だ。これにNGL（natural gas liquids）と称される天然ガス液から生産される石油の増分六十八万バレルを加えると、二〇一〇年の生産能力は日量四千四百十万バレルに達するというものだ。実際、イラクを除くOPEC加盟十カ国では、ナイジェリアやサウジアラビア、カタールを中心に約百の開発プロジェクトが稼働中だ。しかし、これがすべて計画通りに進むと考えるのは楽観的過ぎるだろう。

通常、生産能力の拡大を図る場合、既に埋蔵量が確認されている油田やガス田であっても、井戸すなわち生産井を掘るのはすぐにできるとしても、集油・ガス施設、処理施設、貯蔵施設、パイプラインなどを建設しなければならない。このため、生産井を掘ってから生産・出荷開始までには最低でも三年ぐらいはかかるといわれている。国際石油開発の知人によると、埋蔵量が確認されている油田の場合でも、実際に生産するとなると、①油層の評価（すなわち可採埋蔵量の評価）、②それに対する生産量をどのレベルにするか、③ピーク生産期間およびコストなどを決定するまで、十年近くかかってしまうこともあるという。特に、海底油田の場合は、海洋で生産や掘削作業を行うための土台となる海洋構造物（海洋プラットフォーム）を作る必要があり大仕事だ。

まして、これから油田を探すとなると生産開始までには、どんなに早くとも十五～二十年くらいはかかる。例えば、サハリンⅠ（ワン）とサハリンⅡ（ツー）だ。これは、日本のエネルギー輸入多元化のための国家プロジェクトとして位置付けられているロシアの原油・天然ガス開発プロジェクトである。エクソンモービルやロイヤル・ダッチ・シェルなどオイルメジャーズに日本の総合商社などが参加しているが、そのスタートは旧ソ連時代の一九七〇年代だ。最近ようやく一部季節生産にこぎつけたが、それまでに実に三十年も要したことになる。

一般に、石油・ガスに限らず鉱物の開発・生産に至るまでには、次のようなステップが必要である。第一段階は探鉱（exploration）である。探鉱とは、経済的に採掘可能な対象となる有用鉱物が集中的に存在している鉱床を探し出す作業のことだ。地道な地質調査や、人工的に地震を起こしてその波動から地下の構造を調べる地震探査、そして鉱床が確認できると次は試掘だ。通常、石油鉱床は地下二千メートル前後の深部にあるため容易ではない。第二段階は開発（exploitation）だ。開発に進むためにはまず、探鉱・試掘で得られたデータをもとに、油層の評価、生産・掘削計画、パイプラインや積み出し港湾などの施設建設の計画を立てる必要がある。このうち、生産・掘削計画では、ピーク生産量および生産期間をどう見るか、そのために生産井の数やその配置、集油・ガス施設、処理施設、貯蔵施設などの建設が必要となる。第三にマーケティング、すなわち生産した石油・ガスの安定した販売先の確保も重要だ。特に、LNG（液化天然ガス）の場合は、生産地で生産された天然ガスをマイナス百六十二度の超低温に冷却して液化するための装置（液化プラント）を建設する必要がある。さらに、LNGを輸入国まで運ぶLNG専用船、そして消費地で再びLNGをガス化する輸入基地の建設が必要になり、そのためのコストは膨大なものとなる。このため、開発に当たっては、長期にわたる安定した販売先の確保が必要不可欠な条件である。

ちなみに、三菱商事が出資・事業参画しているマレーシアLNGティガ社プロジェクトの例では、原料ガスの液化（LNG化）から日本や周辺国への販売に要する総プロジェクトにかかるコストは十九億ドル（二千億円超）と膨大であり、販売期間も二十年前後にわたるものである。

図表3-4　中国および日本の粗鋼生産推移

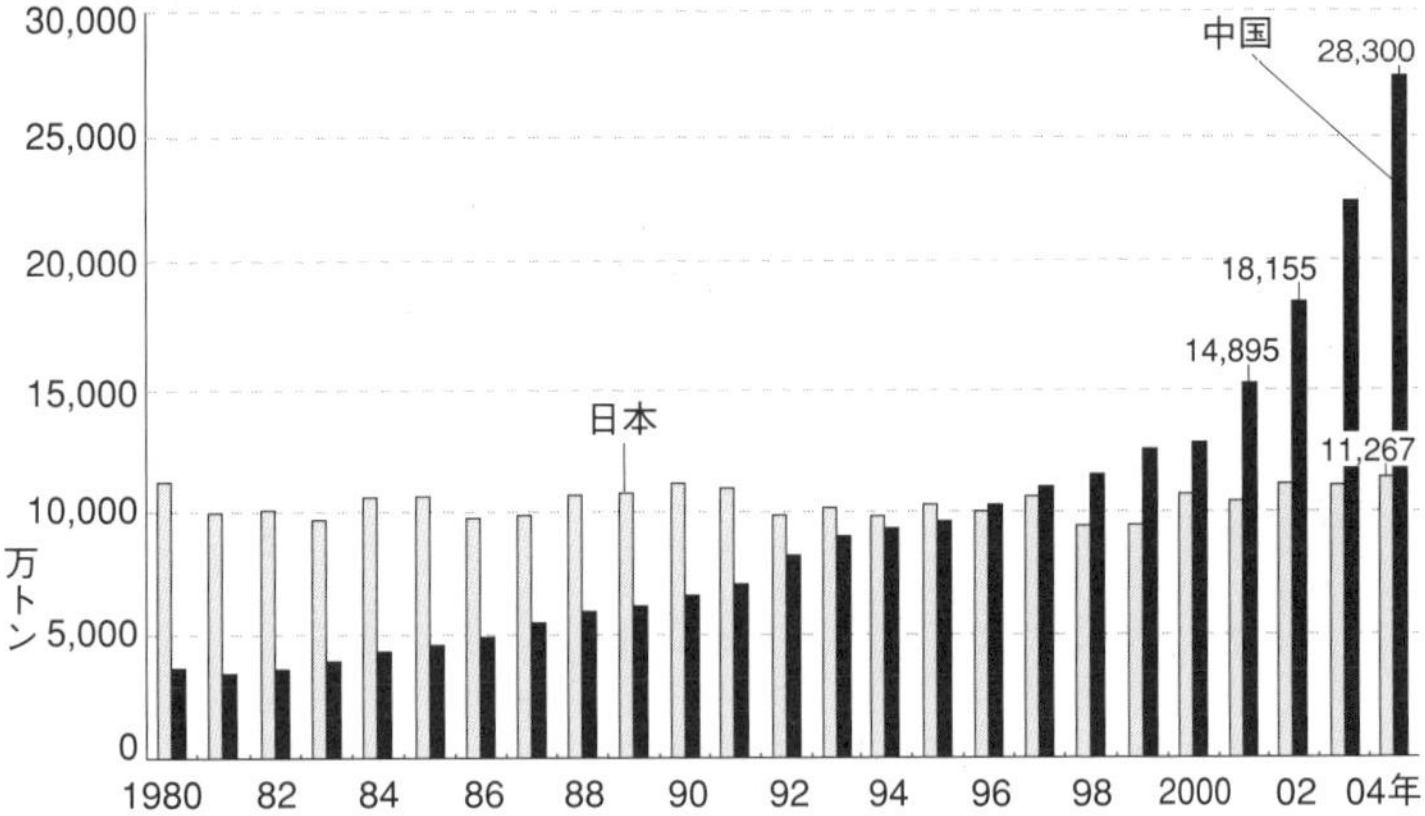

資料：「鉄鋼統計要覧」各年より作成

❻ 設備増強のために、新たな資源がまた必要になる

ＢＲＩＣｓの経済発展のなかで、特に、中国の需要増が世界的な資源供給のボトルネックを生み出している。問題は、そうしたボトルネックを解消しようとする開発活動が、さらにそのための資源需要を生むことである。その好例が、鉄鋼分野である。

図表３-４は、一九八〇年以降の中国と日本の粗鋼生産の推移を見たものである。これによると、中国の粗鋼生産は、八一年の三千五百六十万トンから〇三年には二億トンを突破し、〇四年は二億八千三百万トンに達した。この間、二十三年間、中国の粗鋼生産は一度も前年を下回ったことがない。また、中国は既に九六年時点で日本を抜いて以来、世界第一位の鉄鋼生産国の地位にある。[1] 特に、二〇〇〇年代に入ってからの生産が加速している。

図表3-5　中国の経済成長と粗鋼生産の伸び率

	1981～85年	86～90年	91～95年	96～2000年	01～04年
A. 実質GDP（%）	10.7	7.9	12.0	8.3	8.5
B. 粗鋼生産（%）	7.0	6.3	7.9	4.9	16.3
B／A　GDP弾性値	0.7	0.8	0.7	0.6	1.9

資料：「鉄鋼統計要覧」他より作成

図表3-5は、中国の実質GDP成長率と粗鋼生産の伸びの関係（粗鋼生産の実質GDP原単位）を見たものである。これによると、八一年から二〇〇〇年までは、同原単位が一より小さかった。すなわちGDPの伸びに対して粗鋼生産の伸びが下回っていたのだ。しかし、〇一年以降、同原単位は一・九に上昇している。実質GDPが一%成長すると、粗鋼生産はその約二倍近く成長する格好となっており、GDPの伸びに対する粗鋼生産の弾性値が一段と大きくなっている。これは、経済発展に伴う自動車や家電向けの鋼材需要が拡大すると同時に、〇八年の北京五輪、二〇一〇年の上海万博など、国家発展の重要な節目に向けてのインフラ整備のための建材需要が急拡大し、粗鋼生産への投資が急増しているためである。

ちなみに、〇四年においては、中国の一人当たり鉄鋼消費量は、二百キログラム強／年であり、日本の約六百キログラム／年と比べると三分の一のレベルだ。また、これは日本の一九五九年、すなわち東京オリンピック前のレベルである。今後、中国の鉄鋼消費が日本と同じスピードで伸びていくと見ると、〇八年には一人当たり三百四十キログラム／年、一〇年では三百八十キログラム／年となる。これは、粗鋼生産ではそれぞれ四・五億トン、五億トンに相当する。

図表3-6　中国の粗鋼および鉄鉱石生産、鉄鉱石輸入

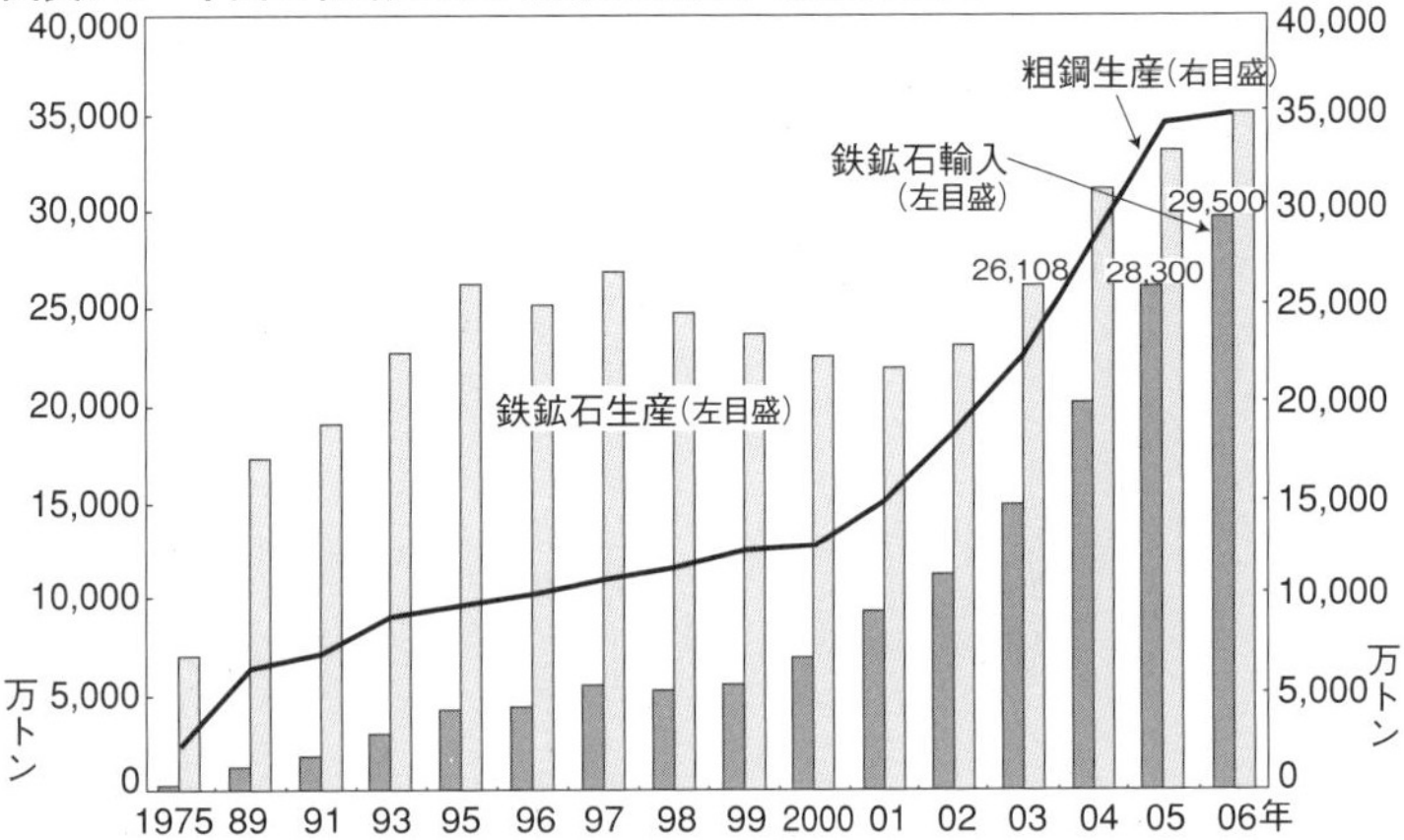

資料：「鉄鋼統計要覧」

粗鋼生産の急拡大にもかかわらず、中国では鉄鋼輸入も急増している。これは、中国で生産される鋼材は、製造が容易な条鋼、形鋼、線材などいわゆる「長物」の比率が過半を占め、製造が難しく、需要家の品質要求も格段に厳しい鋼板や鋼管（パイプ）などの比率（板管比率）が少ないためである。また、一九八〇年代まではせいぜい一千万トンにとどまっていた中国の鉄鋼輸入は、〇四年には四千三百万トンに達している。さらに問題はこの結果、中国の粗鋼生産が急拡大するに伴って、近年、鉄鉱石の輸入が急増している点にある。

すなわち、図表３-６に見るように、一九八九年に千二百四十一万トンであった鉄鉱石輸入は、二〇〇二年に一億トンを突破し、〇四年は二億トンに達し、〇五年は二億八千三百万トンとなった。これは、鉄鋼需要の急速な拡大もさることながら、中国で生産される鉄鉱石[2]の大半が貧鉱（鉄分含有率は平均三〇%程度）で、日本の輸入する鉄鉱石の同比率約六〇%と比べ大きく見劣りし、大型高炉の原料には適さないためでもある。

中国の鉄鉱石輸入の急増により、これまで四億トン台で推移していた世界の鉄鉱石貿易は〇五年で、既に六億四千万トン程度に達している（うち中国は四三%を占める）。さらに、粗鋼生産の拡大は、原料スクラップや製鉄に不可欠なコークス用原料炭の輸入を増加させる。中国では電力不足が伝えられるなか石炭需要が拡大するとともに、原料炭の不足が目立つようになった。このため、沿岸地域の製鉄所を中心に原料炭の輸入が本格化するのは時間の問題と見られる。国際的な原料炭需給の逼迫は、既に価格面に表れており、過去三十年間、トン当たり四十ドル前後で推移してきた国際原料炭価格交渉は、〇五年に百二十五ドルで決着した。

さすがに二〇〇六年の価格交渉は、難航を極めたようだが、最終的には前年を若干下回る百十五ドルで決着することになった。一方、鉄鉱石は〇六年についても依然として売り手市場であり、国際価格は〇五年のトン当たり五十ドル（前年度比七一・五%上昇）からさらに二〇%程度高い六十八ドル前後での決着となりそうだ。ただ、中国政府は、さらなる鉄鉱石の値上がりは、中国鉄鋼メーカーの経営の危機を招きかねないとし、一年前の価格を上回る価格で契約された鉄鉱石は輸入を禁じる制度の導入を検討しているようだ。

❼価格支配力を奪われたＯＰＥＣ

最近の原油高騰はＯＰＥＣの価格支配力の強まりを意味するのであろうか、それともその低下を物語るのであろうか。筆者は、原油価格の下振れを阻止するという意味ではＯＰＥＣは価格支配力を強めているものの、高騰する原油価格を抑制する力はもはや失ったと見ている。

現在ＯＰＥＣは、アルジェリア（二〇〇五年十二月時点の生産枠は日量八十九・四万バレル）、インドネシア（同百四十五・一万バレル）、イラン（同四百十一・〇万バレル）、イラク（―）、クウェート（同二百二十四・七万バレル）、ナイジェリア（同二百三十・六万バレル）、カタール（同九十二・〇万バレル）、サウジアラビア（同九百九・〇万バレル）、ＵＡＥ（アラブ首長国連邦）（同二百四十四・四万バレル）、ベネズエラ（同三百二十二・三万バレル）、リビア（同百五十万バレル）の十一カ国からなる。このうち、イラクは一九九一年の湾岸戦争以来、協定には参加していない。このため、現在ＯＰＥＣといった場合、イラクを除いた加盟十カ国のことを指す。〇四年七月に入って、ＷＴＩ原油価格が四十ドルを突破し、連日のように史上最高値を更新していくなかで、話題になったのはＯＰＥＣの市場支配力だ。はたしてＯＰＥＣの市場支配力とは何を指すのであろうか。これを確認するためには、原油価格が低迷した八〇～九〇年代にさかのぼる必要がある。

ＯＰＥＣの戦略目標は、「石油市場（原油価格）の安定」にある。一九八〇年代初めにスポット価格で四十ドルの高値を付けた原油は、その後のオイルグラット（需給緩和に伴う原油価格の下げ圧力の高まり）のなかで、「誰かがしっかりと管理しなければ価格が暴落してしまう商品」と言われた。この需給の変動に応じて自ら増減産を繰り返してきたのがＯＰＥＣであった。なかでも、ＯＰＥＣの盟主としてスウィング・プロデューサー（需給調整役）の役割を果たしてきたのがサウジアラビアだ。原油価格が十ドル前後まで下落した八五年には、同国は生産を日量三百三十万バレルと自らの生産能力の三分の一まで減産して価格の暴落阻止を図った。九〇年代に入ってからは、九〇年八月から九一年一月にかけての湾岸戦争による価格高騰場面はあったものの、総じて原油価格は一バレル＝十八ドルを中心に推移してきた。

ＯＰＥＣにとって原油価格を安定させるための手段が、生産枠とそれに対する順守率である。将来、石油需給が緩和すると判断すれば、生産枠を削減し、需給がタイト化すると見れば生産枠を拡大する。そのうえで、足元の原油価格が想定以上に上昇しているようであれば、生産枠に対する順守率を低下（実質増産）させて市場を鎮静化させる。逆に、原油価格が下がっているようならば順守率を引き上げ（実質減産）て、加盟国のチーティング（抜け駆け増産）に目を光らせる。もっとも、価格維持の仕組みはこのようであっても、実際には加盟国の足並みをそろえることは容易ではない。埋蔵量の多寡や生産能力、政治・経済情勢によって各国とも思惑が異なるからである。例えば、常に高値を狙うイランをはじめ、生産能力が激減しているベネズエラやインドネシアなど「強硬派」は、限られた原油をできるだけ高い値段で売ろうとするため、基本的にＯＰＥＣの増産には消極的だ。一方、生産能力や埋蔵量が豊富なサウジアラビアやＵＡＥ、クウェートなどは、原油が高騰することによって世界が脱石油に動くのを懸念しているため、できるだけ適正価格を維持しようとする「穏健派」だ。そして、この「強硬派」と「穏健派」の間で、原油の高値を主張しつつ、チーティング（抜け駆け増産）の常習犯であるのがナイジェリアやアルジェリアだ。これら加盟国のそれぞれの思惑は、石油需給が緩和している状況下では最大限発揮されて、ＯＰＥＣの結束が崩れる。原油価格が低迷した九〇年代は、しばしばＯＰＥＣ崩壊の可能性が取り沙汰されたものだ。

特に、ＯＰＥＣが崩壊の危機にさらされたのが一九九九年二月に原油価格が十一ドル台まで急落したときだ。この「石油価格危機」が生じた原因は、九七年七月にアジア通貨危機が起こり、同地域の石油需要が大きく減退したにもかかわらず、ＯＰＥＣが、九七年十一月の総会で生産枠を日量二百五十万バレル引き上げたことにある。この結果、世界的にオイルグラット（需給緩和）が進み、それまで二十五ドル台にあった原油価格は十一ドル近くまで急落した。当時は、原油はまだまだ安くなるという見方が大勢であった。しかし、この「石油価格危機」は、かえってＯＰＥＣの結束を強めることになった。

一九九九年三月にオランダのハーグで緊急開催された産油国会議でＯＰＥＣは、非ＯＰＥＣ加盟産油国の協力を得て日量二百十万バレルの協調減産を決定する。この会議は、それまでＯＰＥＣ内で対立していた強硬派のイランと穏健派のサウジアラビアがしっかりと握手し、他の産油国とも協力して「価格防衛協定」を結んだという点で重要である。これにより、OPECが九〇%に近い順守率で減産を行ったことから九九年四月以降、原油相場は急速に持ち直し、二〇〇〇年初めには二十ドルを回復した。

原油価格は、二〇〇四年に入ると騰勢を強め、七月以降は連日史上最高値を更新。十月には初めて五十ドルを突破した。直接的な契機となったのは、イラク情勢の悪化、ロシア石油大手ユコスの経営危機、主要産油国ベネズエラの政情混乱などの供給不安が重なり、ヘッジファンドなどの投機資金の流入を誘ったことにある。しかし、この背景として、中国をはじめとする旺盛な世界の石油需要のなか、供給余力の低下という構造的な問題が顕在化したことが重要である。

なお、IEAは、〇五年の石油需要について当初、日量八千四百三十万バレルと、〇四年を同百八十万バレル上回る見通しを立てていた(「オイル・マーケット・リポート」)。その後、原油高騰やハリケーン「カトリーナ」被害の影響を受けて、〇六年二月のレポートでは需要は同八千三百三十万バレル、同百万バレル増に下方修正されたものの、〇六年には同八千五百十万バレルと、再び回復する見通しである。特に最近は、一%の世界経済成長に対して日量約五十万バレルの石油需要が発生しており、四%成長では日量二百万バレルの需要増となる計算だ。

その中心は中国である。中国の石油消費量は、九五年の日量三百二十万バレルから〇四年同六百四十万バレルへと十年間で倍増。〇四年は日量八十五万バレルの急増となった。一方、国内生産は同三百四十万バレルで過去十年間ほとんど変わっていない。このため、需要の増分は輸入で賄わざるを得ず、石油輸入は既に日量三百万バレルに達している。

問題は、着実に増える世界の石油需要に対して、これまでスウィング・プロデューサーの役割を果たしてきたＯＰＥＣの供給余力が失われてしまったことにある。ＯＰＥＣは、イラクを含めて日量三千万バレルを上回る能力いっぱいの生産を行っている。このため、追加増産（その大半はサウジアラビアの増産）をした場合、今度はＯＰＥＣのスペアキャパシティ（生産余力）が失われ、かえって価格押し上げ要因となってしまう。これまで、世界の原油市場の安定にとっては、サウジを中心にＯＰＥＣが日量二百万〜三百万バレルの余剰生産力を持っていることが極めて重要であった。しかし、ＯＰＥＣが既に能力いっぱいの生産を行っている状況で、サウジの石油関連施設がテロ攻撃された場合、市場は新たな供給途絶に直面し、投機資金の流入を促すことは必至だ。この意味では現在、世界の原油供給システムは予想以上に脆弱化していると言えよう。

一方、ＯＰＥＣにとっては、高値での支配力（すなわち原油価格が上振れリスクを強めたときに、それを増産により鎮静化させる力）が低下したことは、必ずしも不幸なことではない。むしろＯＰＥＣとしては、原油高止まりを指向せざるを得ない事情があるためだ。確かに、原油高騰によりＯＰＥＣの石油輸出収入が大幅に増加しているのは事実である。ちなみに、米エネルギー情報局（ＥＩＡ）によると、イラクを含むＯＰＥＣ加盟十一カ国の二〇〇三年の石油輸出収入は二千二百三十億ドルで〇二年の千八百六十六億ドルからは一九％増大したと見られる。しかし、ＯＰＥＣにとって実状は必ずしも満足のいくものではなく、さらなる石油収入拡大への思いは強い。なぜなら、インフレを調整した実質収入で見た場合、ＯＰＥＣの石油収入は二千八十七億ドルで、ピークであった一九八〇年の第二次石油ショック時の五千九百八十億ドルの約三分の一にとどまっているためだ。

また、中東諸国は人口増加が著しいため、国民一人当たり石油収入では、三百九十三ドルで、八〇年の千八百十六ドルの五分の一だ。加えて、〇三年から〇四年の一年間でユーロに対するドル相場は二〇％下落したこともあり、ＯＰＥＣ各国の財政事情はさほど改善していない。特に、最近の石油価格の上昇を最も享受しているはずのサウジアラビアの場合、石油収入は〇二年の六百三十億ドルから〇五年には千五百七十億ドルに増大したと見られる。しかし、同国には推定五千人の王子がいて、しかも毎月三十五～四十名のペースで増加しており、プリンスが誕生した時点で王家からは五十万ドルの手当てが支給されるなど、王族維持のコストが莫大である。

このように見ると、原油価格の高騰は、確かにサウジアラビアなど石油収入が国家財政の大半を占めているＯＰＥＣ加盟国の経済を豊かにはしたが、いまや各国はその豊かさを前提に国家運営されており、「原油価格の高値維持戦略」の旗を降ろすことができない。

❽ 非ＯＰＥＣの原油生産も減少へ

世界の石油需要が着実に拡大してきたのに対して、これまで供給不足が生じなかったのは、ロシア、中国、メキシコ、北海油田（イギリス、ノルウェー）などの非ＯＰＥＣ産油国が、そうした需要拡大を上回るペースで生産を増やしてきたという事情がある。逆に世界の石油市場は常に緩和状態にあり、「石油は誰かがしっかりと需給を管理しなければ暴落してしまう性格の商品」と言われたのだ。この需給を管理し、価格が暴落しないよう維持してきたのがＯＰＥＣであったわけだ。そして、このＯＰＥＣのスウィング・プロデューサー（需給調整役）としての役割に便乗して、積極的に増産し比較的高い原油価格を享受してきたのが非ＯＰＥＣ産油国だった。ちなみに、世界の石油需要は、第一次石油ショックが発生した一九七〇年代の日量約五千万バレルから足元の同八千五百万バレルまで約七〇％拡大した。これは、非ＯＰＥＣの増産によるもので、その生産量は日量約二千万バレルから現在同五千万バレルまで二・五倍となっている。しかし、ここにきて原油価格が史上最高値圏で推移しているのは、単にＯＰＥＣの生産余力が低下したばかりでなく、非ＯＰＥＣの生産にも限界が見られるようになったことにある。

例えば、ＢＰ統計によると、北海油田におけるイギリスの原油生産量は、九九年の日量二百九十一万バレルをピークに減少に転じ、二〇〇四年では同二百万バレル程度にと

図表3-7　ロシアの原油生産・内需・輸出の推移

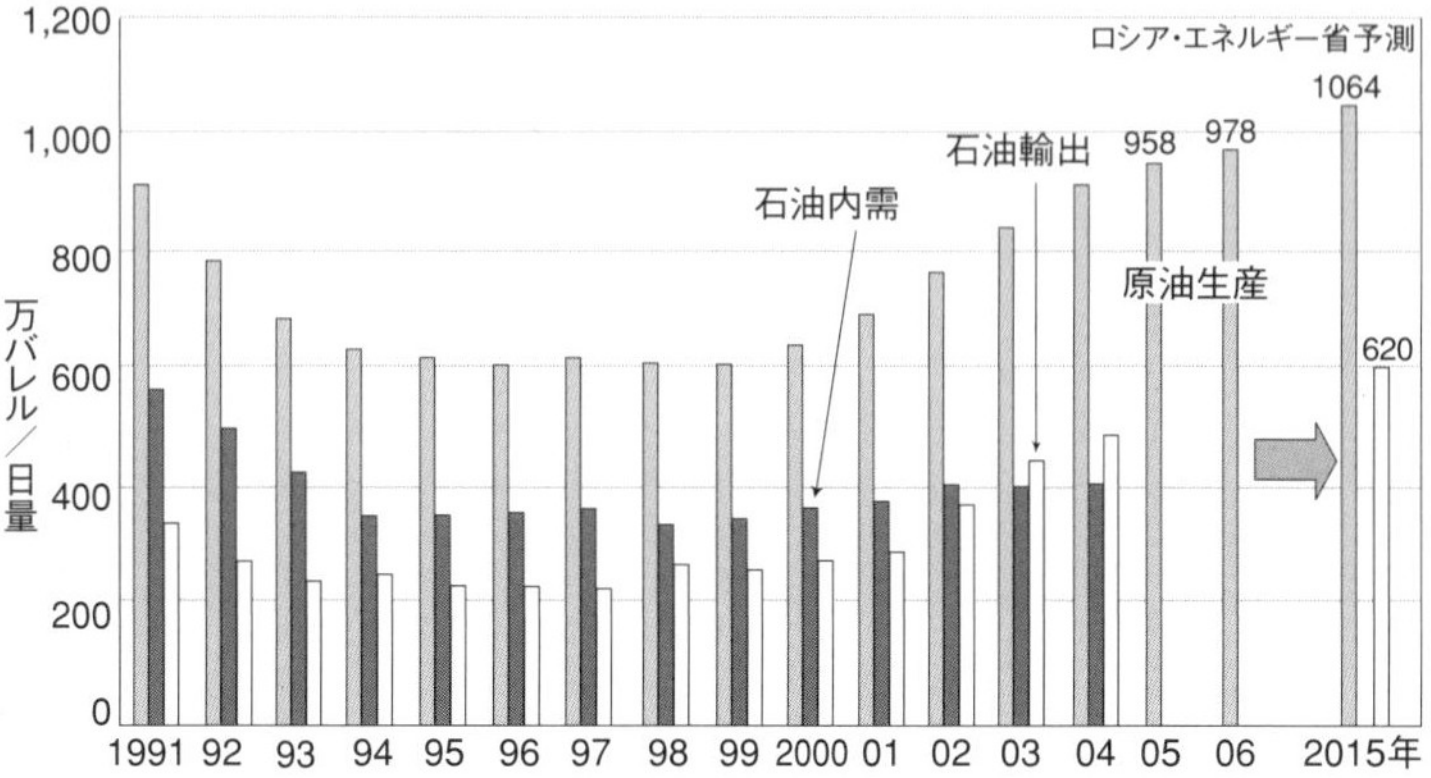

資料：BP 統計他より作成

どまっている。ノルウェーの生産も〇一年の日量三百四十二万バレルがピークで、現在は日量三百二十万バレルを割っている。中国も、大慶、遼河、勝利の三大油田の老朽化から原油生産は日量三百五十万バレル程度がようやくといった状態だ。

こうしたなかで、大きく増産をしてきたのが「赤い石油」と言われたロシアの原油だ。ロシアは、九一年の旧ソ連の崩壊とその後の市場経済化に向かう混乱のなかで、原油生産が日量九百万バレル台から九〇年代半ばには同六百万バレル程度まで落ち込んだ。しかし、二〇〇〇年に入ると、プーチン政権下でロスネフチェガス（ロシア石油公団）の民営化に伴う外資導入や欧米技術移転により原油生産は急回復に向かい、〇五年では日量九百五十万バレルを超えサウジアラビアに並ぶ原油生産国になった。特に、ロシア政府は、ロスネフチェガスを九三年に民営化したのに伴い、ルクオイル、ユコス、スルクートネフチェガスなどをはじめ、探鉱—開発—生産・精製—販売に至る垂直統合型の石油企業七社を次々と民営化させ、生産回復に注力してきた。この延長線上で、ロシア・エネルギー省は二〇一五年には日量千六十四万バレルの生産量になるとの見通しを立てている。はたして可能だろうか。

ロシアの場合、国内の石油需要は日量四百万バレル強で頭打ちであることから、今後増産するためには、原油輸出の拡大が必要だ。しかし、そのためにはパイプラインや港湾施設など輸出インフラの整備が必要であるし、海外の買い手、すなわちマーケティングも必要となる。単純に増産すればよいというわけにはいかない。ちなみに、本村眞澄は『石油大国ロシアの復活』のなかで、ロシアとサウジアラビアの違いに触れている。本村によると、サウジアラビアがスウィング・プロデューサーとして、半年で日量三百万バレルの原油生産を増減させ、原油価格への影響力を行使してきたのに対し、ロシアは、その時々の原油生産を精一杯続けるだけである。その理由は、ロシアの油田はもともと油層の圧力が低く、含有率が高いため、いったん原油生産を停止すると生産を回復させるのが容易でないためだ。したがって、ロシアの石油生産では、減産は技術的にも選択肢に入っていない。ロシアの増産が可能となるには、輸出の増大と不可分であるのだ。また、ロシアの原油生産については、新規油田発見の遅れという中長期的な不安もある。ロシアでは、現在の原油生産量のうち、開発から五年以内の新規油田からの生産は一〇％に満たないと言われている。また、既に短期的に収益の挙げられる油田の掘削は済み、増産のためには新たな開発投資が必要な段階にある。しかし、生産量に対し新規埋蔵量の発見が遅れており、いわば在庫を食いつぶしている状況だ。これまで、急速に生産が回復し、世界の石油需給の逼迫を先送りしてきたロシアにおいても供給の拡大がおぼつかないということは、ロシア以外の非ＯＰＥＣの生産拡大も当てにできないということである。

⑨ オールドインダストリーのエンジニア不足

二〇〇〇年以降、世界経済においては、中国やインドなどが本格的な工業化による経済発展段階に入り、自動車や家電などモノ作りのためのエネルギー・資源需要が急拡大している。しかし、一九八〇年代から九〇年代にかけて、これらの原材料価格は低迷していたため、エネルギー・資源産業はオールドインダストリーに位置付けられ、業界のリストラ・再編が進みこそすれ供給能力を拡大するインセンティブは生じなかった。

近年の原材料需要の増加に対しては、原油にしろ鉱物資源にしろ、もっぱら供給余力を食いつぶす格好で対応されてきた。しかし、このまま世界経済が成長を続けた場合、エネルギー資源の供給がボトルネックにぶつかるのは時間の問題である。原油、鉄鉱石、原料炭、銅、アルミニウム、ニッケルなどの価格が、ここ数年間で二倍、三倍に急騰したのは、これらエネルギー資源の供給能力を増やしなさいというシグナルであると言えよう。さすがに、資源価格の高騰を受けて資源メジャーなどオールドインダストリーも、最近は生産能力を増やす動きにはある。しかし、ここで一つの問題が生じた。九〇年代の資源価格低迷時代に、多くのオールドインダストリーはリストラの過程でエンジニアを放出してきた結果、急に増産が必要となってもエンジニア不足という壁にぶつかっているのだ。

加えて、資源産業に限らず造船や石油化学などの重厚長大型製造業は、IT産業などに比べて従業員の平均年齢が高く、技術継承という面でも問題が多い。ちなみに、英「エコノミスト」誌の二〇〇五年五月二十四日号は、野村證券金融経済研究所の調査結果を公表している。これは日本の製造業のうち時価総額三百億円以上の企業従業員の平均年齢を比較したものだ。そこでは平均年齢の若い「若齢企業」と平均年齢の高い「高齢企業」とでは、前者のほうが「売上高」「株価」などのパフォーマンスが良いという事実が示されている。しかし、筆者が気になるのは、「高齢産業」の上位五十社に挙げられている佐世保重工業（〇三年度平均年齢四十九・三歳）をはじめ、神鋼電機、中国塗料、三井鉱山、松本油脂製薬、バンドー化学、三井造船など、造船・重機、化学、産業機械など、日本の将来のモノ作りを担っていくべき産業分野で、高齢化により、これまで先輩から後輩へと脈々と受け継がれてきた技術の伝承文化に断絶が生じる恐れがあると指摘されている点だ。この先、技術継承はどのように行われるのか、注目に値する。

⑩ 行き過ぎたコーポレート・ガバナンス

近年の旺盛なエネルギー・資源需要の拡大に対し、供給が弾力的に増えにくい理由のもう一つに、コーポレート・ガバナンスの行き過ぎといった問題もあるようだ。コーポレート・ガバナンスとは一般に企業統治と訳される。具体的には、「企業経営を常時監視しつつ、必要に応じて経営体制の刷新を行い、それによって不良債権の発生を防止していくためのメカニズム」(田村達也『コーポレート・ガバナンス』中公新書)と言える。もともとは、株式が多くの人に分散所有され、いわゆる「所有と経営」が分離し、株主の経営者への支配権が及ばなくなったことから、改めて、「会社は誰のものか」といった議論がなされるようになったものだ。

特に、近年は内外で大企業による不祥事や経営悪化などが相次いだことから、経営者は株主に対して責任を持つだけでなく、従業員や顧客、地域社会に対しても社会的責任を持たなければならないという考え方が強まった(図表3-8)。

しかし、こうしたコーポレート・ガバナンスの強化は、企業経営者にとっては常に「目の前の株主や顧客、地域社会」の存在を意識した経営を行わざるを得ないということにもなる。特に、四半期決算の下では、短期的な利益追求が迫られることから、中長期的な投資は敬遠されがちとなる。

実際、オイルメジャーズ(国際石油資本)や資源メジャーズなどは、石油や資源収入は増え

図表 3-8　企業価値の種類

	株　主	従業員	顧　客	地域社会
利　益	適正な配当 キャピタルゲイン	賃金、賞与	低コスト・高品質商品およびサービスの提供	関係を強化するような貢献を行う
責　任	約束の実行	従業員の行動・アイデアに対する適切な評価	ニーズ・期待の把握と実行	従業員による地域活動への参加
倫　理	完全かつ正確な情報の提供	従業員に対する公平かつ適正な取り扱い	公平かつ誠実に営業を行う	当社の価値を積極的に示し、実践する

出所：丸紅経済研究所

ているものの、経営者は上流での開発投資には慎重だ。過去の低原油時代を知っているメジャーズにとって、巨額の資金と長期のリードタイム（期間）を要する開発投資はリスクが大きすぎ、短期的な株主の期待に応えることが難しいためだ。それらを投資に向けるよりは、むしろ増配や自社株買いをすべきだとの圧力が強い。産油国でも、石油収入は債務の返済や民生を重視し国民に還付される傾向にある。この結果、メジャーズが生産を行えば行うほど手持ち資源埋蔵量が減少することになる。これを補うための最も早く埋蔵量を増やす方法が、既存の石油会社を合併・買収（M&A）することだ。石油市場では一九九〇年代後半に、こうしたM&Aによる再編が進んだ。かつて、十九世紀から二十世紀にかけて「セブンシスターズ」と呼ばれた七大国際資本（ロイヤル・ダッチ・シェル、BP、エクソン、モービル、シェブロン、ガルフ、テキサコ）によって支配されてきた石油市場は、今やロイヤル・ダッチ・シェル、BP、エクソンモービル、シェブロン・テキサコの四大スーパーメジャーに集約されている。しかし、こうしたM&Aは個別メジャーには解決となっても、世界的な原油埋蔵量の拡大にはつながらない。

⓫ 再び注目を集める「ハッバート・ピーク」

原油価格が高騰するなかで、にわかに話題にのぼるようになったのがオイルピーク、すなわち「石油資源枯渇説」だ。もともとは、シェル石油の地質学者であったM・K・ハッバート（一九〇三〜八九）が一九五六年に唱えたもので「ハッバート・ピーク」とも呼ばれている。彼は資源埋蔵量と生産量との関係について、毎年の生産量は資源の約半分を掘り尽くすと急速に減少に転じ、それをグラフに描くと（正規分布に近い）釣鐘状のカーブとなると考えた。その際、資源価格は生産がピークに近づくと急騰するというものだ。ハッバートは一九五六年に、この関係を米国の石油資源に当てはめ、当時の埋蔵量を二千億バレルとした場合、七〇年代の初めにピークを迎えると予測した。当時、石油業界ではほとんど相手にされなかったものの、実際に米国の原油生産は七一年にピークを迎え、その後減少傾向をたどった。ちなみに、BP統計によると、米国の二〇〇四年末の石油埋蔵量は二百九十四億バレルまで減少している。折から、七三年に第一次石油ショックが発生したことで、それまで一バレル＝二〜三ドルであった原油価格は十一〜十二ドルに急騰するなど予測は的中した。

ところで、余談ではあるが、第一次石油ショックの原因は、一般には一九七三年十月に第四

図表3-9　ハッバート・ピークを迎える石油生産

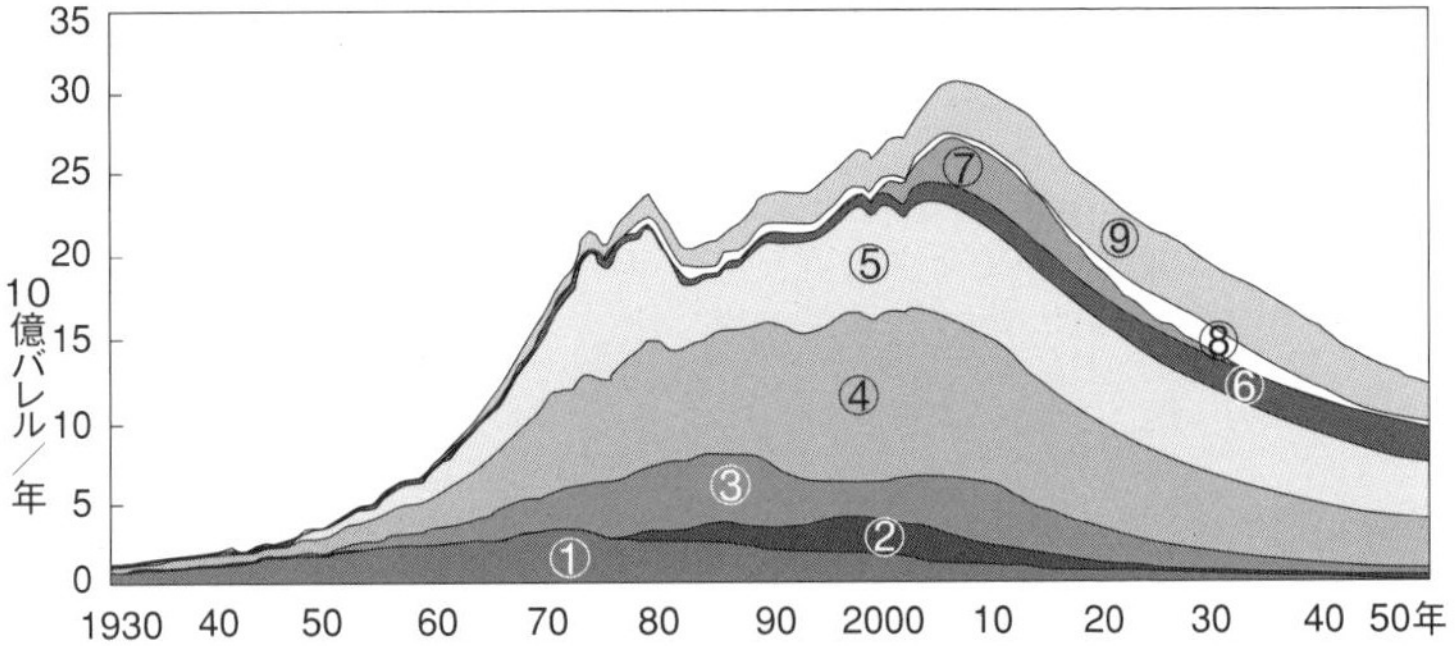

①米国48州（ハワイ、アラスカ除く）　②欧州　③ロシア　④その他
⑤中近東　⑥超重質油　⑦海底　⑧極地　⑨天然ガソリン

出所：コリン・キャンベル ASPO “Oil and Liquids, 2004 Scenerio”

次中東戦争が勃発したのを契機に、OAPEC（アラブ石油輸出国機構）がイスラエル支持国に対し石油輸出の禁止、原油価格の大幅引き上げなどの報復措置をとったためと理解されている。しかし、OAPECが原油価格を引き上げることができた背景には、米国の石油生産がピークを過ぎるなかで、需要面で日本や西ドイツの重化学工業化によるエネルギー資源多消費型の急速な経済発展があったと言えよう。米国をOPECに、日本と西ドイツを中国・インドに置き換えると、現在と同じ構図である。

その後、ハッバートのピークオイル説は、賛否両論が飛び交いつつも継承され、一九八八年には元BP（ブリティッシュ・ペトロリアム）の地質学者コリン・キャンベルが、地域ごとの原油埋蔵量と生産量を積み上げることで、世界の原油生産のピークを二〇一〇年の手前と予測する（図表3-9）。この時期には原油価格が高騰するとのシナリオだった。実際、原油価格は〇三年に入ると、旺盛な需要に対する供給不安から上昇基調を強め、〇五年には七十ドルの史上最高値を付けたことから、市場ではピークオイル説との平仄《ひょうそく》が合うとして再び注目されるようになった。特に、新聞や雑誌でこのピークオイル説が紹介されるたびに、需給ファンダメンタルズからではなく、それらの記事を材料に原油が買い上げられるといった面も見られた。一方、オイルメジャーズ（国際石油資本）や石油専門家は、このピークオイル説には否定的である。石油の埋蔵量は、新規巨大油田の発見によるだけではなく、原油価格の上昇や技術革新によっても増加するためだ。いわゆる埋蔵量成長である。

かつて北海油田の生産が一九九〇年代前半でピークアウトすると予測されたことがあった。しかし、実際には北海油田の生産は九〇年代に入っても拡大を続けた。これは、探鉱、開発、生産という上流部門で、①新たに発見する、②回収率を上げる、③コストを下げるという三つの面から技術革新が進み、埋蔵量が成長したためである。例えば、①では、三次元地震探査が導入され、人工的に起こした地震の波動に対してコンピュータ・グラフィックによる地層解析を行うことで、油田を発見する確率が飛躍的に上がった。また、井戸は垂直に掘られるのが普通だが、水平掘り（傾斜掘り）により井戸を斜めに掘ることで、それまで採算に合わなかった大きな油層の周辺にある小さな油層からの生産も可能になった。また、英国シェトランド島西部やノルウェー海、バレンツ海などの海底油田の開発では、陸上より海底油田に向け傾斜して掘ることで生産のフロンティアが伸長した。②の回収率については、通常、原油を自噴状態で生産する場合は、埋蔵量のうちの三〇％程度の回収率にとどまる（一次回収）。しかし、増進回収法（ＥＲＲ：Enhanced Oil Recovery）を採用することにより、油層中に水やガスなどの流体を注入することで回収率を四〇～六〇％に高めることができるようになった（二次、三次回収）。③のコスト面では、軽くて強い新材料や海底に足を立てない浮遊生産システムの導入でコスト削減も可能となった。興味深いことは、これらの技術革新は八〇年代後半、原油価格が三十ドル台から十ドル前後に急落する過程で進んだことである。

ここで埋蔵量の概念を整理しておこう。一般に、埋蔵量といった場合には、生産を開始する以前の油層に存在していた原油の総量を示す原始埋蔵量と、その時点での経済的・技術的条件の下で生産可能な石油資源の量を指す可採埋蔵量とに大別される。また、可採埋蔵量とそれまでに生産された累積生産量を合わせたものが究極可採埋蔵量である。ちなみに、究極可採埋蔵量は石油が約二兆バレル、天然ガス二百四兆立方メートル、石炭九・九兆トンと言われている。

ＢＰは毎年、主要産油国の原油生産量と（可採）埋蔵量を発表している。図表3-10のＢＰ統計によると、〇四年末の世界の原油の可採埋蔵量は一兆千八百八十六億バレルで、〇三年末からは四百九億バレル拡大（埋蔵量成長）している。また、オイル＆ガス・ジャーナルによると、九三年の石油埋蔵量が九千九百七十億バレルであるから、十一年間で千九百十六億バレル、年平均百七十四億バレルの埋蔵量成長があった計算である。この量をどのように評価したらよいだろうか。

2004年末			04-03年 埋蔵量増減 億バレル
億バレル	シェア%	R/P	
2,627	22.1	67.8	0
862	8.4	21	0
723	7.0	22	32
294	2.9	11	-13
1,325	12.8	93	18
171	1.7	19	-66
97	0.9	9	-4
772	7.5	72	-8
148	1.4	12	-12
1,550	15.0	120	400
45	0.4	5	0
978	9.5	120	0
990	9.6	123	25
168	1.6	16	-1
353	3.4	43	10
391	3.8	66	31
47	0.5	10	3
112	1.1	19	6
56	0.5	19	0
36	0.3	13	0
118	1.1	17	5
11,886	100.0	41	409
8,903	79.2	79	83
74.9	–	–	
2,983	20.8	15	326

ＢＰ統計によると、〇四年の世界の原油生産量は日量八千二十六万バレルである。これは年間では三百六十五倍して二百九十三億バレルとなる。可採埋蔵量一兆千八百八十六億バレルを年間生産量二百九十三億バレルで割ったものがＲ／Ｐ（リザーブ／プロダクション）で四十一となる（埋蔵量を年間の消費量で割ったものは、耐用年数となる）。すなわち、現在、原油生産量の四十一年分の埋蔵量が確認されていることになる。しかし、原油生産量は世界の石油需要の拡大に応じて拡大して行かなければならない。二〇〇〇年以降、世界の石油需要は年率二％前後のペースで伸びている。〇六年の石油需要は日量八千五百万バレル、年間では三百十億バレルを超えると見られる。〇六年に、Ｒ／Ｐ＝四十一を維持するためには、可採埋蔵量は一兆二千七百十億バレルとなる必要がある（三百十億バレル×四十一）。〇四年の一兆千八百八十六億バレルからは八百二十四億バレル増、年間では四百十二億バレルの埋蔵量を成長させ、ピークオイルのタイミングを先に延ばすことが必要だ。

実際にはどうだろうか。二〇〇四年は四百九億バレルの埋

図表3-10　世界の原油生産量と可採埋蔵量

順位	国名	＜生産量＞ 1998	2000	2004	シェア %	04-00年 増加 b/d	＜可採埋蔵量＞ 2003年末 億バレル	シェア%	R/P
				万バレル					
1	サウジアラビア	829	826	1,058	13.2	232	2,627	25.5	73
2	旧ソ連	709	757	1,130	14.1	373	862	8.4	21
	(ロシア)	612	650	854	10.6	204	691	6.7	22
3	米国	624	583	724	9.0	141	307	3.0	11
4	イラン	360	368	408	5.1	40	1,307	12.7	93
5	中国	320	323	349	4.3	26	237	2.3	19
6	ノルウェー	301	320	319	4.0	(1)	101	1.0	9
7	ベネズエラ	312	302	298	3.7	(4)	780	7.6	72
8	メキシコ	307	301	382	4.8	81	160	1.6	12
9	イラク	211	256	203	2.5	(53)	1,150	11.1	120
10	英国	263	250	203	2.5	(47)	45	0.4	5
11	UAE	228	223	267	3.3	44	978	9.5	120
12	クウェート	207	209	242	3.0	33	965	9.4	123
13	カナダ	201	203	309	3.8	106	169	1.6	16
14	★ナイジェリア	213	203	251	3.1	48	343	3.3	43
15	★リビア	139	141	161	2.0	20	360	3.5	66
16	インドネシア	130	126	113	1.4	(13)	44	0.4	10
17	ブラジル	95	112	154	1.9	42	106	1.0	19
18	オマーン	90	93	79	1.0	(14)	56	0.5	19
19	★エジプト	86	81	71	0.9	(10)	36	0.3	13
20	★アルジェリア	82	80	193	2.4	113	113	1.1	17
全世界計		6,614	6,692	8,026	100.0	1334	11,477	100.0	41
OPEC計		2,780	2,808	3,293	41.1	485	8,820	79.2	79
OPECシェア%		42.0	42.0	41.1	−	(1)	79.5	−	−
非OPEC計		3,834	3,883	4,733	58.9	850	2,657	20.8	15

注）影部はOPEC、★印はアフリカ。資料：『BP統計2005』

蔵量成長があったものの、はたして今後も埋蔵量成長は可能であろうか。この点の問題は一九九〇年以降、巨大油田の発見がなされず、埋蔵量成長はもっぱら回収率の向上によっていることにある。オイルメジャーズなど石油業界は、原油に限らず、オイルシェール（油母を多量に含む堆積層）、タールサンド（砂岩質油層）、オリノコタール（ベネズエラのオリノコ河周辺に存在する超重質油）などを含めれば、石油の埋蔵量は十兆～十五兆バレルあると見ている。しかし、これら非在来型資源の開発プロジェクトが進むためには、原油価格は六十ドルを超えて高止まることが必要だ。

⑫ 進む供給サイドの寡占化

一九九〇年代はM＆Aの時代でもあった。コモディティ市場における構造変化の一つは、コモディティ価格が歴史的な安値に低迷した九〇年代に、多くの商品分野で生産調整や設備投資の抑制が進むと同時に、資源メジャーズの再編・寡占化が進んだことである。

特に、九〇年代後半から二〇〇〇年初めにかけては、素材産業に限らず、あらゆる産業において世界的な企業の合従連衡が進み、世界の企業がそれぞれの業界で四～五社に統合される動きが強まった。例えば、エネルギー分野では、七〇年代まで「セブンシスターズ」と呼ばれる七大石油メジャーズ（モービル、エクソン、ソーカル、ロイヤル・ダッチ・シェル、ブリティッシュ・ペトロリアム〈BP〉、テキサコ、ガルフ）が世界の石油市場を支配してきた。しかし、七〇年代の石油ショックと八〇年代以降の原油価格の低迷など経営環境の変化を受けて、オイルメジャーズも経営合理化に取り組まざるを得なくなる。八四年にソーカルがガルフを買収して、新会社シェブロンが誕生したのを始めに、九〇年代に入ると一段のリストラを迫られたオイルメジャーズは、現在までに、ＢＰ、シェブロン・テキサコ、エクソンモービル、ロイヤル・ダッチ・シェルの四大スーパーメジャーズに絞り込まれている。

その他、鉄鋼分野では、世界最大の鉄鋼メーカーであるルクセンブルクのアルセロール[3]を筆頭に新日鉄グループおよびＪＦＥ（ＮＫＫ・川鉄）、韓国ポスコなどに集約されるなか、二〇〇二年以降は突如インド人富豪が率いるオランダのＬＮＭグループが台頭。〇五年には、ＬＮＭグループは米国のＩＳＧ（インターナショナル・スチール・グループ）を買収し、アルセロールを抜いて世界最大の鉄鋼会社ミタルスチールが誕生している（同社は〇六年には、アルセロールの買収に動いている）。非鉄分野では、アルミニウム地金生産ではアルコア（米）、アルキャン（加）、ノルスクハイドル（ノルウェー）、ノランダ（加）。銅地金はコデルコ（チリ）、ＢＨＰビリトン（英／豪）、フェルペス・ドッジ（米）、グルポ・メキシコ、リオ・ティント（英）、アングロ・アメリカン（英）などである。さらに、鉄鉱石では、リオドセ（ブラジル）、リオ・ティント、ＢＨＰビリトン、石炭（原料炭）がＢＨＰビリトン、エルクバレー・コール（加）、アングロ・アメリカン（英）。金地金生産では、アングロゴールド（南ア）、バリックゴールド（加）、ニューモントマイニング（米）などのメジャーズに集約されている。こうした寡占化の背景には、資源価格の低迷があるが、同時に一九九〇年代に加速したグローバリゼーションと市場経済化のなかで、①企業の市場リスクや製品開発コストが高まった、②過剰製品・サービスへの対応の必要性、③市場を短期間で支配するような新技術が出現するようになった、などが挙げられよう。

　問題は、こうした業界の寡占化の結果、コモディティ市場において数量カルテル、価格カルテル的な動きが効果を発揮するようになったことであろう。例えば、ゴールド・フィールズ・ミネラル・サービシス（GFMS）社によると、世界の金の生産量は、最近の金価格の急騰（二〇〇六年に入って金価格は、一オンス＝五百五十ドルを突破し、一九八〇年以降二十五年ぶりの高値にある）にもかかわらず、〇一年の二千六百二十三トンをピークに減少傾向が続いている。アングロゴールドなどの大手金鉱山会社が、九〇年代後半の金価格の急落と生産コストの上昇を背景に減産を行っているためである。

　ちなみに、八〇年代に新興産金国として台頭した米国、カナダ、オーストラリア、インドネシアなどの生産量が減少している。加えて、世界最大の産金国である南アフリカ共和国の生産が、〇二年以降四百トンを下回り、七〇年に世界の産金量の約八割に相当する一千トンの金を生産していた当時からは半分以下に落ち込んでいる。アルミ地金も、〇一年当時、地金価格がトン当たり千四百ドル前後で低迷するなか、北米西部の電力価格が高騰したことから、カイザー、アルコアなどコストの高い製錬工場百三十万トン超を休止。このため、アルミ地金価格が上昇に転じている（〇六年に入り、二千七百ドル弱に上昇）。

⑬ 米国の新エネルギー戦略

米国で原油価格が一バレル＝六十ドルを突破し史上最高値を更新した二〇〇五年八月八日、ブッシュ大統領は四年越しのエネルギー法案にサインした。米国のエネルギー供給に占める海外依存度を低下させるために、①消費効率を上げる技術革新の追求、②環境に配慮した国内でのエネルギー生産量の増加、③代替資源の開発促進、④超電導送電線の開発などエネルギー関連の国内施設・インフラの近代化、などがその四本柱だ。ちなみに、この包括エネルギー法は、大統領一期目には審議未了で廃案となったものである。このため、ブッシュ大統領は〇五年一月二十日の就任二期目の演説に続いて二月二日夜の「一般教書」演説で、「包括エネルギー法案」の復活・可決を議会に要請していた。「企業優遇策」満載の同法案は、輸入原油への依存度を低めるため、アラスカなど環境保護のためにこれまで温存してきた地区での国産原油の開発を進めることに加えて、「原発」建設の促進を明言している。うがった見方をすれば、共和党の中には、将来的に手詰まり気味である設備投資や個人消費を刺激するため、現在の高い原油価格をうまく利用していこうという本音もあるようだ。この点については、〇五年の大統領選挙戦の際、民主党ケリー候補も、省エネ基準を大幅に引き上げることを考えていた節がある。基準を引き上げれば、そのための省エネ車の開発が必要になり、設備投資も活発化し、自動車の買い替えスピードも加速する。これが需要政策としては最も望ましいということだ。とすれば、原油価格は一服するどころか、今後も相当なレベルまで上がってもおかしくはない。原油価格が上がれば、肥料や農薬、トラクターの燃料、包装容器など農業のコストも上昇。穀物をはじめ農産物全般の価格を押し上げるなど、コモディティ全般に波及することになる。

そもそも、ブッシュ大統領が新エネルギー法案に取り組んだのは、就任一期目の二〇〇一年早々であった。チェイニー副大統領をヘッドにタスクフォースを組織し、米政府は〇一年五月、新エネルギー政策を打ち出した。この背景には、ブッシュ大統領の、「米国は一九七〇年代以来、最も深刻なエネルギー危機に直面している」との認識があった。百五項目にわたる当時の新エネルギー政策を見ると、以下のような問題意識がうかがえる。

第一に、エネルギー危機の基本問題として、米国におけるエネルギー需要の増加がある。今後二十年にわたり、消費の伸びが供給の伸びを上回る結果、米国において将来エネルギーの不足が深刻化するとの危機感だ。一方、供給面では、供給インフラの老朽化によるエネルギー価格の上昇、石油輸入依存度の上昇、停電問題など国家安全保障上の問題が発生する恐れがある。ちなみに、米国では二〇〇〇～二〇年にかけて石油需要は日量六百万バレル（三三％）拡大する一方、国内石油生産は同百五十万バレル（三九％）減少する。こうした傾向は七〇年代より続いており、実際、米国の石油輸入依存度は七三年の三六％から二〇〇〇年には五四％に上昇している。また、八〇年代前半に三百以上あった製油所数も、二〇〇〇年には半減し、過去二十五年間で新規製油所建設はゼロである。特に、九〇年の大気浄化法改正で、石油製品の品質基準が強化され、石油製品の品質が十五種類に複雑化しているのも、新規の製油所建設が抑制された要因である。

こうした問題意識に対して、ブッシュ政権は「新エネルギー戦略」を打ち出したわけだ。その特徴は以下のように整理できよう。基本的にはエネルギー自給体制を確立することだ。具体的には、①省エネルギー（再生可能エネルギー研究開発、ハイブリッドカーや燃料電池自動車の開発）、②国家エネルギー基盤の近代化（パイプライン、送電線施設建設）、③野生生物保護区域の一部での石油・天然ガス掘削、④エネルギー安全保障と国際関係の強化（ナイジェリアなどアフリカへの石油ガス投資、原油生産量を日量七百八十万バレル拡大する）、などだ。

⑭ 代替エネルギーとしてのトウモロコシ

二〇〇五年八月に成立したブッシュ政権の包括エネルギー法のなかでも、注目されるのが代替エネルギーとしてトウモロコシを原料とするエタノール生産の拡大だ。米国は世界最大のトウモロコシ生産・輸出国であるが、そのなかで近年、ガソリン添加剤としてのエタノール生産向け需要が急拡大している。米国では、一九七〇年代の石油ショックを契機に、ごく一部ではあるが、ガソリンにエタノールを混合した「ガスホール」と呼ばれる燃料が流通するようになった。一方、九〇年に「改正大気浄化法」が施行されると、米国では大気汚染の深刻な地域で使用されるガソリンに対して二％の酸素を含むことが義務付けられた。これに伴い、大気汚染物資を削減する効果があり、なおかつオクタン価（数字が高いほどノッキングが起こりにくい）向上も期待できるＭＴＢＥ（メチル・ターシャリー・ブチルエーテル）が使われるようになった。しかし、ＥＰＡ（米環境保護局）が九九年、ＭＴＢＥが地中に埋めたガソリンタンクから漏れた場合、地下水を汚染する危険があると警告したことから、二〇〇〇年代に入って改めてトウモロコシを原料とするエタノールが注目されるようになった。エタノールは、クリーンなエネルギーであり、大気を汚染しない自動車燃料として脚光を浴びるようになったためである。現在、米国では、一般車両向けのガソリンに対して一〇～一五％の混合が行われている（ただ、州によって混合率は異なる）。

こうしたなかで、二〇〇四年来の原油価格の急騰によって、エネルギー政策面でもエタノールの利用拡大が謳われるようになった。〇五年八月に成立した新エネルギー法では、米国のガソリン供給を拡大する取り組みの一環として、二〇一二年までにエタノール生産を現行の約三十五億ガロン（一ガロン＝約三・七九リットル）か最低でも七十五億ガロンに倍増させるとの内容が盛り込まれている。燃料添加剤は通常、ガソリン八五～九〇％に対し、エタノール一〇～一五％の割合で混合される。これに伴い、トウモロコシのエタノール向け需要拡大が予想される。

ちなみに、エタノール一ガロンを生産するのに必要なトウモロコシは〇・三五ブッシェルで

図表3-11　米国トウモロコシの輸出およびFSI／エタノール需要

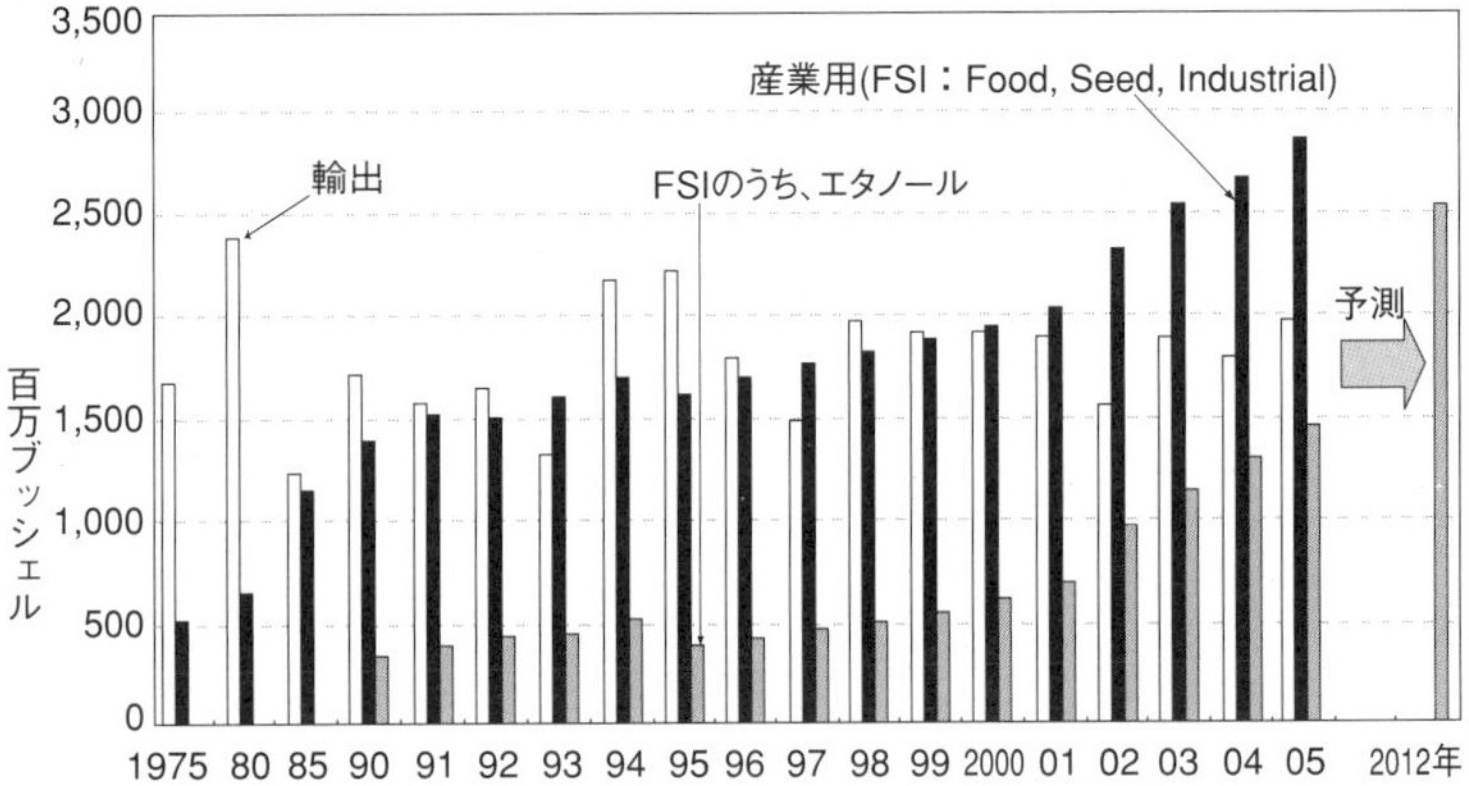

資料：米国農務省農産物需給報告他より作成

あるから、七十五億ガロンでは、二十五億～二十六億ブッシェルとなる計算だ。米農務省の需給報告によると、米国のトウモロコシ需要のうちのエタノール向けは、九五～九六年度の三・六九億ブッシェルから〇五～〇六年度十五・〇億ブッシェルへと、この十年間で四倍程度に拡大している（図表3-11）。この間、トウモロコシの総需要に占めるエタノール需要の比率も、四・六％から一四％に上昇し、輸出需要の一七～一八％に迫る勢いである。二〇一二年には、エタノール需要比率は二〇％を上回り、輸出需要を追い抜くものと見られる。

　こうした、エタノール需要の拡大は、世界のトウモロコシ市場にどのようなインパクトを及ぼすだろうか。トウモロコシ需要を直接拡大することから相場にとっては強材料であることは間違いない。それよりも気にかかるのは、世界最大のトウモロコシ輸出国である米国の輸出余力が、はたして今後も持続可能かという問題である。かつて、米国のトウモロコシ需要のなかで、飼料用と産業用（ＦＳＩ）を加えた内需の比率は約七五％に対し、輸出すなわち外需は二五％前後であった。しかし、エタノール需要が倍増するとなると近い将来、内需九〇％、外需一〇％という時代が訪れることになる。農家にとっても、手近なところに大きくて安定的な市場が存在することは安心であるし、しかも食品とは異なる産業用需要ということで、遺伝子組み換え（ＧＭＯ）種なども利用しやすくなる。

一方、国際市場の立場からは、国内向けが九割を占め、輸出に優先されて使用されるということは、国内生産のわずかな増減であっても、それが輸出市場には増幅する形で輸出量の変化となって表れることを意味し、国際市場の大きな攪乱要因となる。さらに、エタノールの追加需要を満たすためには、五百万～六百万エーカーのトウモロコシの作付面積の拡大が必要となる。これは、現在の八千百五十九万エーカーの六～七％に相当する規模だ。穀物全体の作付面積が頭打ちのなか、この追加的面積をどこから捻出するかが、今後の関心事となる。大豆や小麦の作付を減らせば、穀物全体の需給がタイト化し、これまた相場強材料である。

こうしてみるとエタノール需要拡大は、今後、数年のうちに大きな相場の押し上げ要因となって穀物市場に影響を及ぼすことになるだろう。

【注記】

1 中国の鋼材消費量は、一九九三年に一億トンを突破し世界最大になっている。

2 中国は毎年二億五千万トン前後の鉄鉱石の生産を行う、世界一の鉄鉱石生産国でもある。

3 フランスのユジノール、ルクセンベルクのアルベット、スペインのアセラリアが二〇〇一年に合併して、粗鋼生産能力四千六百万トン／年の世界最大の製鉄会社が誕生した。

第4章

地政学的発想のリスク

❶「不安定の弧」と石油資源

かつて、東西冷戦期における米国の中東戦略は、①旧ソ連の影響の排除、②石油資源の確保、③イスラエルの安全保障、の三つの目標を追い求めるものであった。しかし、これら三つはトリレンマの関係にあり、同時に満たすことができない。米国が石油資源を確保するためには、アラブ諸国に対し武器支援が必要となるが、イスラエルとの関係上それを行うわけにはいかない。この間隙を突いて兵器の供給国としてアラブ諸国に接近したのが旧ソ連であった。米国にとって、旧ソ連を国際テロ組織あるいはイスラム原理主義過激派と置き換えると、このトリレンマの構図は現在も十分成り立っており、石油市場は構造的な不安定性を抱えていると言えよう。

そして現在、こうした不安定性の中心は、米軍が二〇〇一年の九・一一同時多発テロを契機に進めているトランスフォーメーション（米軍の再編）と密接に関連する。ちなみに、それは米軍が「不安定の弧（Arc of Instability）」と称する紛争多発地域である東アジア（朝鮮半島）、東南アジア、中東、カスピ海、中央アジア、北アフリカなどにおける石油・天然ガス資源と重なり合ってくるのである。これら「不安定の弧」には多くの「破綻国家」が含まれ、宗教戦争、民族紛争、地域紛争が絶えない。しかも民衆の多くは米国嫌いだ。

本山美彦は『「帝国」と破綻国家』でトランスフォーメーションについて、「内容的には『不安定の弧』に対する米軍の行動様式の変化を指す」が、その実態は「石油資源をめぐる紛争地域への対応策の問題」と指摘する。つまるところ「米軍再編」とは、「冷戦体制下でソ連封じ込め向けであった軍事力を石油集中地域＝破綻国家群＝不安定の弧を支配するために修正すること」を意味するわけだ。

こうしたトランスフォーメーションと絡んで思い当たるのは米国の「脱中東＝脱サウジアラビア戦略」である。ブッシュ大統領は、サウジアラビアとの特別な関係を続ける一方、中東へのエネルギー依存を低下させるために三つの面から「脱中東化」を図っている節がある。

すなわち、一つは、カスピ海（アゼルバイジャン、トルクメニスタン、カザフスタン）や中央アジアでの資源開発を進めることだ。カスピ海は推定埋蔵量二千億バレルと言われている。原油生産量は、現在の日量百十万バレルから二〇一〇年には同四百万バレルに拡大し、将来的にはサウジアラビアやロシアに並ぶ同九百五十万バレルの規模にするのが狙いだ。

第二は、エネルギー分野におけるロシアとの協調である。この背景には、①テロ対策での米ロ協調の必要性（プーチン政権は、旧ソ連のカスピ海周辺諸国の民族紛争・テロに悩まされてきた）、②ロシアが今後石油輸出を拡大するに当たって、米国という世界最大の安定的なマーケットを確保しておきたいという思惑（特に、ロシアの原油生産コストは一バレル＝四～九ドル〈ルクオイル〉とコスト競争力があり、南ルート〈黒海経由〉と北ルート〈北極海ターミナル使用〉の二つのルートで米国市場への供給を試みようとしている）、③ロシアの石油産業が急ピッチで回復しているといっても、一九八〇年代後半の最盛期の日量千二百万バレルに戻るのは容易ではなく、米国企業の先端的な石油技術、資金の導入が欠かせない（特に、ロシアの石油産業は川下分野が弱いと言われる。これは直線的にロシア石油企業が、その収益源の大半を石油輸出に依存してきたことを意味する）、などがある。なお、米国のロシアとの協調に関しては、イラク戦争に向けた緊張が高まった〇二年に、「イラク油田権益をめぐる密約」説が囁かれた。ロシアは九七年に、イラクのフセイン大統領と西クルナ油田で石油五十億バレルを生産するという内容の二十三年契約に調印した。しかし、イラクのWMD（大量破壊兵器）疑惑をめぐり米英を中心とする国連安保理との緊張が高まるなか、〇二年十月の米ロ商業エネルギーサミットで、ロシアがイラク攻撃で米国の行動を黙認する代わりに、米国はルクオイルの西クルナ油田の権益を守ることを約束したと言われている。

ブッシュ大統領の脱中東戦略の第三は、西アフリカ石油資源へのシフトである。ナイジェリア、ガボン、アンゴラなど西アフリカ諸国では、硫黄分の少ない良質の油田が豊富だ。例えば、OPEC（石油輸出国機構）の加盟国でもあるナイジェリアの場合、埋蔵量は二百四十億バレルで現在の原油生産量は日量二百五十万バレル強である。しかし、二〇一〇年にはイラン、ベネズエラ、メキシコを上回る日量四百万バレルの生産まで倍増させる方針だ。

❷ 資源ナショナリズムの再燃

エネルギー資源価格の高騰は、多くの資源産出国で資源ナショナリズムを再燃させることにもなった。特に、ナイジェリアでは二〇〇五年末、ニジェールデルタ流域で武装勢力によるパイプラインの爆破テロがあったのに続き、石油労働者の誘拐事件が起こるなど、政情不安が高まっている。これに対しロイヤル・ダッチ・シェルは、テロや自然災害など予測不可能な事態に契約義務の履行が免除されるフォースマジュールを宣言した。二百五十を超える民族からなるナイジェリアでは、石油開発に絡んで、石油産業に従事できた国民と従事できない国民との間で所得格差が広がり、資源ナショナリズムが喚起されるに至っている。すなわち、もともと石油開発地域は自分たちの土地であり、海外資本のものではないという強い感情である。この背景には、同地域が世界的な貧困地帯であるという問題がある。現在、ナイジェリアは日量二百五十万バレル弱の原油生産を行っているが、米国は近い将来これを同四百万バレル程度まで拡大する計画である。しかし、資源ナショナリズムと貧困問題を背景にしたナイジェリアの民族紛争は、石油開発が拡大すればするほど石油施設に対する武装テロも拡大するという構図にあり、生産能力の拡大は絵に描いた餅となる可能性が高い。

新憲法が制定されたイラクでも、資源ナショナリズムが高まっており、今後の開発の足かせとなりかねない。ＢＰ統計によると、イラクの石油埋蔵量は二〇〇四年末で千五百五十億バレルであり、サウジアラビアの二千六百二十七億バレルに次いで世界第二位の石油資源国だ（ちなみに第三位はイランで千三百二十五億バレル）。しかし、イラクでは六〇年代以降、石油探査らしい探査がなされていないことから、関係者の間では埋蔵量は公表されているよりもはるかに大きいとの見方が大勢だ。本来であれば、米国は、〇三年五月のイラク戦争終結宣言とともに、この膨大な石油資源を開発し、その石油収入で戦後復興を果たしていくシナリオを描いていた。ちなみに、米国系シンクタンク数社の推定では、当時イラクの復興費用は、数百億～五千億ドル（数兆円～六十兆円）にのぼると見られていた。電力、ガス、水道、通信、道路、衛生システム、公共施設、灌漑設備など戦争で破壊されたインフラ整備だけでも約一千億ドルが必要であると見られた。しかし、戦後既に三カ年が経過しようとするなか、イラクの原油生産は依然として日量二百万バレルを下回っており、戦前のピークである同三百万バレルには程遠い。ましてや当初計画していた〇六年で日量四百万バレルの生産量は、これまた絵に描いた餅となっている。北部キルクーク油田での従業員のサボタージュや設備の老朽化、パイプラインの破壊活動などが原因である。イラク復興にはあまりに予測不可能なリスクが大きいことから、外資の投資も進んでいない。さらに、イラク内部でも、膨大な石油資源をめぐってクルド人、シーア派、スンニ派の権利争いから宗教対立に発展しつつある。特に、同国の石油資源はクルド人地域の北部とシーア派が多数住む南部とに二分されており、旧フセイン政権時代のスンニ派が多いイラク中央部にはこれといった油田がない。このため、石油資源をめぐる混乱はむしろこれから本格化する可能性が高い。

こうした資源ナショナリズムは、かつて一九七〇年代前半の石油ショックのときにも高まりを見せた。ＯＰＥＣ諸国は、それまでの安い石油価格をベースにした権利収入に反発し、自ら石油事業にかかわることによってより大きな利権を確保しようとした。折からの第四次中東戦争の勃発もあって、ＯＰＥＣ諸国は原油生産・輸出を制限することによって国際石油価格を大幅に引き上げ、石油収入のさらなる拡大を図るカルテル的性格を強めた。最近のエネルギー資源価格の高騰は、多くの資源国にとってナショナリズムを再燃させる可能性が大きい。それは同時に、安い資源価格の時代の終焉を意味するものである。

❸ 資源争奪の時代がやってきた

胡錦濤主席は二〇〇五年九月中旬に米国を訪問し、ブッシュ大統領と会談した。出発に当たって、中国政府は「中国が世界中のエネルギー資源を確保しようとしている」との米国の不安を和らげる努力を行った。しかし、ゼーリック米国務副長官は、「中国が引き続きイランなど産油国とのエネルギー取引を推進し、また必要とされるエネルギー資源を確保する公算が大きいようであれば、中国はますます米国と対立するようになる」と発言。これを受け、中国外交スポークスマンは「中国は石油資源を掌握するつもりもないし、制圧するつもりもない」と強調。「我々は対等かつ相互の利益に基づき、エネルギー分野の提携や共同開発を進めることを支持する」と述べた。限られた資源をめぐり両資源（需要）大国の駆け引きが感じられる一幕であった。

世界の資源需給構造に変調が見られるようになったのは、二〇〇〇年代に入ってからだ。BRICs（ブラジル、ロシア、インド、中国）のエネルギー・資源多消費型の経済発展により、原油・天然ガス、石炭、鉄鉱石、非鉄などの生産・需要がこれまでの臨界点を超えて拡大し始めたためだ。こうした構造変化は資源争奪の形で貿易動向に先鋭的に表れている。そこで原油、天然ガス、鉄鉱石、石炭の世界貿易量を九八年と〇三年で比較してみよう。

まず原油は、〇三年が十八・二四億万トンで一九九八年の十六・四一億トンから一一・一％拡大している。この間、世界の石油需要は、三十六・九五億トン（日量七千四百二十万バレル）から三十九・二九億トン（同七千八百九十万バレル）へ六・三％拡大。すなわち、世界の原油貿易量は、需要の倍のペースで伸びている。世界の原油需要全体に占める貿易の割合も、四四・四％から四六・四％に高まっている。二〇〇〇年以降、需要拡大の中心である米国、中国は、国内の石油生産が頭打ちで輸入への依存を高めていることから、世界の原油貿易もさらに拡大する傾向にある。IEA（国際エネルギー機関）のリポート（〇五年七月）によると、〇五年の世界石油需要は四十一・七八億トン（日量八千三百九十万バレル）となる見通しだ。このため、〇五年の貿易量は二十億トン（日量四千万バレル）を上回る公算が大きい。

ここ数年の原油貿易には、次のような変化が見られる。第一は、中国やインドの石油輸入の拡大である。近年のモータリゼーションの進展や産業化・都市化を背景に、中国の石油消費は〇三年に二・七億トンと日本の二・六四億トンを上回り、米国に次ぐ世界第二位となった。これに対し、国内の石油生産は一・七四億トン（日量三百四十万バレル）前後で頭打ちにあることから、不足分は輸入に依存する形となる。一九九六年に原油の純輸入国に転じた中国の輸入量は、〇三年八千二百八十六万トン（同百八十万バレル）、〇四年一・二三億トン（同二百四十七万バレル）と一段と拡大している。また、インドも九一年に経済自由化へと舵を切り替えて以降、年平均六％台の成長を続け、中国に続く新興経済大国として存在感を強めつつある。その象徴が石油需要の拡大だ。インドの石油需要は、二〇〇〇年の九千九百六十万トン（日量二百万バレル）から〇四年には一・二九億トン（同二百五十九万バレル）に拡大し、既に米国、中国、日本などに次ぎ世界第六位の石油消費国となっている。一方、国内の原油生産は四千万トン（日量約八十万バレル）弱で頭打ちのため、需要の約七割をサウジアラビアなどから輸入している。ちなみに、原油輸入量は、二〇〇〇年の四千四百八十二万トン（日量九十万バレル）から〇三年は九千二百七十七万トン（同百八十六万バレル）に拡大。〇五年の輸入は、一億トン（同二百万バレル）を突破したと見られる。変化の第二は、米国や中国などの原油輸入国が、輸入先の多元化を図っていることである。エネルギー安全保障の観点から、中東への依存度を極力抑えることが狙いだ。ちなみに、石油需要の約六割を輸入に依存する米国は、〇四年の原油輸入量五・三七億トン（同千八十万バレル）のうち二四％を中東から輸入しているが、最近は中南米や西アフリカからの輸入も拡大傾向にある。中国も、中東への輸入依存度は四五％にとどまり、アフリカ、アジア大洋州他に輸入先を多元化している。第三に、原油輸出国にも特定輸出先を分散させる動きが見られる。例えば、ベネズエラの原油輸出の約八割は北米向けであるが、チャベス大統領は、〇四年十二月に中国を訪問しエネルギー協力の強化で合意。〇五年に自国の石油ガス開発のために、中国から四・一億ドル相当の投資を受け、中国と二・五億ドル相当（約六百万バレル）の原油輸入契約を行っている。ロシアも欧州向けの原油輸出にとどまらず、今後、原油生産を増やしていくために、新たな輸出市場先として米国をはじめ中国・アジア市場の開拓に注力。世界の原油貿易は、中東からの輸出を中心に貿易量の一段の拡大が続くなかで、輸入国の脱中東化や輸出国の輸出先分散化の動きが強まり、より複雑な構図になりつつあると言えよう。

一方、原油価格が高騰するなか、環境負荷が低く、クリーンなエネルギーである天然ガスへの注目が集まっている。その結果、天然ガスの取引形態においても、スポット取引を含めた短期契約の増加や、ＬＮＧ貿易の拡大といった変化が見られるようになった。ＢＰ統計によると、二〇〇二年の世界の天然ガス生産量は二・五三兆立方メートルであり、年々増加傾向にある。国別では、ロシアが〇・六〇兆立方メートルで二四％弱、米国が〇・五四兆立方メートルで二一％強。中東の生産量は〇・二五兆立方メートルで全体の一〇％弱にとどまっている（ただ、埋蔵量は世界の約三六％）。天然ガスの貿易量は、〇三年〇・六二兆立方メートルで、九八年の〇・四五兆立方メートルから年率七％弱で拡大している。しかし、その割合は生産量の三割弱にとどまっており、石油の約五〇％に比べ低い。貿易量全体の約七五％はパイプライン、残りの二五％はＬＮＧ（液化天然ガス）による取引である。これは、需要の七割強を占める欧米および旧ソ連では、パイプライン・インフラが整備されており、天然ガスを気体のまま輸送することが可能であるためだ。これに対し、アジアでは日本、韓国、台湾を中心にＬＮＧでの輸入が一般的である。ＬＮＧ輸入は、天然ガスをマイナス百六十二度まで冷却し、容積を約六百分の一に縮小して、巨大な断熱容器を備えた専用船で産ガス地域から需要地まで運ぶものだ。このため、ＬＮＧのプロジェクト遂行に当たっては、天然ガスの探鉱・開発→ガスの液化→ＬＮＧの海上輸送→再気化→消費に至るバリューチェーンを構築する必要がある。このため膨大なコストがかかるうえ、契約も通常二十～二十五年の長期間にわたるのが一般的である。

しかし、近年では中国、インドなどアジアにおける新興需要国の登場や欧米でのＬＮＧ市場の拡大で、従来の市場環境に変化が生じている。すなわち、①電力、ガス、石油規制の緩和やインフラ整備で、流動的かつ透明な取引市場が形成されつつある、②技術革新によりプロジェクトコストが低下した、③従来の石油主体の開発投資から天然ガス開発投資が活発化し、ＬＮＧの余剰能力が拡大している、などの変化である。これを受け、今後中長期的には、ＬＮＧ取引市場では、世界貿易の複雑化や価格変動幅の拡大が予想される。

需給構造の変化は鉄鉱石や石炭などの資源市場でも同様だ。ＢＲＩＣｓ（ブラジル、ロシア、インド、中国）の重化学工業化で粗鋼生産が急拡大し、鉄鉱石、石炭（原料炭）需要急増をもたらしているためだ。なかでも、一九九六年に日本を追い抜き世界最大の鉄鋼生産国となった中国の粗鋼生産は、二〇〇〇年以降、毎年三千万トンを上回るペースで拡大。〇三年に二億トンを突破し、〇四年は二・七億トン、〇五年は三・三億〜三・五億トンに達する見通しである。経済発展に伴う自動車や家電向けの鋼材需要が拡大すると同時に、〇八年の北京五輪、二〇一〇年の上海万博など、国家発展の重要な節目に向けたインフラ整備のための建材需要が急拡大しているためである。こうした粗鋼生産の急拡大に伴って、中国の鉄鉱石や石炭輸入も急増している。八九年に千二百四十一万トンであった鉄鉱石輸入は、〇二年に一億トンを突破し、〇四年は二億トン、〇五年は二・三億トンを超える見通しだ。これは、鉄鋼需要の急速な拡大に加え、中国で生産される鉄鉱石の大半が貧鉱（鉄分含有率は平均三〇％程度）で、大型高炉の原料には適さないためである。中国の鉄鉱石輸入の急増により、これまで四億トン台で推移していた世界の鉄鉱石貿易量は、〇三年には五・二六億トンと五億トンの大台を大きく突破し、さらに、粗鋼生産の拡大は、製鉄に不可欠なコークス用原料炭の輸入を増加させる構図にある。従来、中国は一般炭の輸出国であるが、〇三年には原料炭千二百二十四万トンを輸入するようになった。ちなみに、この数量は、日本の石炭輸入量一・六二億トンと比べるとわずかであるが、資源争奪戦における中国台頭の前触れと見ると軽視できない。

❹ 中国の「走出去」戦略

中国は、鄧小平による「改革開放」政策がスタートした一九七八年から〇四年の二十六年間、平均九％超の経済成長を遂げてきた。この結果、この間に実質ＧＤＰは十倍以上になった。既に日本の名目ＧＤＰの約三分の一の規模である。中国にとって、毎年千二百万人前後の新規雇用を吸収していくために、この経済成長率九％というのはとても重要な数字である。ちなみに、これは毎年八百万人を超える人口増と、農村から工業部門への労働力のシフトを合わせた数字である。一般に中国では、一％成長すれば、新たに約百二十万人の雇用を創出することができると言われる。したがって、九％であれば千八十万人前後の新規雇用を吸収でき、社会の安定につながる。しかし、大きな経済体を引き続き年率九％で成長させるのは容易ではない。成長には、石油などのエネルギーをはじめ鉄鉱石や非鉄などの資源や新たな市場が必要になる。また、先進国の技術も吸収する必要がある。中国にとって、これらの課題を解決する手段が、ＷＴＯ（世界貿易機関）への加盟であった。〇一年十二月に悲願のＷＴＯ加盟を果たした中国は、輸出で成長し、外資や海外の技術を導入して成長し、成長に必要な資源を海外から調達するという戦略をとる。実際、ＷＴＯ加盟後、外資などの投資主導により中国の経済成長は一段と加速し、貿易黒字も毎年三百億～四百億ドルの規模で推移するようになる。こうしたなか、中国の為替管理制度の特徴は、①稼いだ外貨（ドル）は人民銀行がすべて買い上げる、②資本移動は厳格に規制する、といった二点にある。中国は、その後順調に輸出を拡大させると同時に、外資の導入も進む。その結果、中国は膨大な外貨を積み上げることになった。

こうした背景のなかで、中国では「走出去（ゾウ・チュウ・チュイ）」（企業の海外進出・投資）戦略が打ち出されてくる。中国政府は、二〇〇五年六月に発足させた前述の「国家エネルギー指導小組」（戦略会議）で、海外の石油・天然ガス資源の開発や輸入先の多元化に関連して、この「走出去」戦略を盛り込んでいる。これは潤沢な外貨準備を活用した中国企業の海外投資を促す戦略といえる。具体的には、〇五年末で八千億ドルを大きく突破した外貨準備を利用して、中国企業に海外の石油や金、非鉄、鉄鉱石、原料炭などの資源およびその権益（採掘権）を買わせるものである。すなわち、政府のサポートの下、CNPC（中国石油天然ガス総公司）、SINOPEC（中国石油化工総公司）、CNOOC（中国海洋石油有限公司）のいわゆる中国版オイルメジャーズ三社が産油国に直接投資し現地生産を拡大することだ。既に中国は、世界四十九カ所の油田権益を確保している。〇五年末には権益ベースの海外原油生産日量三十万〜五十万バレルを達成する計画である。ちなみに、米議会の猛烈な反対で断念したものの、最近のCNOOCによる、米石油大手ユノカルの買収劇はこの「走出去」戦略の好例と言えよう。

また、輸入ソースの多元化に向けた資源外交も積極化させている。中国は〇四年末、ベネズエラのチャベス大統領と「二国間エネルギー協定」を締結し、国内十五油田の開発、天然ガス・

原油の精製などを共同で行う計画であり、世界第二位の石油消費国の中国と、第五位の石油輸出国が手を結んだことになる。さらに、イランをはじめとする中東諸国、インドなどとも石油・ガス資源開発を狙った二国間協力を進めている。

❺中国版メジャーズの「パラノイア」ぶり

ワシントン情報によると、米国のCSIS（戦略国際問題研究所）は二〇〇五年三月、米エネルギー省（DOE）、国務省、IEAおよび民間専門家により「中国のエネルギー需要急増」に関する討論会を開催している。ちなみに、中国の石油消費量は、一九九五年の日量三百二十万バレルから〇四年の同六百四十万バレルへと十年間で倍増している。特に、〇四年の需要は日量で百万バレル急増した。一方、国内生産は同三百四十万バレルで過去十年間ほとんど変わっていない。このため、需要の増分は輸入で賄わざるを得ず、中国の石油輸入は既に日量三百万バレルに達している。CSISによると、中国は、今後の輸入増対策のため、①CNPC（中国石油天然ガス総公司）、SINOPEC（中国石油化工総公司）などが産油国に直接投資し、権益ベースでの現地生産を拡大する、②輸入ソースの多元化（中東など特定国への依存度を下げる）を図る、③自動車の燃費効率の改善や石油税賦課（検討中）による需要抑制、④代替燃料開発、⑤戦略石油備蓄（〇八年までに三十五日分）、⑥国内原油生産の拡大、の六つの政策を並行実施している。CSISによるこの中国のエネルギー戦略に関する分析は、前述したようにその後〇五年六月に、「国家エネルギー指導小組」(戦略会議)という形で公表されることになる。

しかし、この「戦略会議」が中国の積極的な海外エネルギー資源外交の始まりを意味するものではない。既に、中国は、一九九二年にカナダ(北トゥイング油田)で海外油田権益を取得したのをスタートに、石油の純輸入国に転じた九三年前後より、将来のエネルギー不足問題を見据えて積極的な国家エネルギー資源外交を行っている。それに先駆けて、中国政府は九八年にCNPCとSINOPECの大幅な組織再編を行った。それまでは、上流の石油開発・生産をCNPCが、川中・川下の石油化学・流通部門はSINOPECという形での分業体制がとられていた。しかし、WTO加盟をにらんで国際競争力強化を図る狙いから九八年、CNPC、SINOPECそれにCNOOCを加えた中国版オイルメジャーズ三社それぞれが、上流・中流・下流事業を展開する「三位一体化」改革を実施し、互いに競争し合う枠組みを採用した。

ちなみに、横井陽一の『中国の石油戦略』によると、三大オイルメジャーズについては次の特徴が指摘できる。第一に、中国の石油・エネルギーの大きな担い手であり、中国政治・経済の根幹と結びついていることだ。言い換えれば、国是である「社会主義」と「市場経済」の結節点をこれら三社が体現していると言えよう。特徴の第二は、三社とも子会社(Petro China, Sinopec Corp., CNOOC Ltd.)を設立し、香港、ニューヨーク、ロンドン市場に上場していることだ。そして国際市場に上場している以上、国家の息のかかった会社とはいえ、海外株式市場の動向を十分に配慮した経営が求められる。

この再編を契機に、国際石油市場では中国オイルメジャーズを中心に猛烈な海外資源開発競争が繰り広げられるようになった。中国商務省のデータによれば、中国石油企業はこれまでに世界三十数カ国で六十五カ所の探査・開発プロジェクトを展開中である。投資総額七十億ドルで六千万トンの供給枠を確保している。特に、第十次五カ年計画（二〇〇一～〇五年）で、中国政府は海外エネルギー資源の確保を国家戦略と位置付けている。その戦略拠点は、中東・中央アジア、ロシア、中東・北アフリカおよび南米である。このうち、中国は原油輸入の五割近く（日量八十万バレル）をサウジアラビア、イランなど中東に依存している。なかでも最大の輸入先はイランである。日高義樹の『米中石油戦争がはじまった』によると、現在、イランの産油量は日量四百万バレルであるが、中国は将来的にはイランとの間に石油パイプラインを設置し、日量六百万バレルを超すイランの石油の大半を中国に直接呼び込む考えのようだ。このため中東では、米国―イラク、中国―イランという枠組みが出来上がりつつある。さらに中国は、世界最大の産油国サウジアラビアとも輸入を拡大する方針である。既に、ＳＩＮＯＰＥＣはサウジアラビアの国立石油企業サウジアラムコの株を二〇％取得し、サウジ国内に共同で製油所を建設する約束をしているとも言われる。いまや中国は、米国の聖域と言われるサウジアラビアにもしっかりと根を下ろしつつあると言えよう。なお、ＯＰＥＣ代表団が〇五年十二月にはじめて北京を訪れ、「中国の急速な経済の拡大が石油市場を変えた」との認識から、今後エネルギー関連の協力関係を模索するための定期協議の開催を求めている。また、この訪問の際、クウェートはペトロチャイナ（Petro China）との間で、〇六年三月末までに広東省で製油所の建設を目指し、協議を開始している。

一方、中国は中東へのエネルギー依存度を高めることのリスクについても考慮し、次に見るように中南米、アフリカ、ロシア、中央アジアなどへの展開も積極化させている。この意味では、二〇〇五年の「戦略会議」は、これまで一見場当たり的に行われてきた感がある海外資源外交を、改めて国家戦略として有機的に統一するということであろう。しかし、これらオイルメジャーズの「資源パラノイア」を促す政策は、米国の資源戦略をめぐっていずれ軋轢《あつれき》を強めることは必至だ。

❻ 積極化する資源外交

一段と高止まりする原油市場では、二〇〇四年末よりベネズエラを要にしてイラク、中国の連携が強まりつつある。それぞれが冷徹に利害を追求したうえでの動きではあるが、三国を結び付けている要素に反米、反ブッシュ戦略があることは間違いなさそうだ。また、イランのハタミ大統領（当時）も〇四年三月初めにベネズエラを訪問し、チャベス大統領と石油・ガス、石油化学分野での協定に調印している。その際、両大統領は米ブッシュ大統領を批判。ハタミ大統領は、米国の圧制下にあるベネズエラに対して、国力を強化し米国の脅威をはねのけることを促す一方、チャベス大統領も、過去に自分の暗殺を試みた米国を非難。特に、同国の原油輸出の八割以上が米国向けである。このためチャベス大統領は、米国への経済的依存を低下させ、原油輸出国の分散を目指している。イランもまた、核開発疑惑をめぐってブッシュ政権と対立中だ。米国は、制裁をちらつかせることで核開発阻止を狙っている。ネオコン派議員が、〇四年当時のハタミ政権転覆を図っていたとの指摘もある。〇五年五月の大統領選挙で、強硬派のアハマディネジャドが新大統領に選出されたことで、イランでは核問題と併せて体制転換に向けた米国の攻勢が強まるのは必至だ。このためイランは反米でベネズエラとの結束を固める動きが予想される。両国とも、ブッシュ政権からにらまれているＯＰＥＣ強硬派だけに、今回の協力関係の強化が今後のＯＰＥＣの戦略に影響を及ぼすことは疑いない。

こうした両国の連携に、米国に次ぐ石油消費国になった中国がかかわっている。石油輸入が急増する中国は、中東依存が上昇するのを避けるために石油輸入ソースの多元化が必要であり、海外での探鉱・開発推進によって、国内の石油・ガス資源の不足を補う戦略だ。このためＣＮＰＣ（中国石油天然ガス総公司）、ＳＩＮＯＰＥＣ（中国石油化工総公司）が権益ベースでの海外資源獲得に走っている。既に見たように中国は、世界六十五カ所のプロジェクトを展開し、四十九カ所の油田権益を確保、二〇〇五年末には権益ベースの海外原油生産日量三十万

〜五十万バレルを達成する計画である。こうしたなか、チャベス大統領は〇四年末に中国と「二国間エネルギー協定」を締結している。具体的には、国内十五油田の開発、天然ガス・原油の精製などを共同で行う計画だ。世界第二位の石油消費国の中国と、第五位の石油輸出国が手を結んだことになる。イラン、ベネズエラ、中国が反ブッシュで紐帯を強めることは、原油市場における新たな地政学的リスクが醸成されることを意味し、今後の原油相場の大きな押し上げ要因となる可能性が大きい。

こうした動きだけにはとどまらない。中国は、ブラジルとも多くの契約を結び、百億ドル以上のエネルギー共同開発のための契約に調印している。アルゼンチンとも、今後十年間に天然ガスや石油開発を行うために五十億ドルの投資を行う契約を結んだ。西アフリカや中央アジアでも、中国は世界で最も専制的な国々と手を組み、石油獲得戦略を推進している（日高義樹『米中石油戦争がはじまった』）。なかでも中国と極めて親しい関係にあるのがスーダンとナイジェリアである。

中央アジアでは、カザフスタンと戦略同盟協定を結び、両国間に石油と天然ガスのパイプライン建設を構想している。さらにウズベキスタンの、反民主主義政治を推し進めるカリモフ大統領を援助し、同国の石油と天然ガス権益を獲得した。この中国の行動は、ウズベキスタンの民主主義勢力を支援しようとする米国の意図に反するものである。日高義樹は、「専制国家との中国の積極的な資源外交は、中国の共産主義体制と馴染みやすい結果でもあり、新しい世界戦略の確立を目指す中国のこうした動きは、いずれ米国の敵性国家として性格を強めてくる」と懸念する。

❼ 日本にとって無視できない中国の先物市場

ここ数年の国際商品市況急騰の背景には、中国の持続的成長に伴う旺盛な素材需要がある。これに伴い、中国内でも先物市場が急成長し、世界の先物市場への影響も強まっている。中国で、先物市場が導入され始めたのは一九九〇年代に入ってからだ。市場経済化が浸透するにつれ、商品の価格変動リスクが高まり、リスクヘッジやスペキュレーションの場としての先物市場が必要になったためだ。しかし、当時は、法制度が未整備なまま先物取引所が全国的に乱立し、不公正な取引や一部業者による価格操作、上場商品の重複など様々な問題が生じた。これに対し中国政府は、市場の健全な発展を図るため、九三年以降、取引所の整理・整頓に着手。五十以上あった先物取引所は、現在では大連商品交易所、上海期貨交易所、鄭州商品交易所の三カ所に統合された。数十あった上場商品の数も、大豆、大豆ミール（以上が大連）、トウモロコシ、銅、アルミニウム、天然ゴム、燃料油（以上が上海）、小麦、綿花（以上が鄭州）の九商品に絞り込まれた。

上場商品が限られているにもかかわらず、中国の先物市場規模は既に日本をしのいでいる。

全米先物業協会（ＦＩＡ）によると、二〇〇四年の世界先物取引所の出来高ランクベスト二十に、大連（八位）、上海（十四位）、鄭州（二十位）がいずれも入っている。ちなみに、日本の七つの商品取引所のうち、ベスト二〇入りは東京工業品取引所（九位）、東京穀物取引所（十九位）だけだ。改革十年足らずで中国の商品先物市場が、急速に台頭してきたきっかけは、〇一年十二月のＷＴＯ加盟だ。そもそも中国のＷＴＯ加盟には、輸出拡大と外資導入により経済成長を促すと同時に、成長に必要な原材料を海外から調達するという狙いがあった。

既に、一兆ドルを超えるＧＤＰ大国となった中国は、鉄鋼、石炭、セメント、化学肥料、化学繊維、コメ、小麦、綿花、肉類、果物、野菜などの生産で世界第一位を占める。また、大豆の輸入量では世界最大、石油消費量では世界第二位で、世界有数の非鉄生産・消費国でもある。この結果、資源大国である中国と国際商品市場との連動性が強まり、商品のボラティリティ（価格変動幅）が拡大。中国企業にとってリスクヘッジ（あるいはスペキュレーション）や公正な市場価格形成のニーズも急速に高まっている。中国政府は、今後、原油や金などの大型商品に加え、通貨、金利などの金融商品の上場も視野に入れた総合先物取引所の育成を図っていく方針であり、一段の発展が期待されている。

こうした中国先物市場の胎動は、もはや日本をはじめ欧米先物市場関係者にとっても無視できないものとなっている。中国の先物市場がさらに拡大し市場開放も進めば、海外の商品取引業者や取次業者、取引所などの参入も本格化する。既に東京工業品取引所は大連と原油の上場をにらんで協力関係にある。これにより市場の流動性が高まれば、海外市場との裁定取引が活発になり市場の一体化が進む。これは、伝統的に欧米市場が握っていた「指標価格の決定権」を、消費市場の立場から中国・日本を核とするアジア先物市場が奪うことをも意味する。

❽ グリーンスパンの優れた手腕

グリーンスパンFRB(米連邦準備理事会)議長は二〇〇六年一月三十一日、FOMC(米連邦公開市場委員会)を最後に十八年余の議長職を引退した。第十三代FRB議長としての任期は〇八年六月まであった。任期を残して辞任を表明した理由は、グリーノミックス(グリーンスパンによる世界経済政策)の達成感であろう。巧みな舵取りで米国経済をインフレなき持続的成長に導いたその金融手腕は、マエストロ(名指揮者)と称賛され、「グリーンスパン神話」さえ生まれた。グリーンスパン議長の巧みさは、突発的危機が起こった際の「果敢な対応」と将来の危機を「兆し」のうちに感じ取り、早め早めに手を打つ用意周到な姿勢にあると言えよう。グリーンスパンがFRB議長に就任した二カ月後の一九八七年十月、ニューヨーク株式市場はブラックマンデーに見舞われ、ダウ三十種平均株価は五百八ドル安の千七百三十八ドルに暴落した。下落率は二二・六%で一九二九年の大恐慌時を上回るすさまじい下げであった。すかさず議長は「経済と金融システムを支えるため、流動性を供給する用意がある」との緊急声明を行い、パニックに陥りつつある市場に落ち着きを取り戻させた。九七年～九八年のアジア通貨危機に端を発した九八年八月のロシア・ルーブル危機の際には、計三回にわたる大幅な金融緩和を断行。また、〇一年の九・一一同時多発テロの直後には、緊急FOMCを開催し、「金融市場の機能が正常化するまで、必要に応じて異例の大量資金供給を続ける」ことを表明した。その後も米国では、IT（情報技術）バブルが崩壊し、エンロンやワールドコムなど一連の企業会計スキャンダルを背景に、経済が〇一年末から〇二年初めにかけてリセッション（景気後退）に陥り、デフレ懸念が強まった。既に〇一年から金融緩和に転じていたFRBは〇三年初めまで計十三回にわたり利下げを実施する。ちなみに、二〇〇〇年五月に六・五％であったFF金利（フェデラルファンド・レート）の誘導目標は、〇三年には四十六年ぶりの低水準である一％まで引き下げられた。

振り返ってみれば、米国経済には二〇〇三年前半までデフレ懸念が漂っていた。景気そのものは〇二年から回復に向かっていたが、雇用・設備過剰を背景にストック調整が続くなか、イラク情勢の緊迫化に伴って企業や消費者心理が悪化したためだ。グリーンスパン議長はじめ後任のFRB議長となるバーナンキ理事などの懸念は、米国で「デフレが進行」し、「日本の二の舞」になることであった。いったん「デフレの罠」に陥ってしまったら、そこから抜け出すのは容易ではないことを、日本が苦しむ「十年デフレ」で熟知していた。FRBが歴史的な金融緩和を実施した背景には、デフレ阻止に向けた議長の強い姿勢があった。加えて、ブッシュ政権も大規模減税を断行するなど、米国では近年にない景気刺激策がとられた。これが奏功し、回復基調が鮮明になった〇三年五月にはイラク戦争も終結し、企業や個人の景況感が改善。ニューヨーク株価も一万ドルを回復した。特に、大型減税は個人消費を押し上げ、折からのデジタル家電ブームもあって、ＩＴ関連投資を中心に企業の設備投資も回復。また、この間の歴史的な低金利は、住宅投資に火をつけ、住宅価格の上昇がさらなるローンを可能にし、それが新たな消費を喚起するという形で景気回復に弾みをつけた。この結果、〇四年前半にはデフレ懸念も払拭された。

グリーンスパン議長の手腕は緊急時における思い切った金融緩和策だけではない。むしろ、それが奏功するのは、平時において将来の危機を兆しのうちに防ぐ微妙な舵取りにある。「デフレの危機はもはや問題ではない」。グリーンスパンは二〇〇四年四月にこう発言し、市場に対し「超低金利からの転換が近い」ことを警告する。米国経済が自律回復軌道に乗り、デフレ懸念が払拭されれば、ＦＦ金利を一％という歴史的な低金利に止めておくことはかえって弊害が多い。特に、〇三年に入ってから原油価格の騰勢が強まり、〇四年には一バレル＝四十ドルをにらむ展開となり、インフレ懸念も生じるようになった。このため、議長は〇四年六月にＦＦ金利を一・〇〇％から一・二五％に引き上げた。利上げが景気拡大に水を差すことがないよう、引き上げ幅は〇・二五％という小幅で、引き締めというよりはあくまでも「超緩和」政策を修正するといった意味合いをマーケットに暗示させた点が特徴だ。ＦＲＢは、この利上げをスタートに、グリーンスパン議長が退任する〇六年一月まで計十四回、正常なレベルと見られる四・五%まで、景気を冷やすことなく小刻みに慎重な利上げを継続した。これは見事な舵取りと言える。なぜなら通常、FRBの利上げ観測が広まると、株価が急落しドルが急騰するなどマーケットへの反動は大きなものとなる恐れがあるからである。また、金利の上昇は、個人にとって住宅ローンのリファイナンスからキャッシュを得る道を閉ざし、住宅関連の消費支出を減退させるばかりか、変動金利の上昇による住宅ローン負担を増やす。さらに、自動車のインセンティブ販売にも影響を及ぼすなど、消費を冷え込ませてしまう恐れもあるためだ。こうした事態を避けるため、FRBはグリーンスパン議長の舵取りの下、マーケットで予想される金利上昇を〇・二五%ずつという小刻みなものとしたのだ。

さて、「マエストロ」と呼ばれたグリーンスパン議長の後任は、元CEA(米大統領経済諮問委員会)で、FRBの理事でもあったバーナンキである。新議長はどのような金融政策の持ち主なのであろうか。この点、上院銀行委員会が二〇〇五年十一月にバーナンキの次期FRB議長指名を承認した際、彼はその公聴会において、グリーンスパン路線を継承する旨を述べたうえで、①長期的な物価・完全雇用・経済安定に資する、②金融政策の一貫性・予見性がある場合に有効に機能する、③市場との対話を通じて政策プロセスの透明性を高め、不確実性を低下させることを約束した。そして、これらを実現するためのステップの一つとして、「長期的なインフレの数値目標を明示的に示すことを検討する」ことを明言している。

❾ 中東を民主化させる試み

一九九〇年代以降、世界経済においては二つの流れが同時並行的に強まってきた。グローバリズムとリージョナリズムの流れである。経済のグローバル化（ヒト、モノ、サービス、カネの国際間移動の拡大とそれに伴う各国間の相互依存関係の高まり）が加速した背景には、八九年の東西冷戦の終焉を契機に世界各国で、政治の民主化（民主主義）、経済（市場）の自由化、技術面での情報化が加速したことがある。一方、これら民主化、自由化、情報化の流れは、地域統合という形でリージョナリズムの動きを高めることになった。ＷＴＯには、現在約二百八十に達する地域協力が登録されており、そのうち百四十三の地域協定が有効に機能している。この流れは中東産油国においても例外ではない。

特に、二〇〇三年に入って原油価格が大きく上昇するようになると、にわかに中東において国民の民主化運動が活発化するようになった。（財）国際開発センターの畑中氏（彼はほとんど毎月のように中東諸国を訪れている）と最近の資源・エネルギー問題について意見交換した際、彼は、〇五年二月にエジプトとレバノンで同時に、これまでの中東世界では想像できなかった出来事が起こったと懸念していた。例えば、エジプトでは、大統領選挙に当たってムバラク大統領が対立候補もなく五選されようとするのに抗議する人々のデモがカイロ大学の通りを埋めた。一方レバノンの首都ベイルートでは、一週間前に起きたハリーリ大統領の暗殺を悲しむ人々により、影の支配者として同国に君臨するシリア軍の撤退を求める大規模デモが行われた。いずれも共通するのは、古い体制に対して「キファーヤ」を唱えていたことだ。ちなみに、キファーヤとはアラビア語で「もうたくさん」の意味だそうだ。畑中氏は、この「もうたくさん」という言葉が、中東の民主化を求める人々の「合言葉」にすらなっていると指摘する。

この点において、中東の民主化にとって二〇〇五年という年は極めて重要な年となった。まず、〇五年前半には中東で四つの選挙が行われた。いずれも湾岸全体の地政学上のバランスを左右するものであり、情勢が不安定化すればするほど原油相場の押し上げ要因となるものである。すなわち一月九日のパレスチナ自治政府選挙では、アラファトPLO（パレスチナ解放機構）議長死後の選挙が行われ、穏健派のアッバス議長が後任に選ばれた。しかし、〇六年に入ると、イスラエル・シャロン首相の重態を契機にパレスチナではイスラム原理主義テロ組織ハマスが勢力を拡大し、和平の行方も危うくなっている。一月三十日のイラク暫定国民議会選挙は、国民の六割を占めるシーア派と北部のクルド人の代表が議席の多数を占め、フセイン時代に主導権を持っていたスンニ派の勢力が一段と弱まった。この結果、南部のシーア派と北部のクルド人の居住区に多く埋蔵される石油資源の共有権をめぐって、国内での資源ナショナリズムが高まる恐れがある。さらに二月から四月にかけてはサウジアラビアで地方議会選挙が実施された。人口二千五百万人の六割以上が二十代以下という同国では、若者の失業率も高くサウド王家に対する不満も鬱積していると言われる。サウド王家としては、国内を安定化させるためには民主化をせざるを得ないが、民主化をすればするほど若者の不満が顕在化しやすくなるというジレンマがある。〇五年十二月六日には、ジッダの米総領事館が武装勢力に襲撃されるなど国内が再び不安定化している。

なお、注意すべきは、国際政治学者のサミュエル・ハンチントンがその著書『引き裂かれる世界』で指摘しているように、中東における民主化の潮流の背後には米ブッシュ政権の「一方主義」の下での民主化圧力があるが、中東の市民の大半はそうした米国の中東政策に対して根強い反発があるということであろう。ちなみに、ハンチントンによれば、米ブッシュ政権の「一方主義」とは次の六つの要素からなる（同書より）。すなわち、①他国に、人権と民主主義について、米国の価値観ややり方に従うよう圧力をかける、②米国の優位を脅かすような軍事力を他国がつけないよう牽制する、③人権、麻薬、テロリズム、核拡散、ミサイル拡散、信仰の自由の面でどのくらい米国の基準を守っているかで他国を格付けする、④自由市場と市場開放の名の下に、米国企業の利益を追求する、⑤他国を恫喝して米国の経済的利益になる経済施設や社会政策を採用させる、⑥米国の意向に従うことを拒否する国を「ならず者国家」と決めつけ、国際社会や経済から締め出す、などである。そして、皮肉なことは、こうした米国の一方主義が、中東諸国にかえって「イスラムの復興」意識をもたらすようになったことだ。すなわち、「膨大な数のイスラム教徒が一斉にイスラムの中にアイデンティティ、生きる意味、正統性、発展性、力や希望の源泉を見出し、スローガンを掲げる」ようになった。それは「イスラムが解決法だ」というものだ。イスラム社会にあっては、民主化、近代化は望むところであるが、それは必ずしも西洋化を意味しない。まして米国化ではない。

⑩ 核開発の封印を解いたイラン

深刻なのはイランだ。二〇〇五年五月はイランの大統領選挙が行われ、誰もが予想しなかった強硬派のアハマディネジャドがハタミ前大統領に代わって当選。新大統領は、当選とともに核再開発へのステップを歩み始める。〇六年早々、ＩＡＥＡ（国際原子力機関）は、イランが実験用ウラン濃縮装置や濃縮に必要な遠心分離機の封印を解いたことを確認した。これまで欧米の堪忍袋の緒が切れなかったのは、「イランが濃縮活動までは踏み込んでいない」という認識があったからだ。しかし、「イスラエル抹殺」を公言してはばからないアハマディネジャド大統領は、世界全体に地政学的・戦略的な不均衡を拡大し、自国の権益が侵害されるのを正そうとしている。世界中の聖戦派（ジハディスト）に戦術核能力の供与を確約しているとの情報もある。

何がイランを変えたのか。〇四年十一月に英独仏との間で自主的に核開発活動を停止すると合意していたはずだ。態度が豹変した背景には、〇五年の新大統領就任を契機に保守回帰の流れが強まるなかで、同国がイラク・アフガニスタン・イスラエル・トルコ・パキスタンといった親米的な諸国に包囲されているとの強迫観念が強まっていることがあるようだ。一方、イランはロシア、中国とは友好的な関係にある。ブシェール原子力発電所の核燃料はロシアによって供給され、中国の最大の原油輸入先はイランだ。このためイランは、ロシア、中国が国連安保理の行動にブレーキをかけてくれるはずと期待している向きがある。さらに、高騰する原油価格がイランの態度を大胆にしている。仮に国連制裁が検討された場合、原油価格が一段とはね上がる恐れが強く、安保理としても強硬な態度はとりにくい。一方、最近の原油高によって経済制裁に対するイランの耐久力もかなり高まっている。こう考えると問題は、時間が経てば経つほど深刻化していく厄介な構図となっている。

ＩＡＥＡは、二〇〇六年二月二日の緊急理事会で国連安保理への付託（審議を求める報告）を決議した。今回、「制裁を含む決議」については三月のＩＡＥＡ理事会まで延期される予定のため「今そこにある危機」は遠のいたものの、問題の先送りであることには違いがない。先送りの後に想定されるのは、安保理による「決議採択」→核関連活動の完全停止、情報開示要求→態度が変わらない場合は経済制裁に至るシナリオだ。制裁発動あるいはイランの禁輸が現実味を帯びてくれば、原油価格は七十ドルを一気に超えてくるだろう。ちなみに、リビアのエネルギー相は「制裁が発動されれば、原油価格は百ドルに達するだろう」と発言している。原油が暴騰すれば金も一気に六百ドルを突破し、さらなる上値を模索することは必至だ。

⓫ サウジアラビアとの密約説

二〇〇四年六月三日のOPEC総会は、石油市場において新たな不安の幕開けとなった。総会での増産合意を受けたニューヨークWTI原油価格（期近）は、再び四十ドルを割り込む展開となった。総会では、日量二百万バレルの原油生産枠の引き上げを七月より実施し、必要なら八月に同五十万バレルの追加増産を行うことが決定された。今回の決定は、事前予想の日量二百三十万〜二百五十万バレルの生産枠拡大を下回り、現在の「ヤミ増産」を追認したに過ぎないことから、本来であれば市況強材料となるはずであった。

特に、〇四年六月の合意は、三つの面で新たな波乱材料を残すことになった。一つは、OPEC内部で、増産派のサウジアラビアと反対派との確執が深まったと見られることだ。七月と八月の二段階の生産枠増加という異例の対応となった背景には、唯一増産余力のあるサウジアラビアが、原油高のメリットを最大限享受することに対し、イラン、リビア、ベネズエラなどの反発があった。OPEC内部の不協和音は、そのまま原油価格の高値波乱要因となる。

第二は、仮にサウジアラビアが肩代わり増産を行った場合、それはそれで今後の原油市場に新たな不安を生み出すことになることだ。ヌアイミ石油相によれば、サウジアラビアは欧米をはじめ消費国の要請に応えて、市場鎮静化のために現行日量七百六十四万バレルの生産枠に対して、既に同九百十万バレル以上の生産を行っている。さらに、〇四年六月中にも生産量を日量百五十万バレル増やし、生産能力の限界の同千五十万バレルまでの生産が可能である。しかし、サウジアラビアが能力いっぱい原油を生産するということは、必ずしも市場の安定化を保証するものではない。

今後市場は、夏場のガソリン需要のピーク期、秋口の在庫積み増し期、冬場の需要期に向かう。こうしたなか、サウジアラビアという日量二百万前後のスペアキャパシティ（生産余力）を有するバッファー（緩衝）を失うということは、新たな相場高騰の火種になりかねない。第三は、「原油価格の引き下げ」に関するサウジアラビアと米国の密約説の存在である。今回のＯＰＥＣ総会をめぐって意外であったことは、〇四年四月まで積極的な減産の旗振り役だったサウジアラビアが、一転して増産に傾いたことだ。

従来、「長期的な石油収入の最大化」を目標とするサウジアラビアにとって問題は、原油が高止まりしているにもかかわらず、石油輸出収入が思ったほど伸びていないことにあった。密約説が本当だとすると、今後最大のリスク要因は、ＯＰＥＣ内部におけるサウジアラビアの孤立である。特に、サウジアラビアの実質増産によって原油価格が急落するような事態になれば、ＯＰＥＣ内部の亀裂は決定的になり、同国のヤミ増産を阻止する動きが表面化する可能性もある。既にその兆候がある。サウジアラビア東部の石油産業都市アルホバルでの外国人襲撃事件など、国際テロ組織アルカイダの活動がサウジアラビアに拡大していることだ。

⑫ 東アジア「石油備蓄ゼロ」の恐怖

東アジア経済のアキレス腱は「エネルギー」にあると言われる。東アジアでは、経済発展に伴うエネルギー需要を域内で賄い切れず、域外からの石油輸入の急増を招いているためだ。IEAによると、一九九七年から二〇一〇年で、世界の石油需要は、日量七千四百五十万バレルから同九千五百八十万バレルまで同二千百三十万バレル拡大する見通しである。このうち、日米欧などの経済協力開発機構（OECD）加盟国の増加分が二八％であるのに対し、中国を含むアジアでの増加分は四割強となる格好だ。

数量ベースでは、アジアの石油需要は、九七年の日量千二百八十万バレルから一〇年には同二千百八十万バレルへと同九百万バレル拡大すると見られる。日本の〇一年時点での原油輸入量が日量四百二十五万バレルであることから、今後、東アジア地域において日本の規模の原油輸入国が新たに二つに出現することを意味する。

これに対して、この間の東アジア地域での石油供給量は、日量五百四十万バレルから同五百三十万バレルとむしろ減少が予想される。中国、インドネシア、マレーシアなどの原油生産が既に頭打ちとなっているためである。この結果、東アジア地域においては、石油の供給不足量が日量七百四十万バレルから同千六百五十万バレルへと倍増することになる。この不足分を補うためには域外からの石油輸入が必要となり、その大半が供給能力のある中東原油に依存せざるを得ないのが実情だ。こうした、国際石油市場における一大輸入地域としてのアジアの台頭は、当然のことながら世界の石油需給バランスをタイト化させ、中長期的な原油相場の押し上げ要因となる。

特に、〇三年三月の米国のイラク攻撃による原油価格の高騰は、こうしたエネルギー分野での東アジアの脆弱性を一気に吹き出させかねない問題となった。ただ、国際石油市場では一九八〇年代後半以降、原油価格が急落する過程で、グローバリゼーションと市場化が進展。一時的な供給中断があっても、大型タンカー一隻を横付けすれば調達が可能であるなど、世界単一市場となっていることから、イラク攻撃により一時的に供給が途絶えたとしても、中長期にわたって供給が中断する懸念は少ない。このため、イラク攻撃によって生じる石油危機は、原油価格の高騰問題ということになり、マーケットの非常時における価格安定をいかに図るかが重要となってくる。

この点について、IEAは、短期的対策として、①エネルギーの消費抑制、②相互融通、③備蓄などによる安定供給の確保を挙げている。このうち、最も有効とされているのが石油備蓄であり、IEAはOECD諸国に対して九十日分の備蓄を勧告している。ちなみに、米国は、民間企業に備蓄義務はないが、エネルギー省によるSPR（戦略的石油備蓄）が約七億バレルある。これは、年間消費量の七カ月分に相当する。

イギリス、ドイツ、フランスの備蓄日数は、それぞれ百四十二日、九十日、九十五日分である。

図表4-1　アジア諸国の石油備蓄の現状（2004年）

	中　国	韓　国	台　湾	シンガポール	タ　イ	フィリピン	インドネシア
国家備蓄制度	無（05年より開始）	有（31日分）	無	無	無	無	有
民間備蓄義務	無	有（38日分）	有（60日分）	無	無	無	有（34日分）
運転在庫（原油・石油製品）	20日程度	26日分	30～40日程度	35日程度	36日程度	40日程度	ほぼすべてが国営石油会社の運転在庫

資料：（財）日本エネルギー経済研究所調査を参考に作成

日本の場合は、七〇年代における石油ショックを踏まえて、石油備蓄法に基づき九十日分の石油備蓄増強計画を策定、国家および民間備蓄を義務付けており、現在両者合わせて百七十一日分の備蓄がある。

これに対して、東アジア諸国の備蓄制度は極めて脆弱である。図表4-1は、ややデータが古いが、二〇〇四年時点での日本エネルギー研究所の調べによるアジア諸国の石油備蓄状況を見たものである。これによると、国家備蓄制度があるのは韓国だけで、その他諸国は民間の石油会社による在庫が備蓄を兼ねている状況である（その後中国は、〇五年末より石油備蓄制度をスタートさせている）。

しかも、年間消費量ベースで見た備蓄日数は二十～四十日程度と極めて少なく、その性格も運転在庫が大半という状況だ。また、将来的に見ても、国際石油市場の競争が激化するなかで、各石油会社としては在庫圧縮のインセンティブが強く、自発的な備蓄増強はとても期待できない。

国家備蓄についても財政面での負担を考えれば難しい。このため、東アジア地域においては、緊急時には各国がそれぞれ供給確保に走ることになり、国際石油市場での波乱を増幅する恐れがある。

第5章
「歪み」を突く投機マネー

❶ 世界的な「カネ余り」現象の向かう先はどこか

市場経済下の社会とは「資本の論理」が貫徹される世界でもある。岩井克人によると、「資本の論理とは、利潤を永続的に追求していく経済活動のことであり」、「利潤は、価値体系の差異性から生まれる」。この文脈で言えば、十九世紀の商業資本主義は、二つの地域の間の価格の差を媒介して利潤を生み出す世界であり、二十世紀の産業資本主義は、生産活動を通して付加価値を付け利潤を生み出すものである。先物市場では、現在と将来価格に価値の差を見出し、将来の価格が上昇すると見れば先物を買い、下落すると見れば先物を売り、予測が当たれば、反対売買をして利潤を確保する。ある企業の価値が株式市場での時価総額よりも割安と見れば、その企業の株を買うか、あるいはM&Aの対象となる。情報社会である二十一世紀初頭のポスト産業資本主義の世界は、知恵やアイデア、技術革新などで差異性を意識的に創り出すことによって利潤を生み出していく世界と言えよう。世界的な「カネ余り」現象のなかでは、投機マネーの動きが「価値の差異」を見出して一段と活発化することになる。そうした投機マネーが、現在価値あるいは将来価値から判断して割安であるとして注目しているのが、エネルギー・資源などのコモディティ（実物商品）であり、それらに関連する資源企業である。特に、二〇〇五年は、原油高騰に並行して、年明け早々から石油企業の買収合戦が盛んになった年でもあった。米石油二位のシェブロン・テキサコは二〇〇五年、中国の国策石油会社CNOOCとの劇的な買収合戦の末、全米九位のユノカルを総額百八十億ドル（約一兆九千億円）で買収した。これによってシェブロン・テキサコは、米エクソンモービルに次ぎ、英蘭ロイヤル・ダッチ・シェルと肩を並べる規模となった。シェブロン・テキサコが、ここにきて大型の合併・買収（M&A）に動き出したのは、原油高騰で収益力が高まり、減少傾向にあった手持ちの原油埋蔵量を増やす絶好のチャンスが到来したためだ。ただ、国際石油市場では既に九〇年代後半に、手っ取り早く埋蔵量を増やすためのこうした大型M&Aが進み、「スーパーメジャーズ」と呼ばれる米欧石油四社に集約されている。このため、今回のシェブロン・テキサコの買収劇が新たな業界再編の引き金となる可能性は少ないと言えよう。

また、こうしたM&Aによって現在、原油市場が抱えている供給不安が解消されるわけでもない。M&Aは個別メジャーにとっては解決策となっても、世界的な原油埋蔵量の拡大にはつながらないためだ。特に、オイルメジャーズは原油高騰にもかかわらず、上流での原油開発投資には慎重である。過去の低原油時代を知っているメジャーズにとって、巨額の資金と長期間を要する開発投資はリスクが大きすぎるためである。加えて、先に述べたように、コーポレート・ガバナンスの行き過ぎも開発投資の抑制要因だ。メジャーズの石油収入は増えているが、それらを投資に向けるよりは、むしろ増配や自社株買いに向けるべきとの要請が強いためだ。

旺盛な石油需要に見合って供給能力が伸びないということになれば、原油市場ではどのような高値が出てもおかしくはない。既に、WTI原油価格（期近）は、〇五年八月に入り一バレル＝六十ドルを突破した。〇四年との違いは、アジアの旺盛な実需を反映し、中東産ドバイ原油価格も五十ドル台に乗せた点である。

❷「リスクヘッジ」「インフレヘッジ」として輝きを取り戻した金

原油価格の高騰は、背景にある地政学的リスクとインフレ懸念を通じて、金価格を大きく押し上げる形にもなっている。二〇〇六年、年明けのNY金相場（期近）は、二十五年ぶりの高値である一オンス＝五百ドルを大きく突破する形でスタートし、一月下旬には一時五百七十九ドルまで駆け上がった。金は当面の上値抵抗線となるはずの〇五年十二月十二日の高値五百四十四ドルを一気に突き抜け、心理的に重要な節目である五百五十ドルをもあっさり突破したことで、改めて市場の強さを認識させられる状況になっている。特に、〇五年九月以降の金価格は、ドル高、金利高にもかかわらず、百ドル以上急騰した。中東情勢をめぐる地政学的リスクの高まりを背景に、原油価格が、〇五年末より再び一バレル＝六十ドル台に乗せてきたことも金相場の支援材料である。

二〇〇六年に入ってからの金価格は、上昇のスピードが速く、マネーゲームの色彩が一段と強まっていることから、十～二十ドル幅での相場乱高下は避けられないものの、チャート的には、五百五十ドル台での値固めの段階にあると言えよう。言い換えれば金は、既に六百ドルが

図表5-1　円・ドル相場およびNY金価格の推移

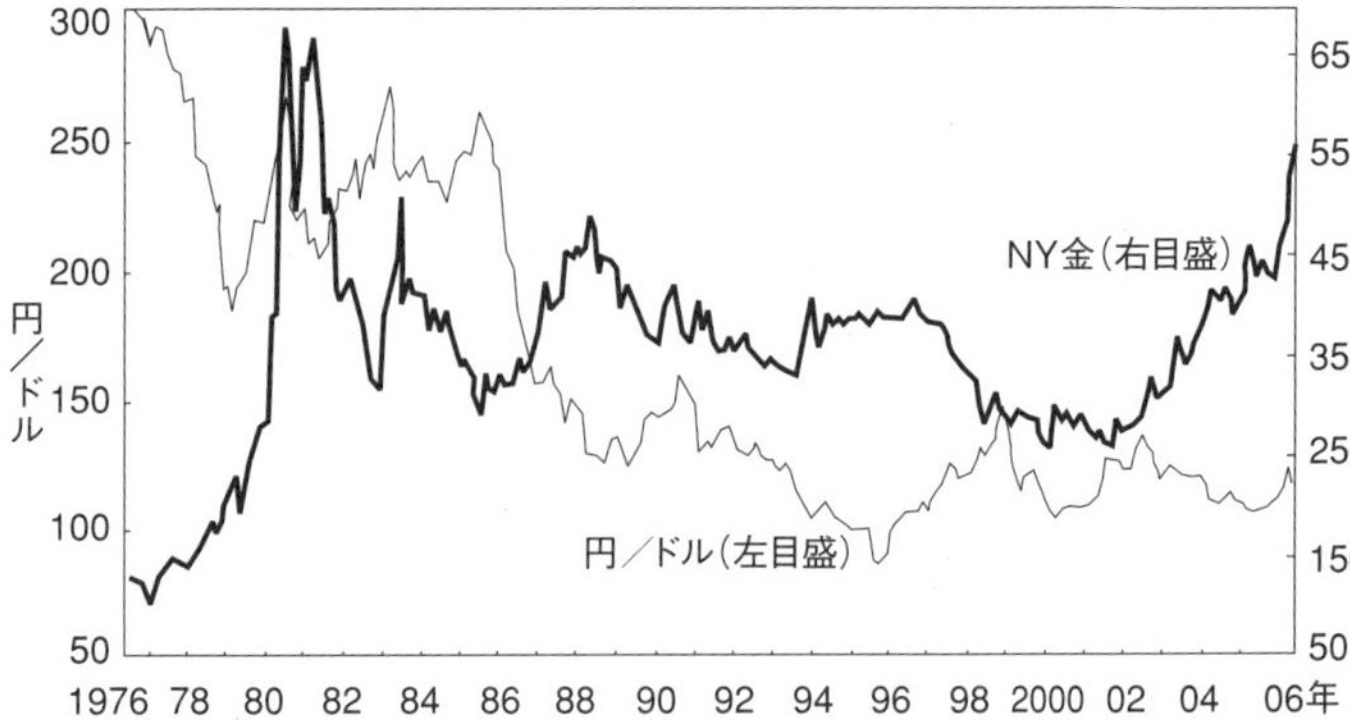

資料：COMEXデータより筆者作成

当面の目標レベルになっているが、そのためには今後一カ月ほどの時間をかけて五百五十ドルの節目を固めることが不可欠である。五百五十ドルが確保できれば、次の心理的目標の六百ドルが射程圏内に入ることになる。ただ、五百ドルに比べて六百ドルという数字にはあまり意味がない。現在の金価格は、一九七〇年代に匹敵するような長期上昇トレンドの渦中にあると見られるためだ。

金にとって五百ドルという数字の意味は大きい。過去、金が急伸し五百ドルを付けたときは三回しかない。一九七九年十二月、八三年一月、そして八七年十二月だ。このうち七九年は、金が二百ドル台から八〇年一月の史上最高値八百八十七ドルまで駆け上がった、まさにその途中過程に当たる。一方、八三年と八七年は、金が九九年の二百五十ドルに向けた長期下げトレンド過程での一時的リバウンドと言える。それぞれ金を取り巻く環境に何があったのか。今回とは何が異なるのか。

七九年は、イラン革命（一月）を契機とした第二次石

（単位：トン）

2003	2004	2005予
2,601	2,461	2,495
591	474	672
946	829	790
-279	-427	-242
–	–	–
4,138	3,840	3,957
2,499	2,615	2,801
518	552	582
811	673	574
3,828	3,846	3,164
300	300	300
4,138	3,840	3,957

油ショック（二月）、米スリーマイル島の原子力発電所での大量の放射能漏れ（三月）、イラン学生の米国大使館占拠（十一月）、ソ連軍のアフガン侵攻（十二月）などが次々と発生し「有事の金」に注目が集まった年だ。また、米国の消費者物価上昇率は二ケタに高まり「インフレヘッジ」としての金の魅力も高まった。ちなみに七九年の実質金利（名目金利－インフレ率）はマイナスとなった。これに対して、八三年一月の金高騰の背景にはイラン・イラク戦争の激化（一月）があり、その布石に、前年の英・アルゼンチンのフォークランド紛争（八二年四月）、メキシコ債務危機（八二年九月）があった。ただ、八〇年代は、ボルカーFRB議長の登場を契機に、それまでの金融政策を金利重視からマネーサプライ重視（マネーサプライの伸びを一定に保つ）に変更したのに伴い、米金利が急上昇し、金は急速に輝きを失っていった時期でもあった。さらに、八七年十二月の金五百ドル乗せは、八五年九月のプラザ合意を受けたドル急落とそれに伴うインフレ懸念の台頭、ソ連・チェルノブイリ原発の大事故（八六年四月）、ブラックマンデーによるNY株価五百八ドルの暴落（八七年十月）、などが要因であった。しかし、このタイミングで金が五百ドルを付けたことで、かえって八〇年代後半から顕在化した原油安に伴って、ソ連や中東筋による大量の金売却を誘い、九〇年代における金の長期下落基調の始まりとなった。

では、今回はどうか。二〇〇五年秋からの金高騰は、①

図表 5-2　世界の金需要の推移

年	1971	1980	1985	1990	1995	1999	2000	2001	2002
新産金	1,233	959	1,236	1,755	2,291	2,574	2,591	2,623	2,592
公的機関売却	96	−	210	405	167	477	479	529	559
ｽｸﾗｯﾌﾟ回収	−	488	334	511	631	608	609	708	834
ｺﾞｰﾙﾄﾞﾛｰﾝ・ﾍｯｼﾞ	−	−	62	234	475	506	-15	-151	-412
投資家純売却	54	90	168	−	79	−	290	129	53
供給合計	1,383	1,537	2,010	2,905	3,657	4,165	4,036	3,920	3,985
宝飾用需要	1,064	525	1,212	2,099	2,812	3,154	3,232	3,038	2,689
工業用需要	154	157	115	148	502	591	559	483	484
退蔵・他	54	350	244	261	343	420	230	248	388
加工需要計	1,272	1,032	1,571	2,508	3,308	3,732	4,021	3,490	3,561
投資家純購入	−	140	438	396	318	253	217	286	297
需要合計	1,272	1,262	2,009	2,904	3,657	4,165	4,036	3,920	3,985

資料：GFMS 社、2005 年 7 月

原油高騰や過剰流動性の発生に伴うインフレ懸念、②イランの核再開発問題やオサマ・ビン・ラディンらイスラム過激派による対米テロ警告、ナイジェリアの武装テロなどの地政学的リスクの広がり、③中国・インドの金自由化やドバイ金先物取引スタートに伴う投資需要拡大、などの複合材料によるものである。特に、ドル高、金利高のなかで金が五百ドルを突破してきたことは、一九七〇年代、特に七九年に匹敵する本格的な金上昇時代の到来を告げるシグナルと言えよう。

二〇〇六年の金を取り巻く以下の環境を考えると、六百ドル達成は意外に早いのかもしれない。一つはドル安だ。一般に、金が「強気相場かどうか」を判断する一つの材料として、「ドル高に関係なく金相場が上昇するかどうか」がある。金相場が、一九八八年以来四百五十ドルの壁を突破したのは〇五年九月で、十七年ぶりのことだ。二カ月ほど四百六十～四百七十ドルでもみ合った後、十二月二十日には五百四十四ドルと八一年以来二十四年ぶりの高値を付

けた。金価格の上昇が本物であると考えるのは、利食い売りにより一時四百九十ドル台まで急落した金が、〇五年十二月後半には再び五百ドル台を回復したことだ。この間、金はドル高にもかかわらず上昇した。これは、逆にドル安に転じた場合には、金が一気に買われることを示唆するものと言えよう。すなわち、金は今回「ドル高の頸木《くびき》」から解き放れて上昇してきたが、「逆は必ずしも真ではなく」、ドル安に対しては大きく反応する公算が大きい。例えば、〇六年において、仮に原油価格の七十ドル突破→インフレ懸念の顕在化→金利上昇→住宅バブル崩壊→米経済減速懸念→ドル急落となれば、巨額の「オイルマネー」が一気に金市場に流入し、金価格は一気に六百ドルに迫るといったシナリオが考えられる。

次に需給ファンダメンタルズが良好なことも金の強材料だ。世界最大のジュエリー（宝飾品）消費国であるインドに加え、中国、中東諸国などの現物買いが好調である。特に、中国では金市場の自由化が進展し、従来の宝飾品需要に加え個人の投資目的の金保有も解禁される方向にある。人民元の切り上げとも相まって、中国の金需要は、現在の年間二百トンから今後数年間でインド並みの六百〜七百トンに拡大する可能性が大きい。ドバイで金先物取引がスタートしたことも中東諸国の金投資需要を喚起するだろう。一方、新産金の供給は、南アフリカ共和国など産金国の生産コスト上昇や労働争議などを背景に、二〇〇一年の二千六百二十三トンをピークに減少傾向にある（前頁の図表5-2）。

第三に、原油価格との連動も金押し上げ要因である。二〇〇〇〜〇四年にかけて金は原油

図表5-3　NY金および原油相場の推移

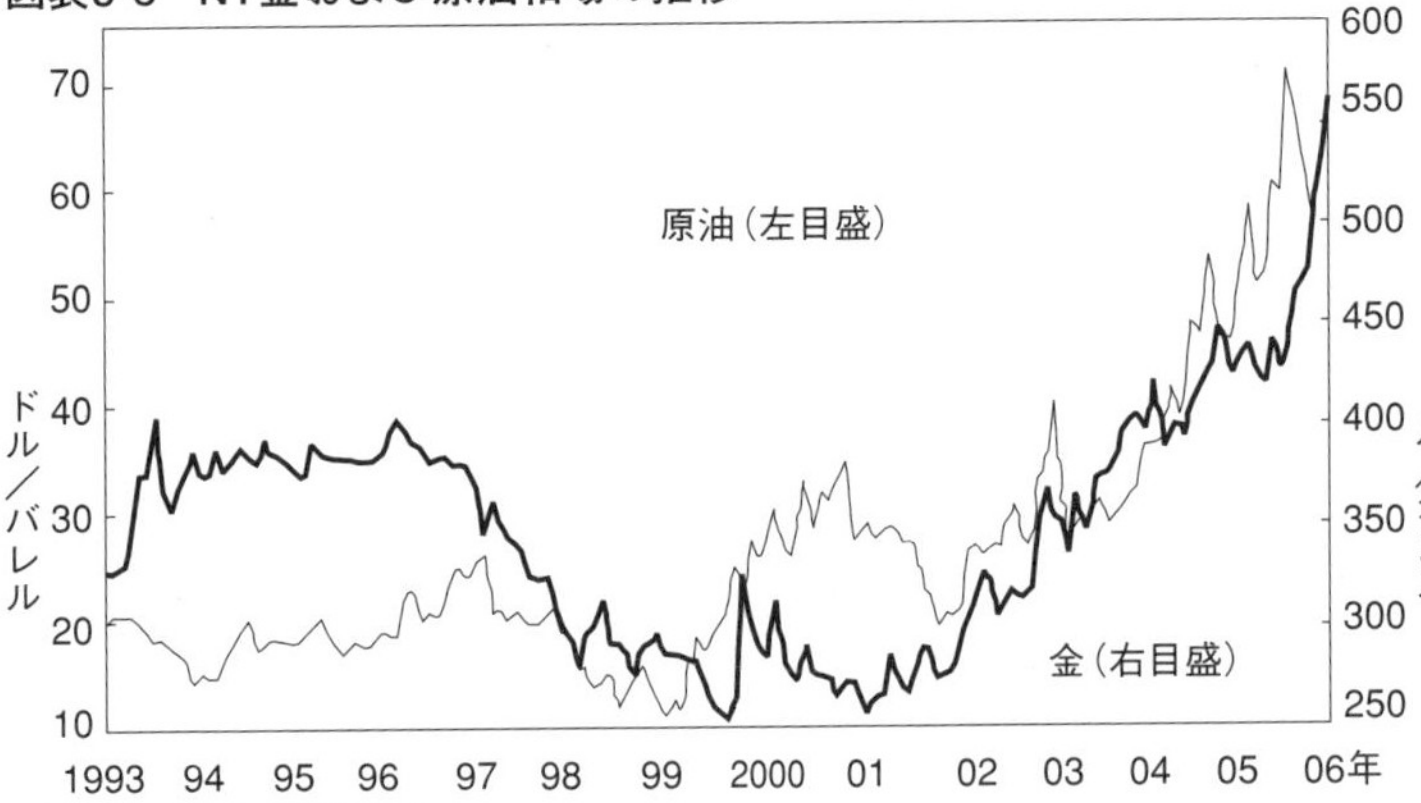

資料：COMEXより筆者作成

価格の十～十五倍のレベルにあった。しかし最近は、金／原油比価は七倍を割り込み、金の割安感が強まっていた。原油価格の十倍まで金が買われると六百ドル超、十五倍では九百ドル超となる。原油高騰で潤った産油国のオイルマネーが、投資ファンドとなって金市場に入り始めたようだ。足元の金急騰劇は、出遅れていたファンドの多くが、現在の強気相場に乗り遅れることを恐れ一斉に買いを入れたことによるものと言えよう。イランの核開発問題、イスラエル・シャロン首相の重態に伴うパレスチナ和平の行方など地政学的なリスクも多い。「ラストリゾート（安全を求める資金の最後の逃避先）」としての性格を強める金にとって、六百ドルは単なる通過点に過ぎないのかもしれない。

原油高騰に伴うインフレ懸念の台頭も金価格の押し上げ要因である。一般に、金価格は実質金利と逆相関関係にある。過去の経験によると、米長期金利

図表5-4　米国の実質金利と金価格

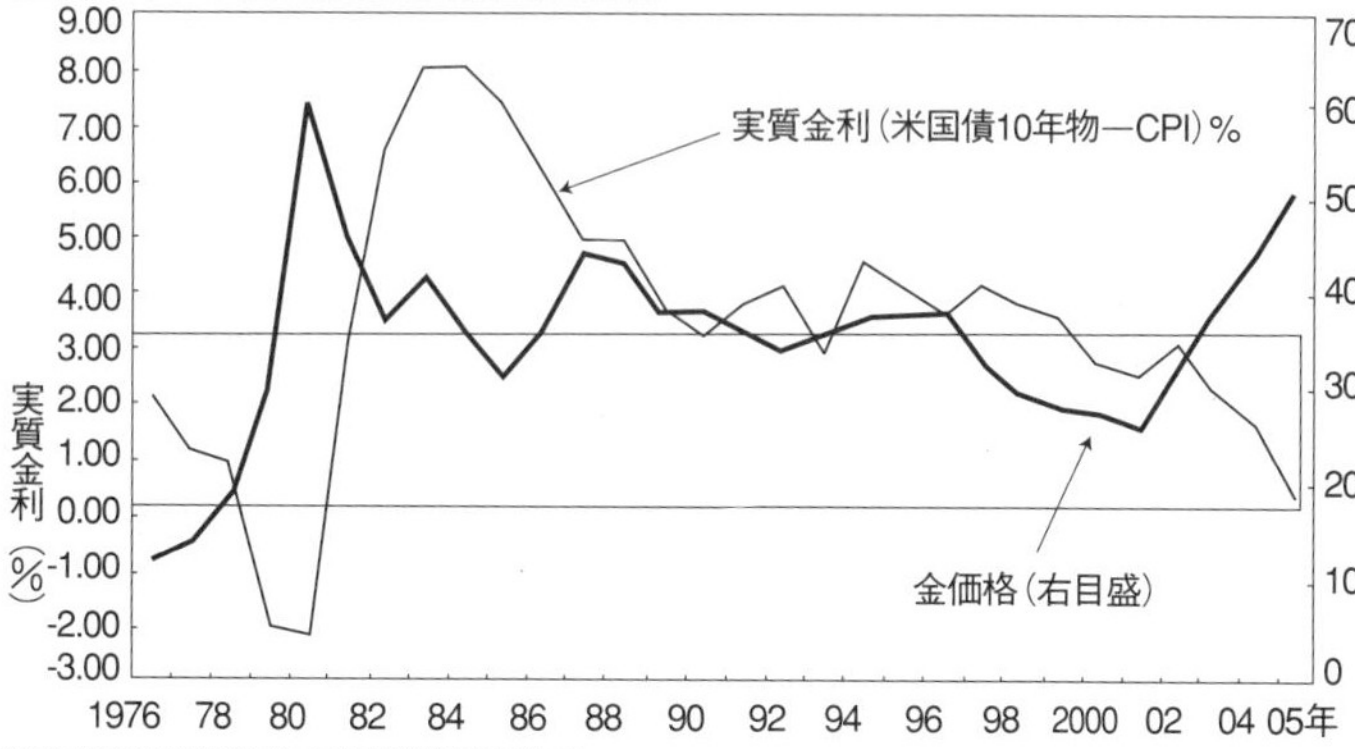

資料:米商務省資料より丸紅経済研究所作成

（米十年国債利回り）から消費者物価上昇率を差し引いた実質金利が三％を切るとインフレ懸念から投資魅力が高まり金は買われる。最近の歴史的な低金利のなかで、既に米国の実質金利は一％を大きく下回っており、「インフレヘッジ商品」としての金が輝きを増しつつある（図表5-4）。さらに、出口の見えないイラクの治安悪化、イラン新政権の核再開発宣言、ナイジェリアの民族紛争、サウジアラビア石油施設に対する自爆テロ未遂などの地政学的リスクも強まっている。これら複合的リスクの高まりに対し、「リスクヘッジ商品」としての金も一段と見直されることになろう。こうしてみると、今後数年の時間軸では、現在の金相場は、一九七〇年代に匹敵する長期上昇トレンドに入っており、その目標は八〇年の史上最高値八百八十ドル台ということになりそうだ。

❸ 資源国の通貨高とドル売り

コモディティ取引の大半はドル建てで取引されている。このため、ドル安は直接コモディティ価格の上昇につながる。また、コモディティの輸入国にとっては、ドル安はドルに対する自国通貨高であるため、コモディティ輸入を喚起し、需要サイドから相場押し上げ要因となる。一方、コモディティの生産・輸出国では、ドルに対して自国通貨が上昇するということは、ドル建てでのコモディティ価格が上昇しても、自国通貨建てでは上昇しないことから、増産のインセンティブは働かない。輸出業者が自国通貨建ての手取りを確保するためには、ドル建て輸出価格を引き上げる必要があり、それはドル建てコモディティ価格をさらに押し上げことになる。ブラジル、オーストラリア、カナダなどの資源国では、鉄鉱石や原料炭（コークス用強粘結炭）、穀物などの価格が急騰した二〇〇二年から〇五年にかけて、対ドル自国通貨が大きく買われた。ちなみに、オーストラリア・ドルは、〇一年十～十二月の一・九五豪ドル／ドルから〇五年八月には〇・七五豪ドル／ドルまで二・六倍に上昇。ブラジル・レアルは、〇二年十～十二月の安値三・六八レアル／ドルから〇五年九月の二・二六レアル／ドルまで六二％上昇。カナダ・ドルは、〇二年一～三月の一・五九加ドル／ドルから〇五年九月の一・一八加ドル／ドルまで三五％上昇している。資源価格の高騰を背景に、海外ファンドなどの投機マネーによる資源国通貨や株式への投資が拡大したためだ。

❹ 先物市場の役割はリスクヘッジと価格安定

二十一世紀に入って世界経済は、ITバブルの崩壊、九・一一同時テロ、緊迫化する中東・イラク・北朝鮮情勢、米国の双子の赤字を背景にしたドル不安、日本の不良債権処理に伴うデフレ問題、さらにBSE（牛海綿状脳症）や鳥インフルエンザなど感染症の広がり、インド洋巨大津波に相次ぐハリケーンの襲来など、従来のリスクを超えた「新たな不確実性」に晒されるようになった。現在、世界経済が抱えた不確実性は大きく五つに分類できよう。一つは、イラク問題やイスラム原理主義に代表される「新たなテロとの戦争」、二つ目に水資源不足や異常気象の多発など「新たな資源・環境問題の広がり」、第三に、中国という「新たな攪乱市場の台頭」。第四に、ITや遺伝子組み替えなど「新たな技術の出現」、そして第五が、最近の日本で見られるような年金危機や耐震強度偽造、JR西日本の脱線事故など、国や企業に対する信頼の低下というよりも信頼そのものの崩壊の問題である。しかもこれらの不確実な問題は、グローバリゼーションの進展のもと、それぞれ独立して起こるのではなく、相互に関連して生じる可能性が強いという点で、その影響も甚大である。ちなみに、松原隆一郎は『分断される経済』のなかでF・ナイトの説を紹介している。それは、「確率が分かっている環境と分からない環境とを区別し、確率計算できる不確実性をリスク、できない不確実性をアンサートゥンティ（uncertainty）」と呼び、後者こそが「本当の不確実性」であるという。現在、世界に起こっているこことはまさに確率計算できない「本当の不確実性」である。

こうした不確実性の時代にあっては、先物市場においても、新たな機能が問われる。先物市場においては、これまでのようにコモディティ価格が経済活動に連動する形で循環的な動きをしている時代にあっては、将来の価格変動リスクはある程度計量化が可能であった。また、価格が大きく変動すれば裁定が働きマーケットは安定に向かった。しかし、前述した五つの新しい不確実性を伴った時代は、それこそ何が起こるか分からない「何でもありの世界」の出現を意味する。このため、将来のリスクが計量化できず、それだけ市場のボラティリティ（価格変動性）が高まることになる。また、情報化の進展により、かえって世界の不確実性が増している面もある。情報量が増えれば増えるほど確定的なことが言えなくなり、不確実な情報が人々の行動を左右し、群集心理的な動きを生じさせるためである。こうした不確実性の時代に対処するため、改めて評価されつつあるのが「先物市場の機能」である。原油が史上最高値を付け、金も二十五年ぶりに五百五十ドルを付けるなど輝きを取り戻しているのも、先物市場再評価の表れであろう。

これまで先物取引の機能は、時代の大きな変動期において注目されてきた。特に、「先物の時代」の幕開けは、一九七一年八月のニクソンショックでドルと金の交換が停止されたのが契機である。これにより、価値基準尺度としてのドル・金価格そのものが大きく変動するようになった。さらに、折からの石油ショックや穀物危機と相まって、あらゆるモノ（実物商品）の価格変動リスクが高まり、リスクヘッジおよび価格発見の場としての先物取引の機能が見直されるようになった。これに対し、欧米の商品取引所も、マーケットのニーズを先取りする形で、通貨、エネルギー、金利、指数、オプションなど様々な新規上昇商品・取引手法を積極的に開発し提供してきた。ちなみに、原油および穀物の長期的な価格の推移を見ると、両コモディティ価格は、七〇年代を境にボラティリティ（価格変動性）が一段と高まるようになった。

なお、企業や投資家の立場から見た場合、リスクには、ある程度コントロール可能なリスク（価格変動リスクや与信リスクなど）と、自らの力ではコントロール不可能なリスク（自然災害や戦争など）とがある。このうち、前者のコントロール可能なリスクへの対処として有効なのが先物取引や保険である。しかし、二十一世紀に入って直面している「新たな不確実性」とは、リスクのなかでも後者のコントロール不可能なリスクの割合が大きくなったことを意味する。先物取引においては、このコントロール不可能なリスクに対処するのが投機玉の存在であり、先物市場に十分な流動性を提供しヘッジ機能が効率的に働くためには投機が不可欠である。

「新たな不確実性の時代」に求められる先物取引の機能としては、具体的には、①取引商品・手法の拡大（電力先物、天候デリバティブ、排気権など）、②ヘッジファンドなど投機玉の流入による流動性の拡大、③グローバル化に対応した取引所の連携、④マーケット情報の結節点としての情報発信機能、が求められる。既に、欧米の先物市場では、こうした機能を取り入れてグローバルな変革を遂げつつある。二〇〇三年より国際商品市場で原油、貴金属、非鉄、穀物など、ほぼすべての商品市況のベクトルが上向きに転じているのも「先物時代の到来」を示唆するものと言える。

❺ コモディティ市場の規模

株式市場と比べて、コモディティ市場の市場規模はどのくらいですか？　とよく聞かれる。これは、質問は簡潔だが答えるには難しい。株式市場では、発行株数に株価を掛けた時価総額が市場規模として使われるが、コモディティ市場の場合、そうはいかない。コモディティ市場では、「買った商品」の大半は売り戻され、「売った商品」の大半が買い戻される。すなわち、「買い」であろうと「売り」であろうと、その大半が反対売買によって相殺されてしまうため、実際に商品の受け渡しが行われるのは、全取引高の二～三％程度しかない。このため、コモディティ市場には株式市場の時価総額に当たる物差しがない。通常、コモディティ市場規模の変化は、出来高や取組高の推移で見ることができる。ちなみに、米国先物取引協議会（ＦＩＡ）によると、二〇〇四年の世界の先物取引総出来高は三十四億八千七百五十六万枚で〇三年の二十九億九千五百四十五万枚から一六・四％拡大した。この出来高のうちの約三八％に当たる十三億二千四百三万枚が米国の先物市場によるもので、前年比で二七％拡大している。しかし、この出来高何万枚という数字では株式市場の規模と比較できない。

そこであえて、個別商品について、市場規模を【年間の出来高×一枚当たり売買単位×年平均価格】で求めることにしよう。二〇〇四年の原油市場規模は約二兆三千七百三十一億ドル（五千七百八十八万枚×千バレル×四十一ドル）で、一九九八年の四千三百九十一億ドルの約五倍、二〇〇〇年の一兆千百七十五億ドルから二倍になっている。〇五年の原油（ＷＴＩ）価格は平均五十七ドルであるから、出来高が変わらなかったとしても原油の市場規模は優に三兆ドルを上回ったと見られる。同様に、〇四年の金の市場規模は六兆ドル強、大豆が四千四百億ドル強となる。これに対し、ユーロドル三カ月物は三百兆ドル弱、財務省手形は二百兆ドル弱とコモディティに対してはるかに規模が大きい。よく投機マネーが「カネ（金融商品）」から「モノ（実物商品＝コモディティ）」へシフトしたと言われるが、金融市場に入っている投機マネーすべてがコモディティ市場に流入するわけではない。元来、コモディティ市場は金融市場に比べてはるかに規模が小さいため、ごく一部の資金がコモディティ市場に流れただけでも、コモディティ価格は暴騰するということになる。投資家にとっては魅力も大きい一方、リスクも大きい。

❻ 活発化するヘッジファンド

金融市場に比べて、コモディティ市場の規模が小さいということは、言い換えればコモディティ価格の変動幅すなわちボラティリティ（volatility）が大きいということである。これは投機マネーにとっては、リスクもあるが儲けるチャンスも大きいことを意味する。このチャンスに賭けたのがオルタナティブ投資の中核をなすヘッジファンドである。ちなみに、オルタナティブ投資とは、株式や債券などに対する伝統的な投資に限らず、金や原油などのコモディティ、指数、オプション、プライベート・エクイティ（未公開企業の株式）、不動産など幅広い分野への投資を指す言葉だ。その際、「一つの籠にすべての卵を盛るリスク」を避けるために、リスクの異なる投資対象を組み込むのが特徴だ。この基本的な考え方は次のようなものだ。まず、投資機会の評価をリスクとリターンで判断する。リターンとは、収益の期待値Ｅ（r）であり、リスクとは、予想リターンの期待値との乖離の大きさのことであり、分散（V）あるいは標準偏差（σ）で示される。次に、投資家の効用を最大にする【リターンＥ（r）、リスク（σ）】の組み合わせは何かを考える。投資対象をＡ、Ｂとすると、一般にポートフォリオ理論では、リターンＥ（r）、リスク（σ）、組み入れ資産（A, B）間の相関関係（ρAB）の三つが与えられれば、投資家にとっての「最適なポートフォリオ」が得られる。それは、①一定のリターンの下でリスクが最小になるか、②一定のリスクの下でリターンが最大になるような（リスク、リターン）の組み合わせのいずれかである。

このオルタナティブ投資の代表がヘッジファンドである。リスク、リターンの最適組み合わせを求めることによって、ヘッジファンドは、市場が強気（ブル）でも弱気（ベア）でも

図表5-5　世界のファンド規模

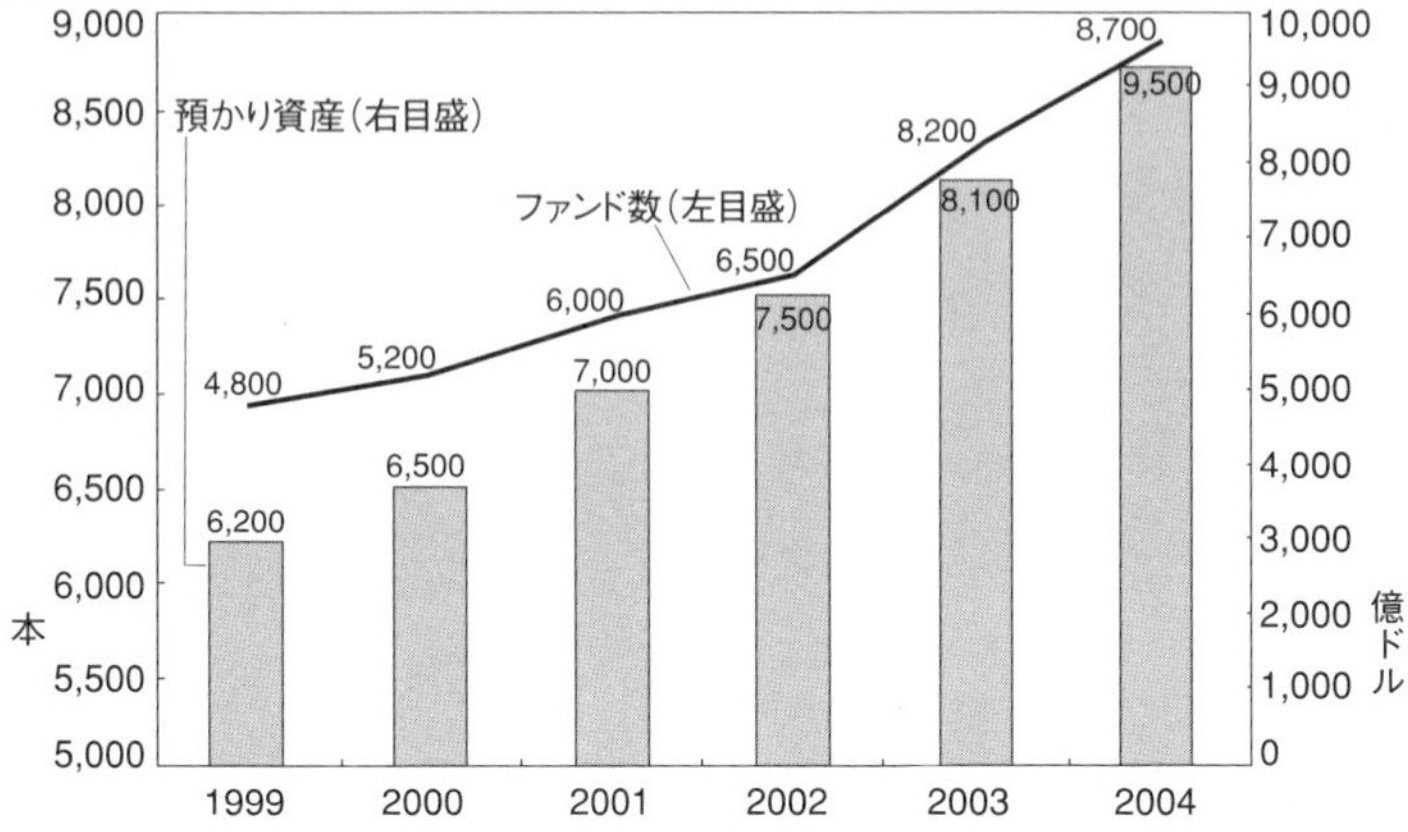

出所：須藤繁「最近の原油価格の動向と今後の見通し」（財）国際開発センターより作成

値動きがありさえすれば、絶対的な利回りを目指すことができる。運用対象にコモディティを組み込んだものが商品ファンドである。ファンド（基金）であるから、個人投資家や機関投資家から資金を預かり投資信託の形で運用する。ヘッジファンド・データベースを運営する各社の推計によれば、一九九三年に約一千億ドルであった世界のヘッジファンドの預かり資産規模は、九九年に六千二百億ドル、二〇〇四年は九千五百億ドルと一兆ドル（百十兆円）に迫っている。ファンド数も九九年の四千八百本から〇四年は八千七百本に急増している。通常、これらヘッジファンドは、原油などのコモディティ価格が短期的に上がれば利食い、下がれば買い戻すことから、価格変動に与える影響は中立的のはずである。しかし、市場に流入するファンド資金が増えれば、それだけ価格変動を増幅するという意味で、市場の攪乱要因である。また、最近は、こうした短期売買を繰り返すヘッジファンドにとどまらず、長期的に「買い一辺倒」の年金ファンドなどが原油や金市場に入ってきていると言われる。この場合、これらコモディティ価格の一方的な押し上げ要因となる。

❼ 米国に還流するオイルダラー、アジアダラー

いったい世界のオイルマネーはどの程度発生し、どこに使われ、どこに流れているのだろうか。IEA（国際エネルギー機関）の「オイル・マーケット・リポート」（二〇〇五年十二月）によると、〇四年の世界の原油生産量は日量八千三百十万バレルであった。これを三百六十五倍すると年間では三百三億バレルである。これより、原油価格が一バレル＝一ドル上昇すると、原油生産市場はざっと三百億ドル強拡大することになる。代表的な原油価格であるWTI（ウェスト・テキサス・インターミディエート）原油について見ると、同価格は〇三年の平均四十一ドルから〇四年には同五十一ドルに十ドル上昇しており、原油生産市場は約三千億ドル（約三十五兆円）拡大した計算だ。このうち半分が輸出されると見ると、全産油国の石油輸出収入は千五百億ドル（約十三兆円）となる。WTI原油価格は、〇五年は平均五十七ドルとさらに十六ドル上昇したことから、原油生産量の変化を無視すれば、石油輸出収入はさらに二千四百億ドル増えたことになる。二年間では四千億ドル（五十五兆円）近い増収だ。ちなみ

図表 5-6　OPEC の純石油輸出収入一覧表

年 / 国名	名目価格（10 億ドル）				実質価格（2005 年基準、10 億ドル）				
	2005/2004	2005	2006	2007	1972	1980	1998	2006	2007
アルジェリア	52%	36.0	41.6	41.1	5.0	26.4	6.4	40.9	39.7
インドネシア	ー	(1.0)	(0.6)	(0.9)	3.3	30.4	3.5	(0.6)	(0.8)
イラン	45%	46.6	50.1	46.5	15.3	26.8	11.2	49.2	44.9
イラク	31%	23.4	24.9	23.7	5.4	55.3	7.7	24.5	22.9
クウェート	41%	39.0	44.1	41.1	10.3	38.4	9.1	43.3	39.7
リビア	52%	28.3	31.2	29.9	10.9	45.5	6.7	30.7	28.9
ナイジェリア	40%	45.1	52.7	51.1	7.8	48.8	10.0	51.7	49.3
カタール	28%	19.1	23.3	23.0	1.7	11.0	3.9	22.9	22.2
サウジアラビア	49%	153.3	162.0	150.2	17.2	213.6	36.9	159.1	144.9
UAE	44%	45.6	53.0	52.2	3.9	38.5	11.5	52.1	50.4
ベネズエラ	32%	37.7	39.4	37.2	11.3	37.2	13.6	38.7	35.9
合　計	43%	473.1	521.9	495.2	92.0	571.8	120.7	512.5	477.8

注）2005 年は推定値、06、07 年は予測。
出所：EIA（米エネルギー省）

に、日本の経常黒字は年間十七兆〜十八兆円であるから、産油国は〇三年、〇四年の二年間で日本の外貨獲得額の二倍近い石油収入を得たことになる。なお、EIAによると、OPEC十一カ国の純石油輸出収入は、〇五年の推定四千七百三十一億ドルから〇六年には五千二百十九億ドルへと一〇%増える見通しだが、〇五年を基準とする実質価格で見ると、八〇年の五千七百十八億ドルを下回っている（図表5-6）。

具体的なオイルダラーの行方については、隠密裏に運用されていることもあり、把握するのは難しい。しかし、隔靴掻痒《かっかそうよう》（靴の上から痒《かゆ》きを掻《か》く）の感は拭えないが、いくつかの視点から大まかなオイルダラーの動向を推察することは可能だ。世界最大の産油国であり、OPECの盟主でもあるサウジアラビアのケースを見てみよう。同国の原油生産量は、日量一千万バレル弱であり、年間では三十六億バレ

図表5-7　サウジアラビアの石油収入

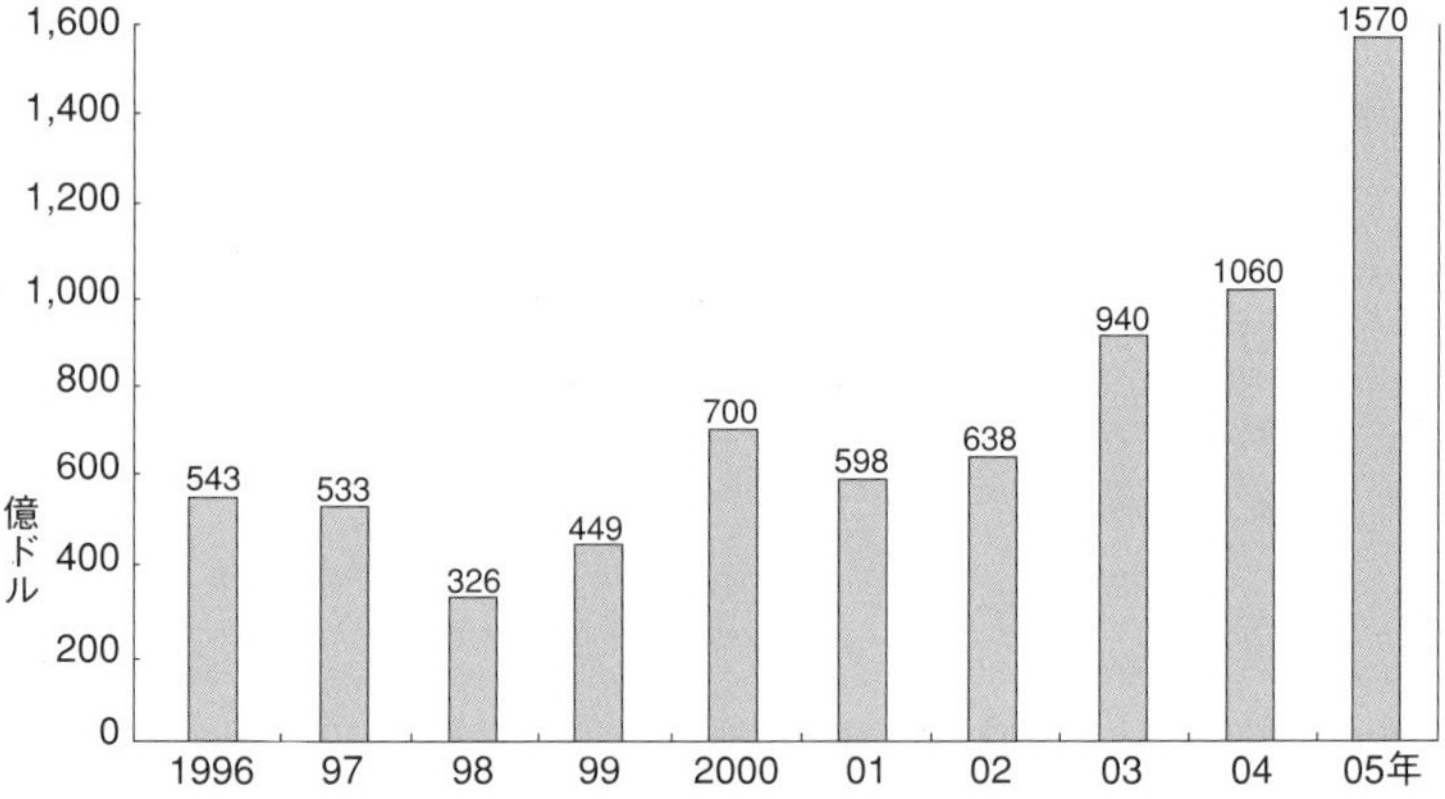

資料：OPEC統計

ル。サウジアラビアは人口が二千五百万人と少ないことから、国内消費量は一〇％程度である。したがって、原油生産の九〇％（日量九百万バレル、年間では三十二億バレル）が輸出されるとすると、原油価格一バレル＝六十ドルで千九百二十億ドルの石油収入が予想される。

ちなみに、サウジの金融グループ「二〇〇五年央のサウジ経済」によると、サウジの石油収入は、一九九〇年代後半まで年間四百億〜五百億ドルで推移してきたが、原油価格が高騰した〇四年に千六十億ドルと倍増し、〇五年は千五百七十億ドルと三倍になったと見られる（図表5-7）。原油価格が六十ドル前後で推移すれば、上記の推計通り石油収入は二千億ドル近くに膨れ上がることになろう。

問題はこの膨大なオイルダラーの使い道である。

ＩＭＦ（国際通貨基金）は、ＯＰＥＣの二〇〇三年〜〇五年の石油収入について、増収分の四割を国内

図表5-8　湾岸産油国（6カ国）の対米資金移動

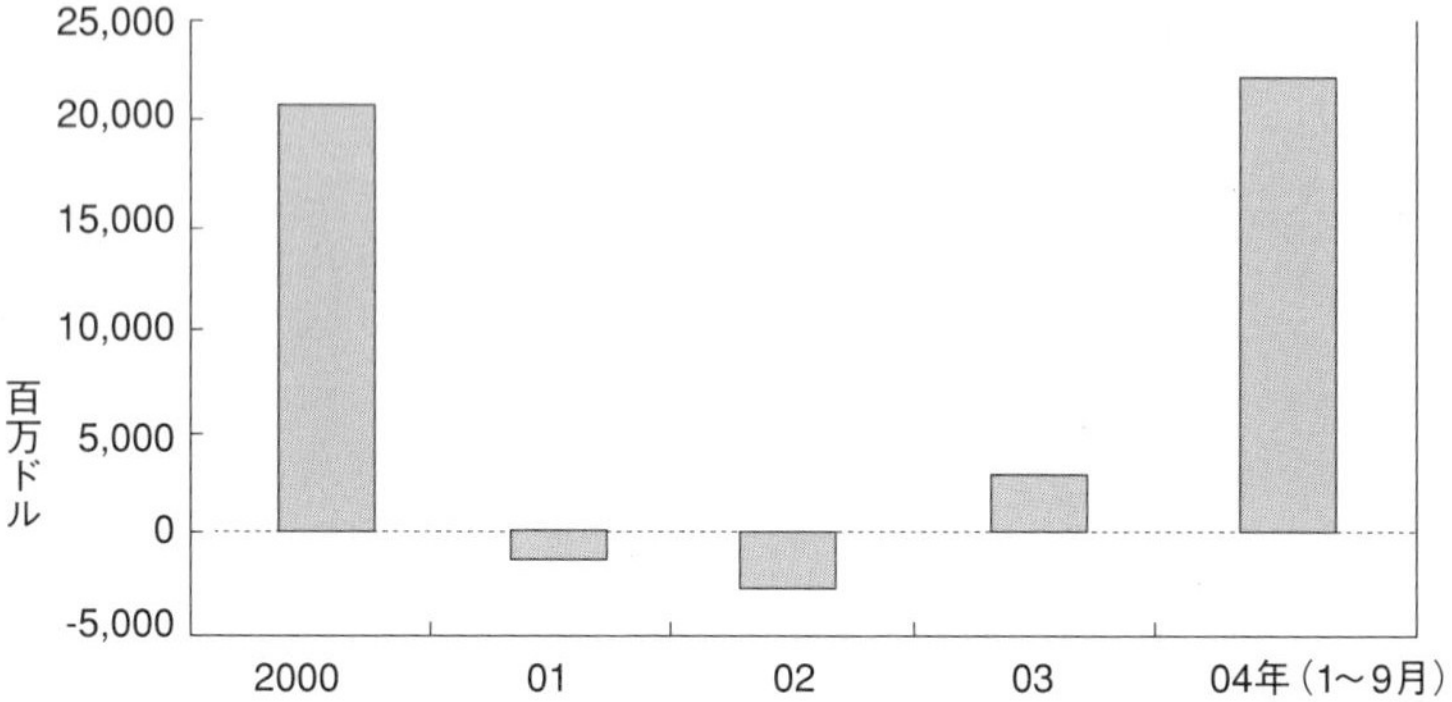

出所：（財）国際開発センター「最近の中東情勢から」（2005年11月25日、原データは米財務省）

で支出しているとしている。前回七〇年代の石油ショック時には、六〇～七五％が国内で支出されたのに比べると、かなり低い。また、産油国政府は、前回の石油ショック後の原油価格急落のトラウマがあるため、まず低原油時代に累積した債務の返済（各国とも前倒しで返済している）に充て、そのうえで資産の蓄積を行うなど、なかなか慎重なようだ。特に、ロシアなどは石油安定基金を設け、将来の原油価格の下落時に備える構えだ。

また、中東産油国は、二〇〇六年の予算作成に当たっても、原油価格を一バレル＝三十～四十ドルと設定するなど、かなり保守的だ。石油収入資産の運用については、かつては欧米主要銀行の貯金が大半であったが、今回はかなり多様化しているようだ。一つは、産油国で拡大する外貨準備は、米国財務省証券の購入に充てられる。第二に、国営企業の投資ファンドの形での資産拡大であり、先進国市場での株式投資や一部Ｍ＆Ａ（合併・買収）にも使われる。第三が、国内の民間投資家の間で拡大した資産を、中東の株式や不動産市場に投資するケースである。このうち、重要なのは外貨準備を利用して米国の財務省証券を購入する形で、米国市場に還流する流れであろう。図表5-8は、巨額のオイルダラーの発生を背景に、〇一年の九・一一同時多発テロ以来、急速に冷え込んでいた米国とサウジアラビアの関係も改善の方向にあることを示している。サウジアラビア通貨庁によると、同国の外国証券投資は〇五年九月末までの一年間で約四百四十億ドル（約五兆二千億円）増えた。その大半は米国債と見られ、原油高で手にしたドルの余剰収入から国内債務返済分を差し引いた額にほぼ相当する。

また、一時、サウジアラビアからの撤退説もあった米シティバンクも、近く支店を開設する準備に入っている。なお、この米国へのマネー還流はオイルダラーに限らず、輸出で稼いだ日本、中国、韓国の外貨準備もしっかりと米国市場に還流している。

❽ 株価と商品は十～十五年で逆相関サイクル

「商品市況の十年サイクル」と言われる。これは、コモディティ価格が過去の経験として十年前後の上昇基調と下落基調を繰り返すことを表すものである。この点、ジム・ロジャーズも「株式と商品市場は、平均十八年の周期で代わる代わる上昇している」と指摘している。実際、長期的にながめた場合、国際商品市況と米国株価（ニューヨーク・ダウ工業株三十種）は十～

十五年で逆相関サイクルを繰り返している。ちなみに、これをロイター・ジェフリーズCRB指数で見ると、同指数は、①一九六〇年代を通じて低位安定、②七〇年代に強い上昇基調、③一九八〇〜二〇〇二年まで長期下落基調（九八〜〇二年前半にかけては多くのコモディティが歴史的な安値を付けている）、そして、④〇二年後半より強い上昇基調に入っている。特に、七一年のニクソンショック後の一次産品価格の著しい上昇は、かつて六〇年代において低下傾向を示した一次産品価格のトレンドに対する急激な修正を意味するものであった。それはまた、既に述べたように、朝鮮戦争以降、先進工業国の工業製品価格の上昇によって低下傾向を続けてきた一次産品価格の対工業製品価格比率（国際的鋏状価格差）の急速な回復にほかならない。

一方、ニューヨーク・ダウは、①六〇年代は「黄金の六〇年代」と言われ強い上昇を見せ、②七〇年代は、「ニフティ・フィフティ」と言われ、優良五十銘柄のみ上昇した時代で、ダウ全体では横ばい、③八〇年代はダウが強い上昇基調をたどった時代だ。特に、九〇年代は「ニューエコノミー」時代と言われ、ITバブルを謳歌した、④しかし二〇〇二年後半にITバブルが弾けると、ダウは調整局面を迎える。

なお、この商品と株式の逆サイクルは、投機マネーの「カネ」（金融商品）から「モノ」（実物商品）へ、あるいは「モノ」から「カネ」へのシフトという面からとらえることができる。例えば、一九九〇年代後半においては、「強いドルを標榜する」米国政府とニューエコノミーを謳歌する米国経済「独り勝ち」の世界のなか、市場では「ドル」や「米国債」が買われ、それに伴う金利低下で米企業の期待収益が高まり「米株価が買われる」という流れが見られた。すなわち、「ドル高」→「米国債高（金利低下）」→「米株高」の循環であり、この構図のなかでは、金や原油などの「モノ」すなわちコモディティに対する投資魅力は乏しく、価格に浮揚力はなかった。これに対し、最近のコモディティ価格が強い上昇トレンドをたどっている背景には、〇二年後半のITバブルの崩壊や米企業会計不信を契機に米株価が調整局面に入るなかで、投機マネーの一部が「カネ」から「モノ」に流入していることがある。このことは、九〇年代後半のITバブルの熱をさますには、少なくとも数年が必要であると同時に、経済の再生は「モノ作り」を中心とした「実物経済」の復権を足掛かりにせざるを得ないことを示唆するものと言えよう。

こうしてみると、〇三年以降の力強いコモディティ価格上昇は、過去二十年以上にわたる長期下落局面の終焉を意味するばかりか、再び息の長い上昇局面に入りつつあるということを示唆していると言えよう。

第6章

高い資源価格こそビジネスチャンス

❶ 資源高に打たれ強い日本経済

日本経済は、前回一九七〇年代の石油ショック時と比べ、原油高騰に対して打たれ強くなっている。前回の石油ショックのときには、原油価格の引き上げと供給削減が世間に伝わっただけで、灯油やプロパンガスが値上がりした。石油がなくなるかもしれないという不安は、人々をトイレットペーパーや合成洗剤、砂糖、調味料などの買い溜めへと誘った結果、それがまたモノ不足を煽《あお》ることになった。しかし、今回はそうしたパニックは起こっていない。なぜだろうか。

あの石油危機を契機に、日本経済は重化学工業化による経済成長から加工組立型の経済成長へ、「重厚長大」から「軽薄短小」へと省エネ・省資源化を進め、その後もしっかりとその体型を維持しているのがその理由である。例えば、日本の原油輸入量は、八〇年の二億五千四百万キロリットルから現在までほとんど増えていない。この間、実質ＧＤＰは二百四十兆円から五百兆円へ二倍になっていることから、ＧＤＰ当たりの原油使用効率が二倍になったことになる。また、円ドル為替相場も、過去二十五年間で二百四十円から百二十円へと円が二倍に切り上がっている。それだけ安く原油を買えるようになっているわけだ。百七十一日分の石油備蓄もある。消費者の不安心理に対しても、あらゆる情報が公開されているため、消費者がパニック買いに走る状況にはない。いわば日本経済は、世界のどの国よりも

図表 6-1　日本の原油輸入ポジション

年	A 総輸入額 億ドル	B 原油輸入額 億ドル	輸入量 億 kl	A/B %	輸入単価 ドル / バレル	為替 円 / ドル
1970	189	22	1.97	11.6	1.8	365
1975	579	196	2.63	33.9	11.9	296
1980	1,405	527	2.54	37.5	33.0	226
1985	1,295	346	1.96	26.7	28.1	238
1990	2,338	315	2.25	13.5	22.3	145
1995	3,354	299	2.64	8.9	18.1	94
2000	3,799	447	2.50	11.8	28.5	107
2004	4,546	560	2.45	12.3	36.4	108
2005 予測	4,836	615	2.45	12.7	40.0	106
増減						
80/70 比	643%	2,295%	29%	222%	1,733%	-38%
90/80 比	66%	-40%	-11%	-64%	-32%	-36%
00/90 比	62%	42%	11%	-13%	28%	-26%
05/00 比	27%	38%	-2%	8%	40%	-1%

資料：財務省（旧大蔵省）「通関統計」より作成

省エネ・省資源の優等生になったのだ。

とは言っても、常識的には、原油価格の上昇は、企業にとってコストアップ要因であり、景気マイナス要因には違いない。すなわち、企業の価格転嫁が進めば、インフレ圧力の高まり↓金利が上昇↓設備投資が減少し株価下落↓消費減退となる。一方、企業が価格転嫁できず、合理化により自らコストアップ分を飲み込んだ場合は、業績悪化↓設備投資が減少↓株価下落↓雇用削減↓消費減退と、どちらにおいても原油高は景気の足を引っ張ることになる。しかし、最近の原油価格の上昇は、単に前年比二割、三割の上昇といったものではなく、かつての安いレベルから二倍、三倍となるなど過去の常識の範囲を超えている。しかも、価格が高騰しているものは原油に限らず、鉄鉱石、原料炭、非鉄など多くの一次産品に及んでいる。現在起こっている資源価格の上昇は、過去四半世紀にわたり資源価格が下落基調をたどった結果、供給が抑制される一方で中国の台頭で需要が急増し、資源需給が逼迫するといった構造的な要因に根ざしているものである。「原油七十ドル」というのは、もはや世界経済において「安い原油価格を前提にした成長モデル」、あるいは「環境に大きな負荷をかけた成長モデル」に限界が来たことを意味するシグナルと言えよう。逆に言えば、中国はもとより世界経済は、「高い原油価格を前提とした新しい成長モデル」を構築しなければ、もはや持続不可能となっているのである。

このような認識で誰もが一致した場合、企業として対応すべきことは明らかである。すなわち、①原油生産能力の拡大に向けた上流部門への効率的な投資拡大、②代替エネルギーの開発、③省エネ社会や環境に優しい社会の構築に向けた研究開発・設備投資および製品・サービス投資の促進である。こうした、「産業構造の一層の高度化」の潮流が一斉に起こった場合には、日本のみならず世界経済が長期拡大トレンドに向かう可能性が高い。その際、資源価格の高騰を環境問題の解決や経済成長に利用しようとの考えも出てこよう。例えば、環境基準の強化→エコカーやエタノール燃料の開発→省エネ材料、ガソリン・エタノール両用エンジンの開発→そのための設備投資拡大→消費者の買い換え需要喚起→新たな経済成長といった動きである。また、資源インフレは、日本の企業、日本経済にとってもデフレを脱却し、新たな成長のステージに移行するための有効な足掛かりになる可能性が高い。

こうしてみると、原油高騰を先駆けとする「高い資源時代」の到来は、日本企業にとっては一九七〇年代の石油ショック以来、長年培ってきた様々な省エネ・環境対応技術を商業化するチャンスであり、様々な投資機会の広がりを意味するものである。まさに「日本企業の出番」がやってきたと言えよう。

ところで、原油価格の高騰は、どの時点で株価にインパクトを与えるのだろうか。ニューヨークＷＴＩ原油価格（期近）は、二〇〇五年六月二十七日に一バレル＝六十ドルを突破した。その後、七十ドルの史上最高値を付けた後、反落したものの、依然として原油価格は六十ドルを睨《にら》んだ史上最高値圏で推移している。これまでのところ株価への影響は限られるが、さらに原油価格が上昇を続けるようなら、いずれ株価急落の引き金を引くことは避けられない。そのレベルはどこか。

日経平均株価は、〇三年四月二十八日にバブル崩壊後の最安値である七千六百七円を付けた。しかし、りそな銀行への公的資金注入を契機に急反転し、〇四年四月には一万二千百六十三円まで上昇。その後は〇五年八月まで一万一千円台で推移した後、〇五年九月以降上昇のピッチを速め、〇六年には一万七千円台に乗せた。基本的に株価は企業業績を反映したものであるが、この間の原油価格の影響をどのように判断すべきであろうか。通常、原油価格の急騰は、主に二つの波及シナリオから日本の株価にインパクトを及ぼすと考えられる。一つは、実体経済を通じた影響である。原油高↓コストアップ↓企業収益圧迫↓株価下落。あるいは、原油高↓コストアップ↓企業の製品価格への転嫁↓インフレ圧力↓金利引き上げ↓株価下落である。第二

図表6-2　WTI原油価格（期近）と日経ダウ225

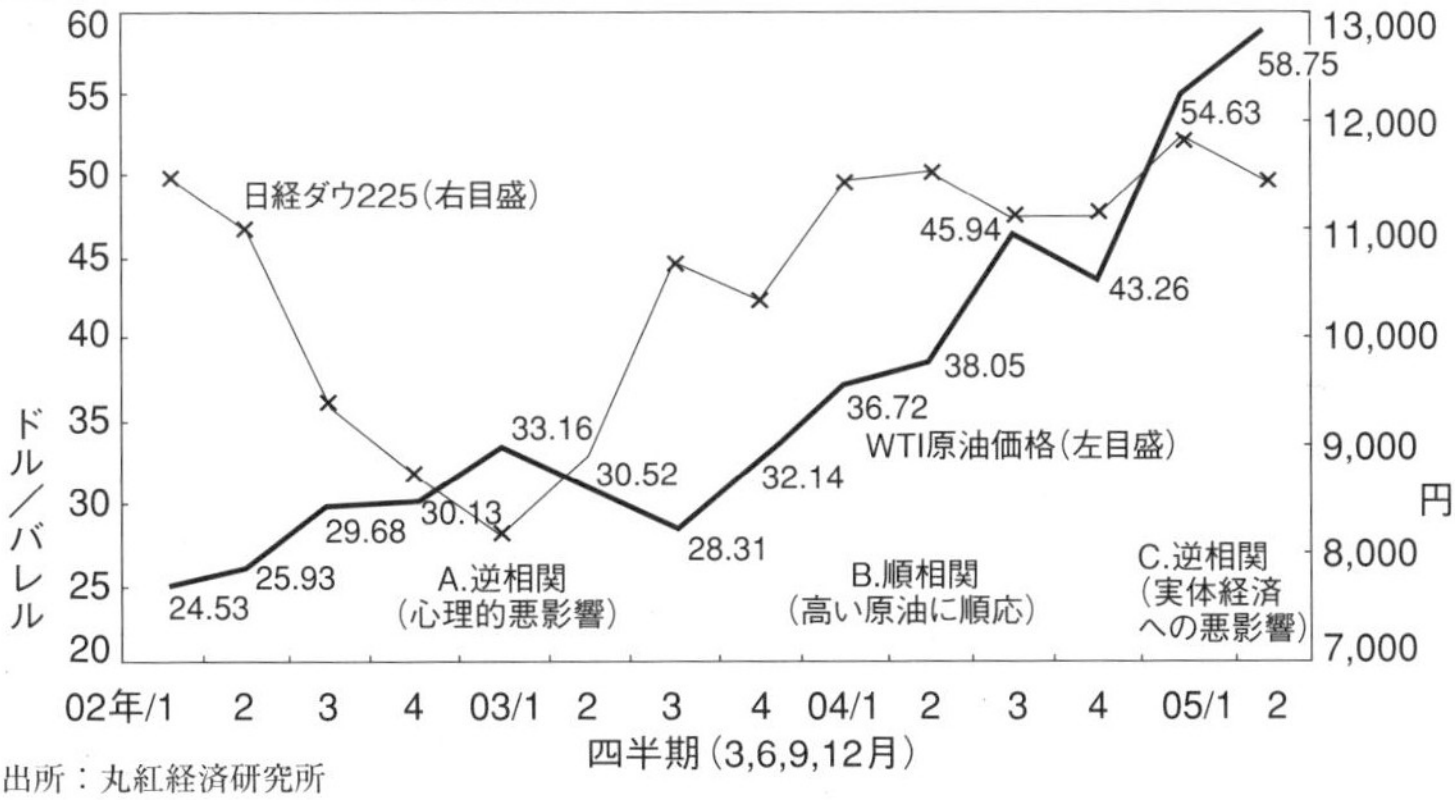

出所：丸紅経済研究所

は、ニューヨーク株価の下落に連れ安となるシナリオだ。はたして実際にはどうか。

図表6-2は、WTI原油価格と日経ダウ二二五の平均株価を四半期ごとに比較したものである。WTI原油価格は、二〇〇三年が年平均三十一ドル、〇四年が四十一ドル、そして〇五年に入って五十ドル台へと毎年十ドルずつレベルを切り上げている。これに対して日経ダウは以下のA、B、C、三つの局面でそれぞれ異なった動きをしている。すなわち、Aの局面は、〇二年第1四半期～〇三年第3四半期で、原油価格が上昇すると株価は下落するなど逆相関関係が見られる。これは、原油高の実体経済への悪影響というよりも、前述の波及シナリオから、心理面により株価に悪影響を及ぼしたと言えよう。

これに対し、Bの局面は、〇三年第3四半期から〇四年第4四半期で、原油価格の上昇と株高とが並行する動きとなる。エネルギー・素材産業を中心に企業業績が好転し関連株が押し上げられたと同時に、市場も高い原油価格に順応していったためと言えよう。日本は最も燃料効率の高い国であり、四十ドル台程度の原油高には耐えられるとの見方が広がった。世界経済も徐々に高い原油に馴れつつあるようだ。「ウォール・ストリート・ジャーナル」誌は、〇四年八月と〇五年二月、エコノミストを対象に「原油価格が何ドルであれば、世界経済に打撃を与えると思うか」とのアンケート調査を行った。それによると、〇四年時点では「五十〜五十九ドル」で悪影響が出るとの見方が三七％、「六十ドル以上」が六三％だったのに対し、〇五年二月の調査では、「八十〜八十九ドル」が三一％、「九十ドル以上」が四八％の結果となった。

しかし、Cの局面すなわち〇五年に入ると、原油と株価の間には再び逆相関関係が見られるようになった。特に、原油が六十ドル突破に向けて急騰する〇五年六月末にかけては、ニューヨーク・ダウ工業株は百ドルを超えた大幅下落に転じ、日経ダウも一時百五十円を超える下げ幅となった。

これは、実体経済への悪影響を懸念したものであり、原油価格六十ドルというレベルが、日本の株価にとって警戒域に入ることを示唆するものと言えよう。ただ、原油六十ドルが定着すると、日本経済は再び高い原油に慣れ、株価が再び上値を目指す可能性も大きい。

❷「踊り場」脱却、竹中発言

二〇〇二年より輸出主導の成長をたどってきた日本経済は、〇四年後半より「踊り場」に差し掛かり、景気後退懸念が浮上するようになった。中国向けを中心に輸出が減速傾向を示したのに加え、生産をリードしてきた電子部品・デバイス部門が在庫調整を迎えたためだ。しかし、景気は底割れすることなく〇五年に入って大きく持ち直し、七～九月期の実質GDP成長率は4四半期連続の前期比プラスを維持している。この背景には、過去十年にわたるデフレ不況のなかで、徹底的なリストラによりバランスシートの調整を行ってきた企業部門が、日本経済の病根と言われた「三つの過剰」(過剰債務、過剰設備、過剰雇用)問題をほぼ解消し、筋肉質の体質に変わってきたことがある。特に、リストラの成果として、企業の損益分岐点比率(売上高と費用の額が等しくなる売上高のことで、それ以下であれば損失が発生する。実際の売上高に対する損益分岐点売上高の割合が損益分岐点比率である)は一九九〇年代半ばの一〇〇%から〇四年には八〇%を下回るまで低下し、不況に対する抵抗力が飛躍的に高まった。また、中国などBRICsの旺盛な需要に伴う原油、鉄鉱石、非鉄など資源価格の高騰により、素材産業を中心に企業業績が好転。潤沢な企業のキャッシュフローを背景に多くの企業が設備投資を積極化させていることも要因と言えよう。ちなみに、日本政策投資銀行の調査(〇五年十二月十三日発表)によると、〇五年度の全産業の設備投資計画額は、〇四年度実績比一五%増の二二・三兆円と、八八年度のバブル期以来の高い伸びとなった。製造業、非製造業ともに二ケタの伸びである。なお、〇六年度についてはマイナス〇・三％とわずかに減少に転じるものの、レベルとしては高水準を維持する見通しである。

こうした動きを受けて二〇〇五年八月九日（衆議院が解散された翌日）、政府、日銀はそろって「踊り場」脱却を宣言した。通常、景気が回復していくメカニズムとしては、日本経済の四つのエンジンに当たる輸出、公共投資、民間設備投資、個人消費が以下の四つの段階を経て次々に駆動していくことが必要である。第一段階として輸出あるいは公共投資という外生的需要が回復の足掛かりを作り、第二に企業収益が改善し民間設備投資が拡大していく段階、そして第三が雇用・賃金の増加、最後にGDPの約六割を占める個人消費が拡大していく段階である。ここで「踊り場」脱却のステージとは、第二段階を経過し、第三への過渡期にあるとの判断と言えよう。

したがって、〇六年の日本経済の動向を占うに当たっては、企業部門の好調が、雇用や賃金の増加を通じて個人消費の拡大につながるかどうかがポイントとなる。この点、個人消費は、雇用・所得環境の改善から緩やかな拡大傾向をたどる可能性が大きい。ちなみに、有効求人倍数（求職数を求人数で割ったもの）は、〇二年度の〇・五六倍から〇五年十二月では一・〇三倍と九二年八月以来の高水準まで改善し、完全失業率も五・四％から四・五％に低下している。また、〇四年度まで前年比マイナスとなっていた現金給与総額も、〇五年四月以降、前年比プラス傾向にある。また、企業の好業績を受けて、鉄鋼、造船、電機、自動車など労働組合の賃上げ要求が産業界全体に広がっている。〇六年の春闘は久々の「賃金改善」が実現し、個人消費の後押しをすることになりそうだ。

こうした輸出、設備投資、個人消費の底堅さを映して、〇六年の日本経済は二%台半ばの実質成長が達成可能であろう。なお、政府は〇五年十二月十九日に発表した経済見通しで、〇六年度の実質GDP成長率を一・九%と予測。〇五年度の二・七%からは鈍化するものの、足元の景気回復が〇六年度も続くと見ている。特に、名目GDP成長率では、一・六%から二・〇%に加速し、九年ぶりに名目成長率が実質成長率を上回る状況、すなわち「デフレ脱却」を見込んでいるのが特徴である。

❸ デフレ懸念の払拭に心血を注いだグリーンスパン

デフレの怖さは、いったん「デフレの罠」に陥ったならば、そこから抜け出すのが容易でないことにある。振り返ってみれば、米国経済にも二〇〇三年前半までデフレ懸念が漂っていた。景気そのものは〇二年から回復に向かっていたが、雇用・設備過剰を背景にストック調整が続き、イラク情勢の緊迫化に伴って企業や消費者心理が悪化したためだ。デフレ阻止のため、当時のグリーンスパンFRB議長は歴史的な金融緩和を実施した。ブッシュ政権は大規模減税を断行するなど、近年にない景気刺激策を行ってきた。これが奏功し、米景気は〇三年後半から回復基調が鮮明になった。

イラク戦争の終結により、企業や個人の景況感が改善し、ニューヨーク株価も二〇〇四年に一万ドルを回復した。特に、大型減税は個人消費を押し上げ、折からのデジタル家電ブームもあって、IT関連投資を中心に企業の設備投資も回復。歴史的な低金利は、住宅投資に火をつけ、住宅価格の上昇がさらなるローンを可能にし、それが新たな消費を喚起するという形で景気回復に弾みをつけた。インフレ指標であるGDPデフレーターも、〇四年一〜三月期は二・六％に上昇し、デフレ懸念もとりあえず遠のいた形となった。

しかし、米国経済においてデフレ懸念を完全に払拭するには、景気回復の好循環が持続可能かどうかにかかっていた。〇三年後半にはブッシュ大統領の減税効果が一巡することが避けられなかったためだ。また、原油価格の上昇によりインフレ指標が高まったことで、FRBは利上げのタイミングを計るようになった。減税効果の剥落や金利上昇は、住宅投資や個人消費の足を引っ張るほか、株価を引き下げ、企業の設備投資を抑制する。こうした問題を克服し今後も景気回復が持続するためには、内需の柱である個人消費の拡大が続くことが必要となる。そのためのカギを握るのは雇用動向である。

ちなみに、二〇〇三年からの景気回復局面では、一九九〇年代前半に見られた「ジョブレスリカバリー（雇用回復なき景気回復）」ではなく「ジョブロスリカバリー（雇用削減による景気回復)」が特徴として見られた。実際、非農業部門の雇用者数は、〇一年には前年比百七十八万人も減少し、〇二年の景気回復の過程でも五十六万人減っている。ようやく雇用が増加に転じたのは〇三年七〜九月期に入ってからだ。この間、失業率も四・八％から上昇を続け、六・一％でピークを打つのは、景気が底を打ってから二年以上経ってからだ。

しかし、二〇〇四年に入ってから雇用情勢に大きな改善が見られるようになった。非農業部門雇用者数は、三月、四月と前月比それぞれ三十五万人前後の伸びを示し、五月も同二十八・八万人増と高い伸びとなった。三カ月間で約百万人の雇用が創出されたわけである。五月の失業率も五・六％と前月から〇・一ポイント低下した。特に、雇用が三カ月連続で力強い増加を示したことは、米国経済が自律的な回復局面に入ったことを暗示させるものである。雇用が増加すれば、所得が増え、消費も堅調に推移することが期待できるためだ。減税効果の剥落と金利上昇の消費への悪影響が、着実な雇用増加に伴う所得拡大によって相殺される格好になった。では、今後どの程度の雇用増加が見込まれるのであろうか。結論から言えば、先々の雇用回復はかなり期待できそうだ。

一般に、経済成長率は、労働生産性の伸びと雇用の伸びとの合計であるから、経済成長率と労働生産性の伸びとの差が、予想される雇用の増加と言える。例えば、二〇〇四年の経済成長率四・二％に対し、労働生産性の伸び三・四％を考慮すると、必要な労働投入量は〇・八％である。〇四年の非農業雇用者の実数は一億三千百四十二万人であるから、この〇・八％は年間で百五万人、月間ベースでは約八万八千人の雇用増加が期待される計算だ。しかし、実際には〇四年から〇五年で二百四十七万人の雇用が増えており、月間ベースでは二十万強の力強い雇用回復となった。また、通常、労働生産性は景気回復局面で高まる傾向がある。労働生産性向上のペースはいずれ鈍っていくとみられることから、その分雇用を増やすことになる。

ただ、こうした自律的な景気回復シナリオに水を差す要因があるとすれば、それは金利上昇だろう。実際、二〇〇四年後半にかけて、米景気の力強い回復を背景にＦＲＢの利上げ観測が広まると、株価が急落し、ドルが急騰するなど、マーケットへの反動は大きかった。また、金利の上昇は、個人にとって、住宅ローンのリファイナンスからキャッシュを得る道を閉ざし、住宅関連の消費支出を減退させるばかりか、変動金利の上昇による住宅ローン負担を増やす。さらに、自動車のインセンティブ販売にも影響を及ぼすなど、消費を冷え込ませてしまう恐れもある。こうした事態を避けるためには、予想される金利上昇は小刻みなものとならざるを得まい。

実際、二〇〇四年五月二十日に当時のベン・バーナンキＦＲＢ理事（現、ＦＲＢ議長）は、「グラデュアリズム（漸進主義）」と題した講演を行い、漸進的な金融政策の重要性を強調している。特に、彼はパターゴルフを例に挙げ、「ホールが高台にあり、強く打たないとボールが逆に転げ落ちてどこに止まるか分からなくなるというオーバーシューティングのリスクがない限り、ゆっくりと確実に打って、ホールとの距離を縮めていくやり方がベストだ」と指摘している。政策金利の引き上げは年内数回、計一%程度ということになろう。この程度であれば、景気を腰折れさせることはなく、また市場には織り込み済みである。こうしてみると、米国経済はいま、息の長い回復・拡大に向けて足もとを固める時期にあると言えよう。雇用が順調に回復すれば、米国経済は〇五年以降も、潜在成長率とされる三%台半ばでの安定成長軌道に乗ることが可能であろう。

❹ 日本経済の潜在力を活かす

日本経済にようやく低迷脱却への道筋が見え始めたのは二〇〇三年後半に入ってからだ。金融システム不安、資産デフレの継続、財政逼迫問題など、これまでの景気回復の足を引っ張る要因が依然残っているにもかかわらず、明るさが広がったのは、個々の企業のなかで新たな成長力が醸成されたためである。

日本の成長力への期待は、日本人よりもむしろ海外投資家のほうが大きい。二〇〇三年五月以降、八千円を割り込んだ日経平均株価を一万円台まで急回復させたのは、もっぱら外国人の買いによるものだ。ちなみに、日本経済研究センターが〇三年十一月、日欧米のエコノミスト四十二名を対象に、五~十年後の日本の世界経済に占める位置についてアンケートを行った結果によると、日本のエコノミストは九〇年代と同様、成長減速が続いて地位も低下し続けると予測している。これに対し、欧米のエコノミストは、経済回復によって先進経済圏のなかでの地位を向上させるとの見方だ。

彼我《ひが》（相手と自分）の見方の差はどこから生じているのであろうか。人口減少、高齢化、労働生産性も伸び悩みと見ると不況からの脱却も難しい。一方、日本経済の潜在力に期待をすると将来は一変する。これまで日本経済の出口が見えなかったのは、あくまでも潜在力が発揮されない状態にあったためと言えよう。

日本経済が持つ潜在力を発揮すれば、今後、労働生産性も高まり、世界経済における地位も高まる。では、潜在力を顕在化させるためにはどのような方策があるだろうか。一つは、企業が、創意工夫により新しい発展のダイナミズムを生み出すために力を集中することである。第二に、長期的な発展軌道に乗っている中国・アジアの活力を利用すること。日本は、中国という巨象の傍らでおびえるのではなく、世界の成長センターに隣接する利点をさらに活かすべく知恵を出すことである。この点、最近のアジア地域でのＦＴＡ（自由貿易協定）結成の動きは、域内の多様な力を結集させ、新たな成長をもたらす起爆剤となろう。企業も同様である。情報・知識の時代にあっては、社内に埋もれた「個の潜在力」をいかに発揮させるかが、勝負を左右する重要なポイントとなろう。十年以上にわたるデフレ不況を通してはっきりしてきたのは、日本企業もその潜在力を活かすことで世界市場において圧倒的なシェアを握る分野を生み出すようになったことだ。例えば、ゲーム機の世界では九割以上が日本勢であり、デジタルカメラ、

DVDレコーダ、カーナビゲーション、プラズマ大型テレビなどの情報家電分野では日本が圧勝し、自動車市場ではエネルギー効率の高いハイブリッドエンジンの生産で日本勢は圧倒している。

原油高騰は今後、世界および日本経済にどのような影響を及ぼすことになるのだろうか。ちなみに、IMF（国際通貨基金）の最近のレポートでは、二〇〇五年の世界経済成長は四・五％となる見通しだ。このうち、米国経済は、〇四年の四％台の成長率から〇五年は同三・五％へのソフトランディングになるだろう。牽引役は設備投資と消費である。企業の設備投資は、業績の改善や更新需要の増加を背景に〇三年後半より急回復し、〇四年は年率一〇％強の伸びとなった。二〇〇五年も企業のキャッシュフローが潤沢なことに加え、ブッシュ大統領の再選により大型企業減税も期待できることから設備投資は九％程度の拡大が予想される。

一方、中国の〇四年の実質GDP成長率は前年比九・五％と、〇三年の九・三％をさらに上回った（〇五年十二月に実質GDPは、〇三年一〇・〇％、〇四年一〇・一％に上方修正された）。〇五年については、原油高騰やマクロコントロール強化の影響から、若干成長率は抑制されるものの、八％台の成長は維持されるだろう（実績は九・九％）。

日本経済は、引き続き回復基調は維持するものの、二〇〇五年の実質GDP成長率は一・七％と〇四年の二・三％を下回った。ただ、日本経済が腰折れする可能性は低い。その理由は、①企業部門が堅調である、②海外の景気の拡大持続を受けて輸出の増勢が続く、③企業の増益基調を背景に個人消費も底堅いと見られる、などである。特に、多くの企業は、「十年デフレ」下での厳しいリストラ、バランスシート調整の成果として、損益分岐点比率が低下するなど、利益が出やすい体質となっている。このため、キャッシュフローも潤沢であり設備投資も、更新投資を中心に堅調な推移が見込める。

二〇〇三年七～九月期に景気減速の主要因となった電子部品・デバイス部門の在庫調整についても、過去のITバブル時を教訓とした、早め早めの予防的な調整と見ることができ、景気全体への影響も小さい。また、一時的に落ち込んだ輸出も、米国・中国がそれまでの高成長から巡航速度を模索する動きに入ったことによる反動と見られ、今後、両国が新たな成長スピードに落ち着けば、輸出も堅調に推移すると見られる。

この限りでは、原油高騰の経済への影響は限定的なものにとどまると言える。理由の一つは、原油一バレル＝六十ドルは、実質価格で見ると、ほぼ前回の石油ショック時の水準である三十ドルに過ぎないことだ。また、インフレ圧力に対しても、依然デフレ環境下にある日本経済は、大幅な利上げはあり得ない。企業の合理化もし尽くされ、素材産業を中心に企業の価格転嫁も徐々に進み、過去最高益を記録するところも多い。これに伴い雇用・賃金も確保され、家計への影響も限定的と考えられる。さらに、米国などでは、今回の原油高騰を新たな需要の掘り起こしに利用し、経済成長につなげようとの考えも出ている。例えば、消費ブームに息切れが生じている自動車市場では、環境基準を引き上げることにより、それをクリアするための研究開発投資や設備投資を促す一方、家計も自動車の買い換え需要が期待できる。この意味では、原油高騰は日本経済にとってもデフレを脱却し、新たな成長のステージに移行するための有効な足掛かりとも言えよう。

❺ 高い資源価格はしばしば技術を進歩させ、産業構造を高度化させる

いつか反落するだろうと、多くの市場関係者が高をくくっていた原油、貴金属、非鉄などの資源価格は、二〇〇六年になっても一向に落ち着く気配がない。これが二割、三割といった資源価格の上昇であれば、あくまでも循環的な上げ下げであって、生産者も消費者も新たな行動をとることはない。しかし、二倍、三倍の上昇となると、これは単なる循環的変化ではなく、ひょっとすると構造的な変化を映したものではないかと思うようになる。誰もがみな、資源価格の上昇を一過性のものではなく、恒久的なものと認識するようになると、とるべき行動は決まってくる。いち早く、高い資源価格時代に対応した社会システム作りに参画することだ。不足する資源そのものの開発をはじめ、代替エネルギー、代替資源の開発、省エネ商品、環境に配慮したライフスタイルへの対応、消費者のＬＯＨＡＳ（ロハス：Lifestyles of Health and Sustainability）志向への対応などだ。ニーズが明確になれば技術革新の向かうべき矛先も明確になり、それが一斉に技術革新を促す。言い換えれば、高い資源価格は、「産業構造を高度

化させよ」というシグナルと受け取るべきなのだ。そう考えると、「高い資源時代の到来」は、決して悲観すべきことではなく、むしろ企業にとっては、様々な投資機会の窓が開くおもしろい時代でもあると言えよう。

中国国家発展改革委員会も、最近の原油高について「中国経済とエネルギー分野の発展は、世界に巨大な商機をもたらす」と見ている。企業にとって、原油高は、エネルギー使用効率の向上や技術改善に取り組むチャンスでもあるためだ。特に、最近の原油高騰がクリーンエネルギー利用の追い風になっている。例えば、中国の太陽発電業界は今年に入って二〇％近い業績の伸びを確保した。

また、風力発電機利用も順調に拡大し、二〇二〇年までに発電能力が全体の二％に相当する二千万キロワット／時に達すると予測されている。なお、再生可能エネルギー利用法施行規則が〇五年十月に公表され、太陽、風力などそれぞれの発電コストに見合った電力売り渡し価格が設定されている。最大の課題は、キーテクノロジー、すなわちカギとなる技術の国産化だ。この点について、中国では太陽電池に不可欠なシリコン基板などは、日本のシャープなど外国企業からの高値の供給に依存せざるを得ない状況にある。

風力、太陽光など環境を汚染しないエネルギーの利用促進を目指す「再生可能エネルギー利用法」は、〇六年に施行される予定である。これにより、中国におけるクリーンエネルギー関連の潜在的な市場規模は、約一千億元（一・三八兆円）に達する見通しであり、世界の企業にとっても魅力ある市場となりつつある。

❻ 付加価値の高い商品を作り出すことが生存の条件

日本経済を振り返ると、一九九〇年代の出口の見えない「十年デフレ」のなかにあって、個別企業では「小さくとも輝いている企業」も少なくなかった。しかも、これらの企業は輝き続けた結果、今日では「世界ナンバーワン」あるいは「世界オンリーワン」の企業となっている。

例えば、マブチモーター（小型モーターで世界シェア五割以上）、ユニオンツール（プリント配線基板用穴あけ機械で世界シェア三割）、日本電産（パソコンや携帯電話関連小型モーターで先駆）、島精機製作所（自動横編機で世界シェア六割）、キーエンス（ファクトリー・オートメーション・センサーなど検出・制御機器専用メーカー）、ローランド（デジタル・シンセサイザーで世界的企業）、ディスコ（半導体研削切断装置で世界シェア七割）、ジャムコ（民間航空機用の調理・洗面室で世界一）などだ。いずれも共通点は顧客のニーズを明確にとらえ、それに応えるべく「選択と集中」、すなわち自らのドメイン（事業範囲）を思い切り絞り込んでいることだ。

特に、どの企業もニッチ（隙間）なマーケットに焦点を絞っており、その分野では世界のオンリーワン企業が多い。しかも、そうした得意分野では、いずれも他社が追随できないオリジナルの高度技術を持っているのも特徴だ。そうした独自技術は、決して開発力だけでなく、顧客ニーズの情報を徹底収集して、その対応から生み出されている。さらに付け加えれば、スピード経営と企業ビジョン、あるいは経営者の志がある。経営トップの事業への愛着が強く、率先垂範の指導力で社内に対し明確な企業ビジョンが示されていることだ。高いエネルギー資源価格の時代あるいは高齢社会、労働力減少の時代は、こうした志ある企業者にとってはビジネスチャンスの到来となるはずだ。

❼低在庫戦略から在庫積み増しへ

「デフレ時代」から「インフレ時代」に転換すれば、企業の在庫戦略も百八十度転換する。デフレとは、一般物価が二年以上にわたり低下する現象である。モノの値段が下がっていくということは、キルケゴールの『死に至る病』ではないが、企業にとっては大変な問題である。

筆者が原油市場を見るようになったのは第二次石油ショック直後の一九八〇年からだが、それ以降、二〇〇〇年代初めまで、原油先物市場では、現物や期近の価格が期先、すなわち六カ月後、一年後の価格よりも常に高い、いわゆる逆ザヤ（バックワーデーション）の状態であった。通常、コモディティの先物市場は、期近の価格よりも期先のほうが、金利や倉敷（保管）料の分だけ高い。にもかかわらず、なぜ、原油市場は先安なのか。これが当時の疑問であった。前述したように、八〇年代から九〇年代に至る二十年間は、コモディティ価格は上げ下げしながらも長期下降トレンドをたどった時代である。しかも、九〇年代に入ってグローバリゼーション下での企業競争が激化すると、オイルメジャーズをはじめ石油関連企業の在庫スタンスとしては、できるだけ不要な在庫は持たず、必要に応じて買い入れるハンド・トゥー・マウス（当用買い）に徹するしかなかった。不要な在庫を持っていれば、それだけ下落リスクにさらされ、経営を圧迫するためだ。

しかし、資源インフレを前提にした場合には話は異なる。余分な在庫を保有することが必ずしも下落リスクを抱えることにはならず、むしろ、安価に仕入れた在庫を保有することによって評価益が期待できるためだ。特に、原油価格の上昇傾向が強まった二〇〇四年以降は、原油先物市場では、期近の価格よりも期先の価格が高い、順ザヤ（コンタンゴ）が続いている。企業は、期近の値段で原油を買って、先物の価格で売れば利ザヤを稼ぐことができるし、現物を持っていても値上がりが期待できるようになったのだ。多くの企業が、低在庫戦略から在庫積み増しへと転換することになれば、在庫需要の増加がコモディティ価格を押し上げることになる。それは、あたかもデフレ時代の姿とは鏡に映したように対照的な世界でもある。

❽「LOHAS」思考の可能性

LOHAS（ロハス）という耳慣れない言葉を知ったのは、二〇〇五年六月二十二日付の日経MJ（流通新聞）の一面だった。〇五年上期ヒット商品番付で、東の大関「愛知万博」に並んで堂々と西の大関に取り上げられていたのがLOHASであった。LOHASとは、Lifestyles of Health and Sustainability の略で、日経MJ紙によれば「健康的で環境に配慮した商品やサービスを選ぶライフスタイル」を指す。もっと言えば、環境と地球の持続可能性を志向するライフスタイルである。最近、このLOHAS対応ビジネスの裾野が広がっているように思える。

考えてみれば、戦後の日本の高度経済成長を担ってきた一九四七〜四九年生まれの「団塊の世代」約七百万人が、二〇〇七年以降六十歳代になり一斉に定年退職していく。この間、「団塊の世代」は自ら働き、自ら消費し、自らの時代を楽しんできた。既に、〇五年時点で成人人口の五〇％以上が五十歳以上の社会、それが現在の日本である。LOHAS志向は、こうした社会の高齢化と無関係ではあるまい。

では、LOHASという切り口で見た場合、どのようなビジネスが浮き彫りになってくるのだろうか。NPOローハスクラブ『日本をロハスに変える30の方法』によると、LOHASという切り口で見えてくるのは、次のキーワードで示される五つのマーケットだ。

第一は、サステナブル・エコノミー（持続可能な経済）である。具体的には、環境配慮型住宅、再生可能エネルギー、代替エネルギー、省エネ商品、まちづくり、都市計画、資源を有効活用する製品、社会的責任投資（SRI）、代替交通、環境経営などだ。

キーワードの第二は、ヘルシー・ライフスタイル（健康的な生活様式）である。これには、オーガニック食品、自然食品・飲料、サプリメント、天然成分を使ったパーソナルケア、オーガニック繊維製品などが挙げられる。

第三は、オルタナティブ・ヘルスケア（代替医療・自然医療）である。例えば、鍼灸、漢方、アロマセラピー、健康・ウェルネス、ホメオパシー（病気と同様な症状を発現させる物質を使用して治療する）、ホリスティックな予防、補助医薬などだ。

第四は、パーソナル・ディベロップメント（自己開発）。マインド・ボディ・スピリット関連製品、自己啓発・精神性向上のための教材（CD、本、セミナー）、ヨガ、フィットネスなどだ。

そして第五が、エコロジカル・ライフスタイル（環境に配慮した生活様式）である。これには、環境配慮型住宅、インテリア、家庭用品・オフィス製品、エコツーリズムなどがある。最近のエネルギー・資源価格の高騰は、こうしたLOHAS的な生活を支えることになろう。

❾ 代替エネルギー開発は今なら採算に乗る

原油価格が従来の価格から二倍、三倍のレベルで高止まるということは、企業にとっては大変なコストアップ要因であるが、見方によっては様々な代替エネルギーの開発が進み、エネルギー多選択肢社会が訪れるということでもある。オイルメジャーズのシェブロン・テキサコは、

図表6-3　在来・非在来資源と原油価格の関係

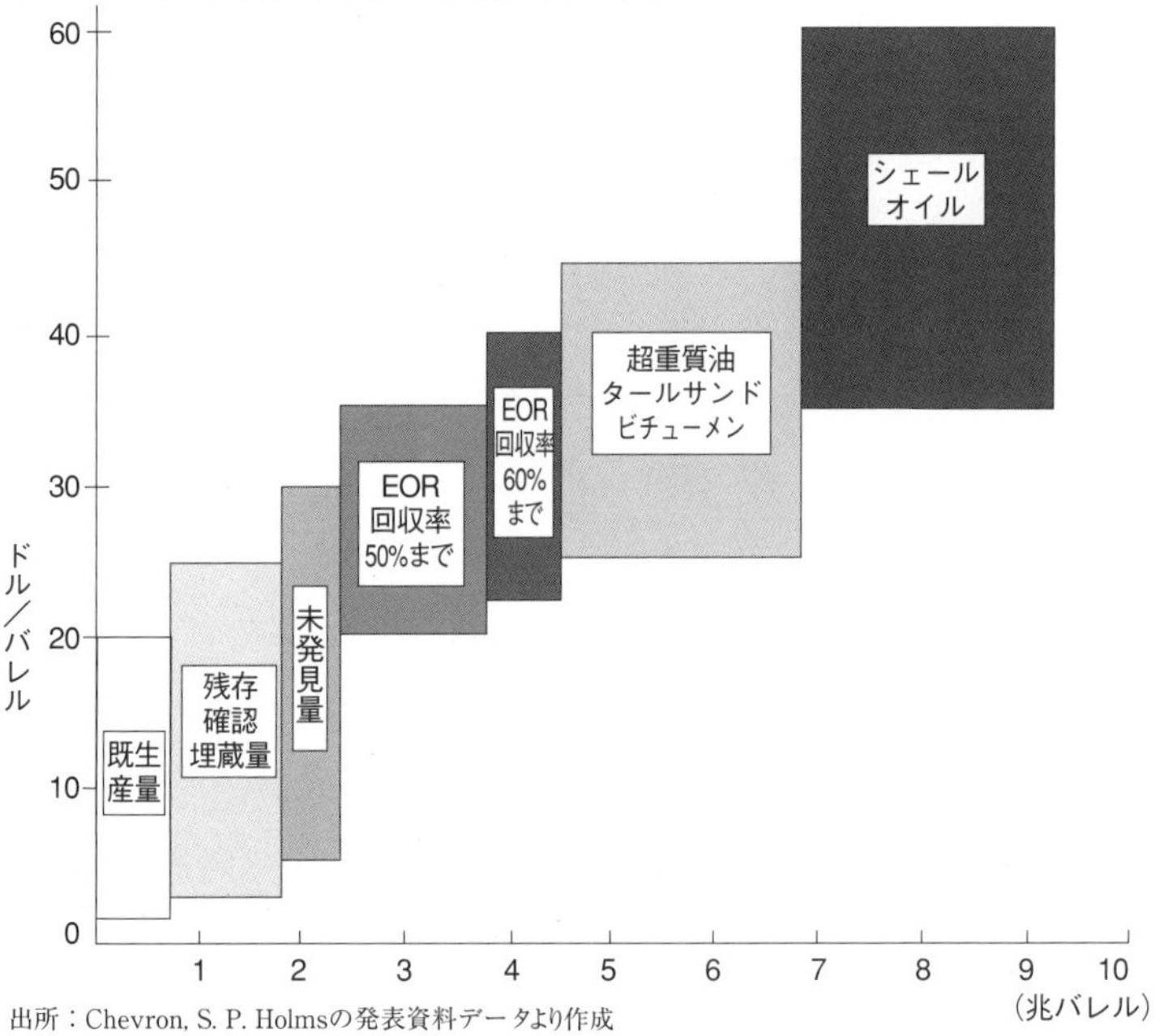

出所：Chevron, S. P. Holmsの発表資料データより作成

在来・非在来資源と原油価格の関係について発表している（図表６‐３）。

これによると、原油価格が一バレル＝二十～三十ドルであれば、これまで自噴状態などで三〇％程度の一次回収にとどまっていた在来原油の回収率を、油層中に水やガスを圧入して五〇～六〇％まで高める二次回収、三次回収が可能になる。さらに、原油価格が四十ドルを超えて長期的に高止まるとの認識に誰もが至れば、カナダのタールサンド（砂岩質油層）、ベネズエラのオリノコ河に眠る超重質油など非在来資源の開発が可能になる。さらに、天然ガス、原子力、GTL（ガス・ツー・リキッド：天然ガスや石炭、重質油などから一酸化炭素と水素に転換し、触媒で分子構造を組み替えて作った環境に優しい軽油）、DME（ジ・メチル・エーテル：天然ガスや石炭、重質油から合成する無色透明のガス）、バイオエタノール（サトウキビやトウモロコシなどの植物を醗酵させて製造）、燃料電池（水素と酸素の反応で電気を取り出す）などの代替燃料の開発にも弾みがつく。

また、こうした化石燃料にとどまらず、これまで採算に乗りにくかった太陽光、風力、海洋、潮流などの再生エネルギーも商業化が可能となろう。既にGTLやDME、エタノールなどは実用化の段階にある。例えば、新日本石油やコスモ石油は、経済産業省などと共同で二〇〇六年にも国内にGTLの実証プラントを建設する予定である。ロイヤル・ダッチ・シェルやエクソンモービルなどのオイルメジャーズも、カタールでGTL設備を建設している。

原油が高止まることによって、需要サイドも選択肢が増える。ちなみに、原油価格が史上初めて一バレル＝四十ドル台に乗せてきた〇四年七月、筆者は日産自動車の天然ガス自動車開発担当者の訪問を受けた。長期的な原油価格をどうみるかというのが彼の関心事であった。「人とクルマと自然の共生」を環境理念として活動する日産自動車は、その成果の一つとして圧縮天然ガス自動車（CNGV：Compressed Natural Gas Vehicle）を生産・販売している。天然ガスを燃料とするため、窒素酸化物や二酸化炭素の排出が少ないクリーンなエネルギーだ。しかし、燃料代は一立方メートル＝七十円で、これはガソリンでは一リットル＝百二十円に相当する。

走行距離まで勘案するとガソリン価格が百五十円にならないと競争力がないそうだ。このため、これまでガソリン価格が安かった時代には、利用者の採算が合わず、普及台数は補助金の交付や税制面の優遇措置を受けて、バスやトラック、作業車、コンテナ車、フォークリフトなど約百万台にとどまっていた。日本の自動車保有台数が約七千四百万台であるから、わずか一％強でしかない。ただ、原油価格が六十ドル台で高止まり、ガソリン価格が一リットル百五十円程度になれば、天然ガス自動車も大きく広がる可能性が出てくる。

⑩ 企業家のアニマルスピリッツが発揮されるとき

戦後六十年を経過した日本経済は、十年以上にわたるデフレと最近のエネルギー資源価格の高騰、今後急速に進展する人口減少・高齢社会など間違いなく大きな分岐点に差し掛かっている。幸い、日本の景気は二〇〇二年以降回復傾向となり、〇六年は三％成長への上振れも期待できる状況にある。デフレもようやく終焉の動きにある。しかし、日本経済が今後、三〜四％の成長を持続していくためには、従来のようなモノ作りにおけるコストカット競争では立ち行かないことは自明の理である。二十一世紀型の新たな成長に向けたモデルチェンジが必要である。それはどのような成長モデルであろうか。筆者は、原油や鉱物資源をはじめとするコモディティ価格の高騰により、新しいモデルが指し示されると思う。安価な資源を利用した成長モデルから、高価な資源、環境に配慮した人口減少・高齢社会に対応した成長モデルである。それは、早晩日本の後を追いかけて高齢化が進む中国、その他アジア諸国にとってもモデルとなる社会を構築することである。原油価格がいずれまた昔の一バレル＝二十ドル前後まで下がると考えるものがいれば、何事も変わらない。原油の増産はもちろん、代替エネルギーの開発や省エネ・省資源、環境対応もおざなりとなる。それでは、問題が先送りされて何も変わらない。昨今の原油価格の高騰、資源価格の二倍、三倍という上昇は、世の中が変わりなさいと言うシグナルであり、催促相場でもあるのだ。日本経済は、いまこそ本気で変わらなければならない。

では、誰がどう変えるのだろうか。一般に、経済成長のエンジンとしては、公共投資、輸出、民間設備投資、個人消費の四つがある。このうち未来を切り拓くために、最も重要なエンジンは民間の設備投資である。特に、現在、日本経済が直面しているのが、安価な資源時代が終焉したことによって生じた非連続的な変化であることを考えると、設備投資の内容も従来の延長線上にはないと言えよう。この点について、日本政策投資銀行の設備投資計画調査（二〇〇五年十一月）によれば、〇五年度の設備投資は製造業・非製造業ともに二ケタ増、全産業では一九八八年度以来十七年ぶりの高い伸びになる見通しである。投資の中身も、成長市場への対応投資や需要喚起のための新製品開発投資、事業基盤維持のための投資など多様化するとの調査結果だ。はたしてそうだろうか。

図表6-4　設備投資とキャッシュフローの推移（全産業）

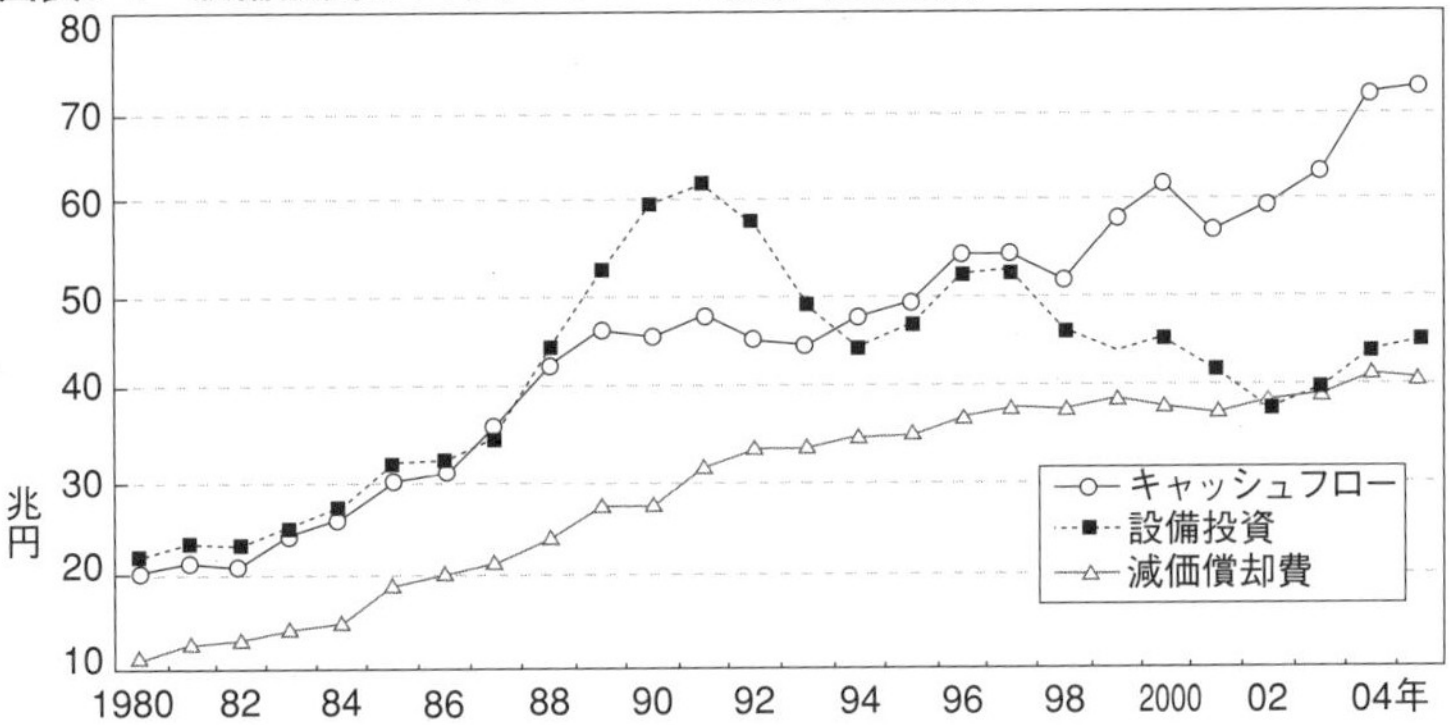

（注）05年度は04年10-12月期～05年7-9月期の合計
資料：財務省「法人企業統計調査」

図表６-４は「法人企業統計調査」で、全産業の設備投資とキャッシュフローの関係を見たものである。これによると、全産業のキャッシュフローは〇五年で七十兆円超に拡大するなか、設備投資も拡大傾向にあるものの、その大半は減価償却であり、未来を切り拓く性格を持つ新規投資はそれほど増えていない。すなわち、企業の投資意欲は強さこそ増しているものの、まだ減価償却（更新投資）を中心にキャッシュフローの七割程度にとどまっている。

なお、経済史家の根井雅弘は『シュンペーター』（講談社）で、「この世界は、いちはやく新しい可能性に気づき、それを実行に移そうとする企業者による新結合の遂行によって破壊される」と指摘している。ちなみに、シュンペーターの新結合とは、大きく、①新しい財貨の生産、②新しい生産方法の導入、③新しい販路の開拓、④原料あるいは半製品の新しい供給源の獲得、⑤新しい組織の実現（例えば、トラストの形成や独占の打破）によってもたらされる「非連続的な変化」である。また、そうした変化は、経済体系の内部から生ずるものであり、それはその体系の均衡点を動かすものであって、しかも「新しい均衡点は古い均衡点からの微分的な歩みによっては到達し得ないようなものである」。シュンペーターが言うように「郵便馬車をいくら連続的に加えても、それによって決して鉄道をうることはできないのである」。重要なことは、こうした時代の転換点を読み解くものは、ごく一握りの天才的企業家のみだが、いったん彼らによって道が拓かれると、今度は新結合が群生するようになり、これが経済を「好況」すなわち新たな成長軌道へと導いていくということになる。

今、日本経済には、安価な資源時代の終焉をいち早く察知し、高い資源時代、あるいは環境に配慮した持続的経済成長の時代の幕開けに対応した「新結合」（＝設備投資）をドンと行う企業家が求められている。この点については、ケインズも、不確実な世の中にあって将来を切り拓くものとして企業家の役割を重視する。すなわち、企業家の血気（アニマルスピリッツ）や企業家精神が経済の意思決定を行ううえで重要な役割を果たすのである。

⓫ 今後十年が日本のチャンス

高い資源時代が到来したということは、これまで四半世紀にわたり省エネ・省資源の優等生

図表6-5　東アジアのサステナビリティ判断基準

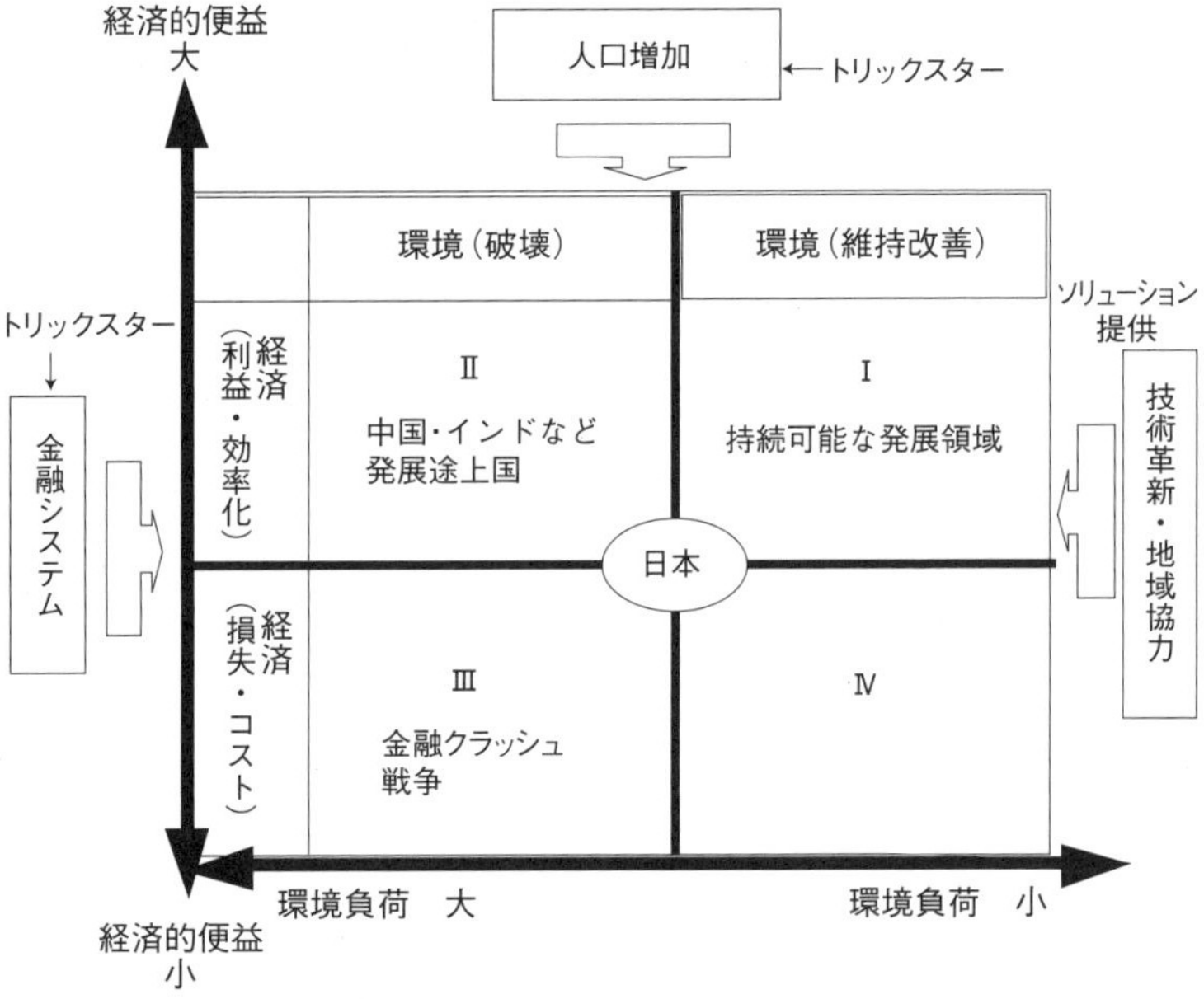

出所:丸紅経済研究所

であった日本経済にとっては、新たな出番がやってきたと言えよう。資源の高止まりが暗示するのは、これを活用して新たな資源の開発、代替エネルギーの開発、高資源に対応した環境配慮的な社会システムの構築を行いなさいというシグナルでもある。中国、インドなど新興工業国の台頭によって、いま世界は経済成長の持続性を問われているのである。

図表６-５は、このイメージを表したものだ。経済の主体はあくまでも企業である。企業の論理は、利潤を上げることである。しかし、経済が持続的であるためには、企業の利潤獲得が同時に環境に優し

くなければならない。すなわち、座標軸の第I象限に収まる必要がある。日本経済は過去四半世紀、この持続的な発展領域に位置してきた。これに対し、第II象限の中国は、環境も重要だが、その前に成長し豊かになることのほうがもっと重要であるという経済である。企業が利潤を得れば得るほど、環境に負荷がかかり、持続可能ではない。

中国に続くインドは、今のところその影響は限定的であるが、このまま推移すると、中国と同様の発展パターンになる恐れがある。一方、第IV象限は、ある程度コストを払っても環境負荷を軽減しようとする経済で、先進国の役割に属すると言えよう。しかし、こうしたコストをかけ続けることは、やはり持続可能ではない。結局、二十一世紀において持続可能な領域は、日本が位置する第I象限しかない。日本は、この経済システムをもっと磨き上げ、エネルギー・資源の多消費型発展段階に入った中国・インドはもちろん世界に対して、持続的発展モデルの形を示すべきであろう。

日本が世界に示す新たな成長モデルは、これまでの大量生産を中心とする工業化社会の延長線上にはなく、従来のパラダイムの転換が求められる。そのための切り口には、技術革新と地域経済協力による、①環境、エネルギー、食糧など社会問題の解決、②IT・ネットワーク時代と高い資源価格時代に対応した産業・社会システムの構築、③急速に進む少子高齢社会への対応として、世界に先駆ける形でのヘルスケア（健康・医療）分野の開拓、である。ただ、こうした成長モデルへの取り組みを行うには、一九四七～四九年生まれの団塊の世代およびその前後の世代を合わせた約一千万人が、開拓のパワーと情熱を抱き続けることのできる「今後の十年がチャンス」と言えよう。

【参考文献】

・ポール・ロバーツ『石油の終焉』光文社 二〇〇五年
・トビー・シェリー『石油をめぐる世界紛争地図』東洋経済新報社 二〇〇五年
・ジム・ロジャーズ『大投資家ジム・ロジャーズが語る商品の時代』日本経済新聞社 二〇〇五年
・西山孝『資源経済学のすすめ』中公新書 一九九三年
・谷口政次『入門・資源危機』新評論 二〇〇五年
・鯖田豊之『金(ゴールド)が語る20世紀』中公新書 一九九九年
・本山美彦『「帝国」と破綻国家』ナカニシヤ出版 二〇〇五年
・『石油資料』石油通信社 二〇〇五年
・柴田明夫「中国二〇〇〇万戸市場の可能性」住宅産業新聞 二〇〇四年五、六、七月
・横井陽一『中国の石油戦略』化学工業日報社 二〇〇五年
・日高義樹『米中石油戦争がはじまった』PHP研究所 二〇〇六年
・本村眞澄『石油大国ロシアの復活』アジア経済研究所 二〇〇五年
・柴田明夫「中国産業動向季報:繊維、エネルギー」新華通信ネットジャパン
・柴田明夫「水資源管理という新たな課題」日経商品情報 食品版 二〇〇二年八月十二日号
・日本郵船調査グループ『二〇〇五年 海上荷動きと船腹需給の見通し』日本海運集会所 二〇〇五年
・ゴールドマン・サックス証券「ブリックスと夢見る 二〇五〇年への道」二〇〇三年
・NPOローハスクラブ『日本をロハスに変える30の方法』講談社 二〇〇六年
・根井雅弘『シュンペーター』講談社 二〇〇一年

参考文献

・サミュエル・ハンチントン『引き裂かれる世界』ダイヤモンド社　二〇〇二年
・Kenneth S. Deffeyes "Hubbert's Peak" 2001
・Robert Gramling "Oil on the Edge" 1996
・IEA "OIL MARKET REPORT" 2005
・BP "Statistical Review of World Energy" June 2005
・IMF "World Economic Outlook 2005"

【著者紹介】

柴田　明夫（しばた　あきお）

丸紅経済研究所所長。

1976年東京大学農学部卒業後、丸紅に入社。鉄鋼第一本部、調査部を経て、2000年に業務部（丸紅経済研究所）産業調査チーム長、02年に同研究所主席研究員。03年同研究所副所長を経て、06年より現職。

内外産業全般の調査・分析、産業政策のフォロー、国際商品市況分析を主な業務にする。

経済企画庁（現・内閣府）「地球環境・エネルギー・食料問題研究会」委員、農林水産省「食料・農業・農村政策審議会」臨時委員などを歴任。

主著に『ヨーロッパ経済論』（共著、ミネルヴァ書房）、『商社の新実像』（共著、日刊工業新聞社）がある。

資源インフレ
日本を襲う経済リスクの正体

2006年4月21日　　1版1刷

著　者　柴　田　　明　夫

発行者　小　林　　俊　太

発行所　日本経済新聞社
http://www.nikkei.co.jp/
〒100-8066　東京都千代田区大手町1-9-5
電話（03）3270-0251　　振替00130-7-555

印刷・広研印刷　　製本・大進堂
ISBN4-532-35205-3

読後のご感想をホームページにお寄せください
http://www.nikkei-bookdirect.com/kansou.html